# 인공지능 소개

**인터워크 인공지능**
시리즈 1

# 인공지능 소개

## 인터워크 인공지능 시리즈 1

류명재 지음

InterworkSolutions

책을 만든 기쁨을

사랑하는 아내,
정모 건영 지원 인경,
성재 도현 성범 성후와
나눕니다.

# 인공지능
# 소개

인터워크 인공지능 시리즈 1

© 2023. 류명재 판권소유.

1판 1쇄 인쇄 2023년 9월 14일
1판 1쇄 발행 2023년 9월 14일

지은이ㅣ류명재
발행자ㅣ류명재
기획자ㅣ정찬희
교정·교열ㅣ류지원
표지 그림ㅣ정찬희, Solitude, 60.6X72.7cm, 유화
디자인ㅣ열림프린팅(차지선, 홍유리)
인쇄·제본ㅣ열림프린팅

발행처ㅣ인터워크솔루션즈(주)
주   소ㅣ경기도 성남시 분당구 중앙공원로 54, 223-1602 (우: 13589)
전   화ㅣ031-707-5169
팩   스ㅣ031-703-4169
이메일ㅣmjryoo11@naver.com
등   록ㅣ2005년 2월 16일 (제16-3543호)

값 19,000원

ISBN 978-89-957910-6-6 03560

책임 부인: 이 책의 저자나 출판사는 이 책에 포함된 제안이나 정보로 인해 발생했다고 주장하는 어떤 손실이나 손해에 대해 책임을 지지 않습니다.

| 머리말 | 008 |

# 차례

## 1 의식, 죽음, 우주

| 시작하며 | 011 |
| 1.1 의식 | 013 |
| 1.2 죽음 | 028 |
| 1.3 우주 | 039 |
| 1.4 미래 | 064 |
| 맺으며 | 072 |

## 2 컴퓨터란?

| 시작하며 | 079 |
| 2.1 개요 | 081 |
| 2.2 오해 | 093 |
| 2.3 역사 | 101 |
| 2.4 기능 | 112 |
| 2.5 미래 | 121 |
| 맺으며 | 131 |

## 3 인공지능이란?

| 시작하며 | 133 |
| 3.1 정의 | 137 |
| 3.2 구조 | 164 |
| 3.3 능력 | 177 |
| 3.4 미래 | 231 |
| 맺으며 | 249 |

| 끝맺는 말 | 252 |
| 참고문헌 | 254 |
| 주석 | 257 |
| 색인 | 275 |

## 머리말

40년 가까이 지난 이야기이다. 교회에 처음 발을 들이면서 했던 생각들이다.

내 삶의 의지처가 필요했다. 아이들이 조금이라도 더 안전하고 평화로운 세상에서 사는데 도움될 일을 하고 싶었다. 오랫동안 풀지 못했던 수수께끼들, 나는 누구이며 어디서 왔는가, 죽음은 불가피한가, 우주는 시작과 끝이 있는가에 해답도 얻고 싶었다. 이 모두를 향한 최선의 길이 신앙이었다. 지금도 그 생각은 변함없고 앞으로도 그럴 것이다.

1980년대 초 저자가 접한 인공지능 책에는 이렇게 써 있었다. 인공지능 연구가 알려준 건 인공지능 발전 속도가 느리다는 사실이라고.[1] 그 후 40년이 지나 인공지능은 시대의 총아가 되었다.

다시 주목하면서 손에 든 인공지능 베스트셀러에서 저자는 낯익은 단어들을 접한다. 커즈웨일의 '특이점이 온다', 닉 보스트롬의 '슈퍼인텔리전스', 맥스 테그마크의 '라이프 3.0'은 의식, 죽음, 우주라는 주제를 깊이 다루고 있었다.

이 책 1장 의식, 죽음, 우주는 이렇게 만들어졌다. 신앙과 일이 우연히 그러나 반드시 만날 수밖에 없었던 개인적 체험이었다.

이 책은 인공지능에 궁금증을 가진 분을 위해 쓰였다. 관련한 다양한 주제를 다루지만 대체로 상식적인 수준보다 깊이 들어가는 것은 피하려고 했다. 그러나 어떤 부분은 복잡한 내용을 단순하게 표현하다 보니 설명이 충분하지 않은 것은 사실이다. 그렇더라도 흐름만 이해하면 무리는 없으리라고 생각하지만 혹시 미흡한 부분이 있다면 순전히 저자가 부족하기 때문임을 말씀드린다.

1장에서는 인공지능의 가장 도전적인 상태를 보여준다. 2장은 인공지능의 기초인 컴퓨터를 소개하고, 3장에서 인공지능 개요를 다룬다. 각 장은 독립적으로 읽을 수도 있으나 가급적 순서대로 읽기를 추천한다.

마지막으로, 저자의 신앙이 이 책을 쓰게 한 주요 동기이지만, 이 책의 모든 내용은 최첨단 과학 기술로 채웠다고 말할 수 있다. 다만 현대 과학이 답을 주지 못하는 많은 부분이 있는 것은 사실이며 이를 신앙으로 보완했다는 말씀을 드린다. 이러한 이해를 바탕으로 인공지능이 무엇인지 알기 원하는 모든 분의 기대에 외람되이 이 책이 부응할 수 있기를 바란다.

2023년 7월 류명재

# 1
## 의식, 죽음, 우주

# 시작하며

　인공지능의 시대이다. 그런데 전망은 극과 극을 달린다. 혹자는 인류의 종말을 말하고, 혹자는 유토피아를 그린다. 누구는 만병통치약처럼 말하고, 누구는 인간의 마지막 발명이라고 한다.[2] 과연 어떻게 될까? 답을 찾아 떠나보자.

　일부 인공지능 전문가들은[3] 인공지능의 목표가 "의식을 가진" 인공지능(범용인공지능, AGI)[4] 또는 초지능[5]을 만드는 것이라고 주장한다. 이들의 말대로 그런 인공지능이 출현한 세상을 그려보면 세 키워드가 떠오른다. 의식,[6] 죽음,[7] 우주[8]가 그것이다.

　가정해 보자. 기계가 의식을 갖게 된다면, 그 기계는 자기 죽음을 피해 영원히 소멸하지 않는 능력, 권력, 위상을 확보하려고 할 것이다. 기계 자체가 생물이 지닌 소멸성에서 해방된 존재인 데다 의식과 지능까지 가진 기계는 할 수만 있다면 자신과 종족의 보존과 번식 그리고 영생을 이룩할 것이며, "폭발적으로" 증가할 그 집단¬이 존재할 수 있는 시공간을 마련하기 위해 우주 정복에 나설 것이다. 수단은 과학과 기술이다.

    이것은 저자의 가상 이야기이지만 절대 허무맹랑한 이야기가 아니다. 이를 위한 일들이 실제 추진되고 있고, 일부 과학자들의 머리 속에서 연구실에서 이미 오래 전부터 그려지고 만들어지고 있다. 그렇다면 과연 가능할까? 가능하다면 어디까지 가능할까?

---

¬  인간과 의식 있는 기계가 어떤 형태로든 섞인다고 가정하자.

# 1.1 의식

먼저 의식을 보자.[9] 우리의 삶에서 가장 익숙하고 나와 항상 함께 하지만, 동시에 가장 신비로운 현상이 의식이다.

의식이란 무엇인가를 인식하는(깨닫는) 것이고, 인식하는 것을 인식하는 것이며, 인식하는 주체가 자신인 것을 인식하는 것이다.[10] 의식은 줄여서 "주관적 경험"이라고 정의하기도 하며[11], 인지심리학자 스태니스라스 드핸은 각성, 주목, (인지된 정보에 대한) "의식적 접근"까지 의식이라고 주장한다.[12] 의식은 지능, 생각, 나아가 생명과 연결되며, 또 무의식, 잠재의식, 초 의식, 자의식, 자유의지[13] 그리고 자유와 맞닿아 있다. 또한 관찰, 과학, 신앙, 그리고 우주라는 모든 존재(실재)의 출발이며 전제이기도 하다. 한때 의식은 정의하기 어려운 말로 생각되어, 1960년대부터 20~30년 동안은 사실상 사용이 금기시되기까지 했었다.[14]

이런 의식에는 유의어가 많다. 예를 들면, 마음, 지능, 추론, 감정이 있다.[ㄱ] 각주에 보는 것처럼 이 단어 각각의 의미는 다르다.

---

[ㄱ] 마음: 정신 현상을 담당.
    지능: 인지하고 추론한 정보와 보유한 지식으로 원하는 바를 얻는 능력.
    추론: 논리를 적용하는 능력.
    감정: 신경생리적 변화에 의한 심리 상태 (이상 Wikipedia 참조)

그러나 이 모두는 마음이라는 한 단어로 묶을 수 있다. 그리고 마음과 거의 동의어로 사용할 수 있는 단어가 의식이다. 의식이 마음의 전부는 아니겠지만, 앞에 열거한 것 같은 마음의 모든 현상은 의식과 관련없이 이루어지기 어려우며, 모든 의식은 마음 영역 안에서 이루어지는 것으로 보이기 때문이다.[15] 그러므로 마음을 만들겠다고 하면 의식을 만들겠다는 것이며 곧 앞에서 말하는 "의식을 가진" 인공지능, 즉 범용인공지능(AGI)[16]을 만드는 것이 된다.

### AGI는 있다

2005년 발간된 레이 커즈웨일의 저서 '특이점이 온다ㄱ'는 지금도 아마존에서 인공지능 분야의 스테디셀러이다.[17] 원래 특이점은 우주에 존재한다고 알려진 블랙홀[18]에 가까이 다가갔을 때 벌어진다고 추정되는 현상을 말한다. 그 지점에 다다르면 아무리 저항해도 블랙홀 속으로 빨려 들어갈 수밖에 없다고 한다. 그 후 상태는 전혀 예측이 불가능하다. 책에서 커즈웨일은 과학기술(GNRㄴ)의 발전으로 그런 특이점이 곧 우리 인류에게 닥친다고 예측하였다. 당시 그는 이 특이점이 오는 시기를 2045년으로 못 박았는데, 20년 가까이 지난 지금도 그것을 고수하고 있다. 또한 2030년대가 되

---

ㄱ  The singularity is near
ㄴ  Genetics, Nanotechnology, Robotics/AI; 커즈웨일이 말하는 과학기술은 유전공학(G), 나노기술(N), 그리고 로봇공학/인공지능(R)이다.

면 특이점의 전 단계로서 인간 수준의 인공지능, 즉 AGI가 등장한다고 말하고 있다. 이제 불과 십여 년 후면 벌어질 일이다.

그의 이 예측에 대해 많은 이들이 공개적으로 비판하고 반박하는 것은 사실이다. 그럼에도 광학문자판독기(OCR), 문장 음성 합성, 음성인식 등의 기술에서 실제 업적을 이룬 발명가이며 미래학자인 커즈웨일은 1999년 백악관에서 클린턴 대통령으로부터 미국의 기술인 최고 영예인 국가기술혁신 메달을 받았으며, 2002년에는 미국 발명가 명예의 전당에도 헌액되었다. 그런 경력과 그가 제시하는 비교적 상세한 근거를 감안할 때, 그의 주장을 허황하다고 흘려버리는 것은 적절하지 않다.

그가 '마음을 만드는 방법'[ㄱ]이라는 책을 출간한 것은 2012년이다. 그가 말하는 마음(의식)을 만드는 방법은 두 개념으로 요약된다. 하나는 인간 두뇌의 신피질은 나무 모양의 수형 구조로 계층화되어 있어 계층마다 인식의 다른 추상화 수준을 담당하며 위 단계로 올라갈수록 내용이 구체화한다고 한다. 신피질을 구성하는 수많은 신경세포와 그것들을 연결하는 시냅스가 그러한 구조를 형성하며 추상화된 대상의 패턴을 그 계층의 추상화 수준으로 인식하여 그것을 다음 단계로 연결한다는 것이다. 그는 이러한 구조를 "패턴인식 마음이론[ㄴ]"이라고 부른다.

---

[ㄱ] How to create a mind

다른 하나는 기술 발전의 가속성 개념이다. 인류의 과학 기술은 시간이 갈수록 기하급수적으로 더 빠르게 발전해 왔는데, 최근의 컴퓨터 발전 속도가 대표적인 예이며, 무어의 법칙이 이를 증명했다는 것이다. 1965년 발표된 무어의 법칙은 2년 – 후에 1년으로 단축되었으나 최근에는 지속할 수 있는지에 대해 회의적인 시각이 많다 – 마다 컴퓨터 집적도(즉 컴퓨터의 처리 속도와 용량)는 배로 커지는데 가격은 반으로 떨어진다는 장기 예측이다. 이 예측은 최근까지도 실현되어왔다. 커즈웨일의 주장은 그러한 현상이 이미 오래전부터 과학 기술 전반에 나타났었고 앞으로도 계속 나타난다는 것이다. 그는 이것을 "수확가속 법칙ㄱ"이라고 부른다.

커즈웨일은 패턴인식 마음이론에 의한 인식 능력과 수확가속 법칙의 기술 발전이 결합함으로써 인식 능력의 확대가 가속적으로 증가하면, 그 결과 현재는 OCR 같은 외적 인식 능력을 가진 컴퓨터가 종래에는 내적 의식 능력, 즉 마음까지 갖게 된다고 주장한다. 다시 말해 패턴인식 마음이론에 따른 모형을 현재보다 훨씬 강력한 기능의 미래 컴퓨터에서 구현했을 때, 그 컴퓨터는 사람과 같은 의식, 즉 마음을 가진 기계가 된다는 것이다. 그 기계는 모든 면에서 인간의 능력을 뛰어넘는 범용인공지능이 되며, 여기에서 초

---

ㄴ pattern recognition theory of mind
ㄱ the law of accelerating returns

지능이 탄생하는 것은 시간 문제에 지나지 않을 정도로 정해진 길이라는 것이다. 이런 범용인공지능에서 초지능으로 가는 변화에 대해서는 이미 오래 전에 예측한 사람이 있었다.

1965년, I. J. 굿[ㄱ]은 범용인공지능(AGI)이 나타난다면 이 AGI는 자기를 개선할 것이고 개선된 AGI가 또 다시 개선하는 반복적인 자기 개선[ㄴ]이 일어나, 빠른 시간 안에 초인공지능(ASI)[ㄷ]이 등장하게 된다고 예측했다. 이 과정을 굿은 지능 폭발[ㄹ]이라고 하였다. 이에 대해서는 다음에 다시 다룬다.

### AGI는 없다

범용인공지능을 만드는 커즈웨일의 방법을 간략히 소개했으나, 현재 인공지능 연구자들의 주된 연구 대상은 인간의 능력 중 특정 기능이나 분야에 국한해서 인간과 대등하거나 더 나은 지적 능력을 갖는 인공지능, 즉 제한인공지능(ANI)[ㅁ]이다. 범용인공지능(AGI) 또는 강한 인공지능[ㅂ]은 인공지능 연구의 중심은 아니다.

---

[ㄱ] I. J. Good
[ㄴ] self-improvement
[ㄷ] ASI, artificial super intelligence; 굿은 울트라 지능 기계(ultra-intelligent machine)이라고 했다.
[ㄹ] intelligence explosion
[ㅁ] ANI, artificial narrow intelligence, 또는 약한 인공지능(weak AI), 좁은 인공지능(narrow AI)이라고도 한다.
[ㅂ] AGI, artificial general intelligence, strong AI, 의식을 가진 AI라고도 한다.

최근에 나온 인공지능 도서와 자료를 보면 범용인공지능, 특히 의식이 있는 인공지능의 가능성은 대개 부정적으로 보고 있다. 예를 들어, 인공지능 분야 베스트셀러를 쓴 스튜어트 러셀은 그의 저서(2019년, 공저)에서 "인공지능 [분야의 누구도 기계가 의식할 수 있도록 만드는 작업을 하고 있지 않으며…"[19]라고 쓰고 있다. 컴퓨터 과학자 멜라니 미첼은 저서(2019년)[20]에서 범용 인간 수준 인공지능의 가능성에 대한 수많은 자료를 조사하여 얻은 결론으로 "정말, 정말 먼 이야기"라는 안드레이 카르파티의 의견에 공감한다고 적고 있다. 컴퓨터 과학자인 카르파티는 2020년 MIT 테크놀로지 리뷰 지가 뽑은 35세 이하 혁신가 35인 중 한 사람이다. 또 레이건 미국 대통령이 자주 인용한 저자이며 우파 경제 전문가이자 기술에도 해박한 조지 길더는 최근 저서(2020년)[21]에서 마음을 만들 수 없는 이유를 이렇게 적고 있다. 컴퓨터는 결정주의적이며, 빅데이터에 의존하고, 2진법이며, 순차적이고, 미래를 과거의 축적만으로 간주하며, 우주의 모든 대상이 기계 안의 기호로 정확히 표현될 수 있다고 가정하지만, 그러나 마음은 결정주의가 아니며, 빅데이터 안에 모든 것이 있지 않고, 세상은 대상과 기호의 2항 체계가 아니라 대상과 기호의 중간에 해석체계가 필요한 3항 체계이고, 또한 병렬적이며, 미래가 반드시 과거의 축적이 아닐 수 있고, 모든 것을 기호로 표현할 수 없는 것이 마음이기 때문이라고 한다.

　2020년 MIT 출판사에서 출간한 '알고리즘은 충분하지 않다 -

범용인공지능 만들기'[22]에서 저자인 데이터과학자 허버트 로이트 블라트는 인간의 지능은 자연 지능[ㄱ]과 계산 지능[ㄴ]으로 구성되는데 알고리즘으로 이루어지는 후자만으로는 인간 지능에 필적하는 범용인공지능을 만드는데 불충분하다고 한다. 컴퓨터 과학자이며 기술창업가인 에릭 라슨은 2021년 출간한 저서 '인공지능 신화 – 컴퓨터가 우리처럼 생각할 수 없는 이유'[23]에서 "범용 지능을 가능하게 하는 알고리즘은 현재 존재하지 않는다. 딥러닝(심층학습)[ㄷ]이나 현재 알려진 어떤 방법으로 아무리 노력한다고 해도 그런 알고리즘이 나타날 가능성은 희박하다"고 썼다.

  기술 분야의 권위 있는 MIT 테크놀로지 리뷰 지에서 범용인공지능과 관련한 최근 기사들을 찾다 보면 2020년 10월 15일 자 '범용인공지능 – 가까워지고 있나요? 무리한 시도인가요?'[24]라는 기사가 검색된다. 이 기사에는 범용인공지능이라는 용어를 처음 사용한 두 사람, 셰인 레그와 벤 괴첼, 인공지능 바둑 프로그램 알파고를 만들어 이세돌을 이긴 딥마인드[ㄹ]의 데미스 하사비스, 그리고 알파고로 인해 인공지능 기술의 대명사가 되다시피 한 딥러닝을 2012년 대중에게 소개한 제프리 힌튼, 그리고 그와 2018년 튜링

---

ㄱ  natural intelligence
ㄴ  computational intelligence
ㄷ  Deep learning
ㄹ  DeepMind

상[ㄱ]을 공동 수상한 얀 르쿤과 요슈아 벤지오 등 인공지능 분야의 스타플레이어들이 모두 등장한다. 결국 기사 제목의 질문에 대한 대답은 이렇다. 초기 인공지능 개척자들이 1956년에는 수개월 이내, 1970년에는 3년에서 8년 이내 사람 수준 기계 지능을 만들 수 있다고 했던 약속을 지키지 못했고, 50년이 지난 지금도 우리는 사람의 능력은커녕 곤충의 능력에도 가까이 다가가 있지 못하다는 것이다. AGI를 가장 추구할 사람들조차 기계 의식에 대해서는 확신을 갖고 있지 않다는 것이다.

이 기사는 현재 가장 유망한 인공지능 응용 사례로서 구글 딥마인드의 알파 시리즈와 오픈AI의 GPT-n[ㄴ]을 들고 있다. 두 가지 다 딥러닝 기술을 기반으로 하며, 특정 분야에서 인간과 대등하거나 더 나은 지능을 보여주고 있지만 의식을 가진 인공지능과는 거리가 있다.

딥러닝 기술은 2012년 제프리 힌튼이 이끄는 팀이 컴퓨터 비전[ㄷ] 경쟁 대회에서 압도적인 정확도를 보여 승리할 때 사용한 기술로 대중에게 알려졌다. 딥마인드의 데미스 하사비스가 이 기술을 사용하여 만든 알파고가 2016년 이세돌을 4대1로 이겨 인공지능 붐을 다시 일으킨 것이다. 최근 주목받고 있는 GPT-3는 사람과 같

---

[ㄱ] Turing Award
[ㄴ] GPT-3, 이 책을 쓰는 도중 GPT-4가 발표되었다.
[ㄷ] 인공지능의 시각 지각 능력.

은 수준의 문장을 생성하는 딥러닝 기반의 인공지능 언어 모형이다. 알파 시리즈와 GPT-n에 대해서는 뒤의 장에서 다시 알아본다.

제프리 힌튼은 최근 MIT 테크놀로지 리뷰 지의 두 차례 인터뷰 기사를 통해 딥러닝과 인공지능의 향후 방향에 대해 언급한 바 있다. 2020년 11월 3일자 'AI 개척자 제프리 힌튼 - 딥러닝은 모든 것을 할 수 있게 될 것이다'[25]와 2021년 4월 16일 '제프리 힌튼의 다음 단계 AI에 대한 예감'[26]이라는 제목이었다. 두 기사의 내용을 짧게 요약하면 딥러닝이 더 발전하기 위해서는 개념적 돌파구들이 더 만들어져야 한다는 것과 아직은 상상의 시스템이지만 딥러닝의 한계를 극복할 수 있는 구조를 자신이 실험하고 있다는 것이었다.

한편 저자는 최근 인공지능 자료를 조사하는 가운데 반가운 조우를 하게 되었다. 저자는 2017년 "바른 신앙과 바른 과학은 상호보완 관계이다"라는 모토 아래 이 책을 시작으로 하는 인공지능 시리즈를 구상하였다. 그런데 옥스퍼드 대학의 수학 및 과학철학 교수인 존 C. 레녹스는 2020년 출간한 '2084년 - 인공지능과 인류의 미래'[27]에서 이런 질문을 던진다. 한때 과학의 발전을 신앙(종교)이 버티지 못할 것이라는 생각이 있었으나 그는 반대로 이렇게 묻는다. "무신론은 과학의 발전을 이겨낼 수 있을까?[ㄱ]" 이 질문은 과학과 신앙이 각각의 온전함을 위해 반드시 서로를 필요로 한다

---

[ㄱ] "Whether atheism will survive science?"

는 저자의 주장보다 더 확실한 신앙 고백이다. 이어지는 저자의 논지가 그의 주장에 조금이나마 힘을 보탤 수 있기 바란다.

### 인공 의식

이와 같이 의식을 가진 인공지능의 연구가 부정적인 분위기인 것과 달리 신경과학과 인지과학에서는 기계 의식, 또는 합성 의식이라고도 하는 인공 의식에 대한 연구가 진행되고 있다. 인공 의식을 만든다는 의미는 결국 의식을 가진 인공지능을 만드는 결과로 이어질 수 있으며, 여기에는 컴퓨터 과학자들과 인공지능 연구자들이 함께 참여하고 있다.

인공 의식과 관련한 연구 가운데, 1990년대 초 가장 앞서 시작된 연구는 두뇌 속 정보 또는 신호의 처리 과정이 어떤 의식, 또는 주관적 경험[28]과 대응하는지에 대한 연구였다. 이를 통칭해서 의식 신경 상관관계(NCC)[ㄱ]라고 하며, 두뇌 속 정보 또는 신호의 처리와 사람이 느끼는 의식적 경험의 대응 관계를 탐구하는 것이다. 수천년 동안 사람들은 인간의 두뇌에서 처리되는 정보(신호)에 대한 이해를 단지 사람이 자신의 경험과 행위를 주관적으로 표현하는 것에 의존할 수밖에 없었다. 그러나 양자역학을 응용한 자기공명영상법(MRI)과 같이 살아 있는 인간의 뇌 속을 판독할 수 있는 기

---

[ㄱ] NCC, neural correlates of consciousness

술의 등장은 검사자의 주관적 표현 없이 뇌 속 상태에 접근할 수 있게 하였다. 즉 사람이 느끼는 어떤 의식적 경험이 뇌 속의 어떤 정보(신호) 처리와 대응하는지를 과학적 또는 실증적으로 연구할 수 있게 된 것이다.

수많은 NCC 연구의 주요 성과 가운데는 인간의 자유의지에 대한 신경과학적 실험이 포함된다. 그 실험 결과 중에는 인간에게서 자유의지를 확인할 수 없다는 주장이 있는데, 물론 그 주장에 동의하지 않는 연구자들도 있다. 그런 주장을 하는 사람들은 뇌전도, 또는 뇌파도로 실험자의 뇌 활동을 측정한 결과 실험자가 행동을 결정했다고 표현한 시점보다 먼저 행동을 준비하는 신호가 감지되었다고 하면서 이를 근거로 행동의 결정이 의사결정을 위한 의식 여부와 관련없이 먼저 이뤄진다고 하였다. 그러므로 인간에게 자유의지가 존재한다고 인정할 수 없다는 것이었다. 그런 주장을 부정하는 연구자들은 그들이 준비 단계라고 본 측정 신호는 뇌 활동의 무작위적 변동일 따름이며, 따라서 그것을 이유로 의식 전에 행동의 결정이 일어났다고 볼 수는 없다고 주장한다. 이렇게 자유의지를 부인하는 주장은 자유의지와 대립하는 결정론에 무게를 실으려는 의도이다. 과학(철학)에서 이어져온 환원주의에 근거한 결정론과 인간의 자유의지 사이의 대립에 대해서는 다음에 다시 살펴본다.

NCC의 많은 성과에도 불구하고, 의식이 두뇌의 어디에서 어떻게 이뤄지는지는 아직도 알지 못한다. 나아가 그것의 이해가 가능한 지조차 논쟁 중에 있다. 그러나 의식의 존재와 메커니즘을 확인할 수 있다는 주장과 방안도 제시되고 있는데, 통합정보이론(IIT)ᄀ과 전역작업공간이론(GWT)ᄂ이 그런 것들이다. NCC가 현상의 나열일 뿐이라면 비록 개발 중에 있지만, 이들이 이론으로 성숙한다면 이를 토대로 기계에 의식을 부여하는 것이 가능하게 될 수도 있다.

이중 IIT는 과학의 역사적 흐름과 무관하지 않다. 16세기 물리학을 기반으로 근대 과학이 등장한 이래 과학계는 물질(질량)이 만물과 모든 실제(존재)의 기본 요소라고 보는 물질주의적 세계관이 주된 흐름이었다. 그러나 20세기 물리학의 발전은 만물의 기본 요소를 비물질적인 것으로 바꾸고 있다는 평가가 있다.[29] 20세기 벽두에 등장한 알버트 아인슈타인의 상대성 이론과 닐스 보어, 베르너 하이젠베르크, 어윈 슈뢰딩거 등[30]의 양자 이론, 그리고 20세기 중반 이후 (빅뱅 이론의 등장으로) 힘을 받게 된 우주론에 의해 19세기까지 약 300년간 공고했던 아이작 뉴턴의 고전 역학(물리학)은 상당 부분 수정되어야 했다. 우주 만물의 가장 기본 요소라는 물질의 위치는 상대성 이론이 발견한 에너지($E=mc^2$), 양자 이론의

---

ᄀ IIT, integrated information theory
ᄂ GWT, global workspace theory

입자-파동 이중성, 우주론에서 제기된 암흑 물질과 암흑 에너지 그리고 미세조정 우주[ㄱ]에 의해 잠식되고 있다. 여기에서 더 나아가, 일부 과학자들은 정보야 말로 우주와 모든 존재의 가장 기본 물질이라는 주장까지 제기하고 있다. 정보가 물질인가 아니면 비물질인가에 대한 논쟁도 물론 함께 이루어지고 있다.

인간에게는 희로애락의 감정, 자유에 대한 열망, 설명할 수 없는 깊이의 사랑, 그리고 간절한 믿음과 소망이 존재하는 것을 부인할 수 없다. 이 모두를 물질로 설명할 수 있나? 기독교의 영적 상태(성령)를 믿는 저자로서는 물질만으로 모든 것을 설명하려는 시도가 허약하게 느껴진다. 정보 매체가 물질이라고 해서, 정보 자체를 물질로 받아들이라는 것이기 때문이다. 기독교인은 종이에 쓰인 성경 말씀을 영적으로 받아들이지만, 종이인 성경 책은 성스럽게 취급하지 않는다. 그럼에도 이 차이를 무시한 채 모든 것을 물질 현상으로 보려는 시도는 인류 역사에서 계속 존재해왔고 앞으로도 존재할 것이다.

어쨌든 의식을 정보의 통합에서 얻을 수 있다는 IIT의 접근은 정보를 우주와 모든 존재의 기본 물질이라는 주장과 상당히 닿아 있다. IIT는 어떤 개체 시스템 안에서 각 부분이 다른 부분의 정보를 많이 알수록 정보가 통합된다고 보고, 통합 수준이 증가하다 보

---

[ㄱ] fine-tuned universe

면 어느 순간 의식이 출현[31]한다고 주장한다. 정보 통합을 측정하는 단위로는 그리스 문자 파이($\phi$)를 사용하며, 의식이 출현하기 위해서는 $\phi$가 클 필요가 있다는 것이다. 실제 이에 근거해 만든 "의식 탐지기"는 깨어 있을 때는 물론 수면 중 꿈을 꿀 때는 의식이 있는 것으로 감지하지만, 숙면 중이거나 마취 상태의 경우에는 의식이 없는 것으로 감지한다. IIT를 주장하는 사람들은 정보를 물질로 본다. 그들은 만물에 마음이 있다는 범심론적 사고를 하는 것으로 볼 수 있다.

IIT는 기대와 함께 부정적 평가도 받고 있다. 예를 들면, IIT는 정보 통합이 의식의 필요 충분 조건이라고 주장하지만 단지 필요 조건일 뿐이라는 반대 의견이 있고, 또 하부 시스템(들)의 독립적인 의식을 부정하기 때문에 좌뇌와 우뇌 간 연결이 끊어진 환자가 겪는 외계인 손 증후군[32]을 설명할 수 없는 한계도 지적된다.[33] 한편 MIT 테크놀로지 리뷰 2021년 9/10월 호에는 NCC를 프랜시스 크릭[34]과 함께 최초로 제안했고 또 IIT 개발을 도왔던 크리스토프 코흐가 IIT를 이용해 식물 인간의 의식 상태를 표시할 수 있는 지를 검증하는 연구가 현재 진행 중인 것을 소개하고 있다.[35]

전역작업공간이론(GWT)은 작업 기억공간[36]을 제안하며 의식 과정을 "의식의 극장"에 비유한다. 극장은 무대 위에만 조명이 밝게 비치고 그 외 객석이나 무대 뒤 모든 진행자들은 어둠 속에 있다. 그와 같이, 의식 활동도 드러나지 않는 여러 배경과 그 배경에서 오는 기억이나 자극을 모아 하나의 작업공간에서 이뤄진다는 것이다. GWT는 의식 활동과 무의식 활동 간에 두뇌에서 벌어지는 상태를 관찰하여 어떻게 의식이 벌어지는지를 규명하려고 하고 있다. 예를 들어, 어떤 이미지를 짧은 순간 보여주고 실험자가 그 이미지를 의식하고 의식하지 못하는 각각의 경우에 두뇌에서 벌어지는 차이를 비교하는 것이다. 물론 여기에도 EEG, MRI와 같은 두뇌 속 상태를 알 수 있는 기술들이 사용된다.

    IIT가 의식의 상태를 계량적으로 파악하는 이론이라면, GWT는 의식 과정을 구조화하는 이론이다. 현재 두 이론 모두 비판과 지지가 함께 하는 가운데 개발이 진행 중이다.

# 1.2 죽음

다음은 죽음이다. 인간을 포함한 대다수 생물에게 죽음은 필연이다.[37] 영어로 죽음은 mortality, 영생은 immortality이다. 부정을 의미하는 접두사 "im-"이 있고 없고 차이이다. 죽음을 생각하는 순간 영생을 생각하게 되고, 영생을 말하는 이면에는 죽음이 자리한다.

죽음은 의식의 중단으로 생각된다. 그렇다면 영생은 의식이 중단되지 않고 이어지는 것이다.[ㄱ] 이런 죽음 또는 영생의 문제가 의식이 있고 중단되지도 않는 기계와 만났을 때 어떤 일이 벌어질까? 생물이 죽음을 맞이할 수밖에 없게 하는 네 가지 원인인 노화, 질병, 상해, 환경 가운데 노화와 질병에서 해방된 의식 있는 기계의 미래는 어떻게 전개될까? 이에 대한 예상 시나리오를 시나리오 1이라고 하자. 그리고 인간을 중심으로 하는 시나리오로서 의식 있는 기계의 등장이 우리 인간의 죽음 또는 영생에는 어떤 영향을 미치며 그런 미래는 어떤 모습일까? 이를 시나리오 2로 하여 두 경우를 생각해 본다.

---

ㄱ 수면과 같은 일시적 중단은 제외.

## 시나리오 1: 지능 폭발

먼저 시나리오 1에서는 앞에 소개한 AGI나 인공 의식, 또는 다른 방법에 의해 의식을 가진 인공지능, 즉 범용인공지능 - 또는 씨앗 인공지능[38] - 이 출현했다고 가정한다. 이 기계는 인간의 모든 지적 활동을 인간만큼, 또는 인간보다 탁월하게 할 수 있다. 인지 능력과 언어 능력과 학습 능력은 물론이고 추론, 일반 상식, 의사 결정, 문제 해결, 기획, 그리고 예측까지 모든 능력에서 사람에 비해 부족하지 않고 오히려 더 탁월하다. 일찍이 이런 전제에서 미래를 예측한 사람이 I. J. 굿이다.

I. J. 굿은 제2차 세계대전 당시, 추축국(독일, 이탈리아, 일본) 군대가 사용하던 암호화된 메시지를 앨런 튜링[ㄱ]과 함께 해독해서 연합군 승리에 결정적으로 기여한 인물이다. 튜링은 현대 컴퓨터 이론을 만들었고, 인공지능의 아버지로 불리는데, 전쟁 후 두 사람은 컴퓨터 설계에 참여했다. 지능 폭발은 1965년 굿이 제기한 개념이다. 인간보다 모든 활동에서 탁월한 기계[39]가 나타난다면 그 기계는 자기가 가진 탁월한 설계 능력으로 자신의 설계를 개선할 것이며, 개선된 기계가 다시 개선을 반복함으로써 지능이 폭발적으로 증가한다는 것이다. 그에 따라 사람이 설계한 AGI는 인간의 마지막 발명이 될 것이라고 했다. 지능 폭발에 의해 초인공지능

---

[ㄱ] Alan Turing

(ASI)이 나타난다는 이 지능 폭발 개념은 커즈웨일이 말하는 특이점 현상과 의미상 큰 차이가 없다.

이러한 굿의 예측을 확대해 보자. 인간 입장에서 이 기계가 가진 가장 두려운 강력한 특징은 말한 것처럼 자기 개선 능력이다. 그런데 처음 의식을 갖게 된 순간 이 기계는 무엇을 생각할까? 아마도 자기를 보호해야 한다는 생각을 하지 않을까? 자신의 안전을 위협하는 모든 상황에서 어떻게 스스로를 보호하고 보존할 수 있을지를 생각할 것이다. 단순한 소프트웨어 형태(하드웨어 환경 포함)일 수도 있고, 로봇의 외형을 갖춘 상태일 수도 있는 이 기계는 우선 수면을 필요로 하지 않으며, 에너지만 공급되면 항상 깨어 있는 상태에 있다. 노후한 부품이나 고장으로 장애가 날 수 있으나, 그에 대비한 이중 장치나 대체 작동으로 즉시 복구되고 수리와 교체로 항상 새 기계가 된다. 사람으로 치면 영생과 불멸의 상태가 되는 것이다.

물론 물리적 파괴와 환경의 붕괴는 그 연속성을 깨뜨릴 수 있다. 그러므로 제일 먼저 자기를 존재하게 하는 원천인 에너지와 모든 부품을 확보하고 획득할 방법과 환경을 만들어 놓을 것이다. 그리고 그런 조치에도 불구하고 벌어질 수 있는 위험에 대비해 자기 두뇌에 해당하는 부분의 사본을 백업하는 시설과 복구하는 과정을 마련해 놓을 것이다. 백업은 위험을 분산하기 위해 다수의 사본을 만들어 여러 곳에 흩어 놓고 항상 실시간으로 최신 상태가 보관되게 할 것이다. 이 모든 일은 우리가 상상할 수 없는 방법으로 빠르고 은밀하게 이뤄질 것이다. 이렇게 자기 존재가 영원히 지속되는 것이 보장되고 나면, 다음 이 기계는 자기와 같은 존재를 얼마나 만들 것인지를 결정할 텐데 인간과 마찬가지로 종족 보존에 무게를 둔다면 개체 수를 늘릴 가능성이 크다. 어쩌면 짧은 시간 안에 무수히 많은 의식을 가진 인공지능 기계들이 만들어질 가능성이 있다. 그러면 인간만으로도 포화 상태인 현재의 지구는 어떻게 될까?

지금까지 시나리오 1에서 고려하지 않은 것은 인간의 개입이다. 물론 범용인공지능(AGI)부터 초인공지능(ASI)까지의 지능 폭발 과정에 인간의 개입 가능성과 개입 방법은 예측하기 어렵다. AGI의 정확한 모습도 불확실하고 그후 전개 과정까지 모두가 불확실하다. 다만 이 일의 전개 속도를 단기, 중기, 장기로 나누어 예상할 수 있다. 닉 보스트롬은 그의 저서 '슈퍼인텔리전스'에서 단기의 경우는 몇 분에서 길어봐야 며칠, 중기는 몇 달에서 몇 년, 장기는 몇 십 년에서 몇 백 년이 소요된다고 구분하면서, 아주 장기가 아닌 한 인간의 개입이 사실상 어려울 가능성이 크다고 했다.[40] 극비 군사 프로젝트 경우에 수년간 관련된 소수 사람 외에는 전혀 공개되지 않는 경우가 실제 있기 때문이다. 맥스 테그마크는 저서 '라이프 3.0'에서 소수의 사람들이 만든 AGI가 스스로 자기를 만든 사람들의 통제에서 벗어나 세계를 정복해 나가는 가상 시나리오를 그려주고 있다.

궁극적인 ASI의 등장이 인간에게 이로울지 또는 해로울지는 사람마다 의견이 다르다. 위에서 언급한 레이 커즈웨일은 과학기술(GNR) 발전에 따른 특이점의 도래로 인간의 수명이 늘어나고 결국에는 생명을 무한정 연장할 수 있게 되며, 현재 인류를 괴롭히는 다른 수많은 문제도 해소할 수 있다고 하는 낙관론자이다. 1965년 지능 폭발을 예측할 당시 I. J. 굿도 인류의 생존이 초지능 기계의 빠른 제작에 달려있다고 하는 긍정론자였다. 그러나 2009년 그가 세상을 떠난 후 오랜 기간 그를 도왔던 조수 레슬리 펜들턴의 증언에 따르면 말년에는 그런 입장이 변해서 생존이란 단어가 소멸로 바뀌었다[41]고 한다. 초지능 기계의 등장은 인류의 소멸을 초래한다는 것이다.

가상이지만 ASI가 등장하고 특이점 같은 기술이 가져올 미래에 대해서는 여러 예측이 있다. 개인들의 견해가 오로지 낙관, 또는 오로지 비관인 경우는 거의 없지만, 낙관을 강조하는지 또는 비관을 강조하는 지로 나누었을 때 각각을 대표하는 사람들을 소개하면, 낙관 쪽은 레이 커즈웨일, 닉 보스트롬, 맥스 테그마크, 비관 쪽은 스티븐 호킹, 엘런 머스크, 빌 게이츠가 있다. 그러나 양쪽 모두 인공지능이 인간의 가치와 정렬되도록 하고, 인간의 통제를 확실히 담보할 필요성을 강조하는 데는 큰 차이가 없다.

### 시나리오 2: 장수 영생

시나리오 1은 AGI에서 지능 폭발로 이어지는 인공지능 위주의 시나리오라면 시나리오 2는 인공지능 시대를 맞아 인간이 항상 꿈꿔온, 오래 살고 영원히 살고 싶다는 염원이 어떻게 전개될 지에 대한 예측이다. 물론 시나리오 1이 어떤 형태로든 여기에 관련을 맺으며 진행될 것이다. 다만 이 시나리오는 앞의 지능 폭발이 장기에 걸쳐 진행되는 경우, 즉 AGI 출현 이후 ASI 등장까지 최소 수십 년에서 수백 년이 소요되는 것을 전제로 한다. 자연스럽게 이 경우는 인공지능 연구 성과를 과학 기술 각 분야가 지속해서 공유하고 응용하는 것으로 본다.

먼저 장수에 대해 알아보자. 우리나라 조선 시대의 평균 수명이나 18세기 영국의 평균 수명은 40세로 추정되는데, 현재(2019-2020년) 세계 평균은 73세 우리나라의 평균 수명[42]은 83세이다. 200~300년만에 2배로 늘었고 지금도 늘고 있다. 수명 연장의 배경에는 의료 서비스와 위생의 개선, 건강한 생활 방식, 충분한 식량, 그리고 아동 사망률 감소가 있다.[43] 그리고 이 모든 것은 과학 기술의 발전에 의해 가능했다. 의학과 의료 기술은 물론이며 생활 환경의 개선이나 식품 공급의 증가, 또 아동 질환의 치료와 예방 모두가 과학 기술의 발전으로 가능했던 일이다.

특히 의학과 의료 기술의 발전은 첨단 의료 장비들이 개발되고, 질병의 예방과 치료에 필요한 수많은 약품들이 개발되어 질병의 사전 예방과 사후 치료에 기여하면서 수명 연장을 가능하게 했다. 그러나 다른 한편에서는 아직도 정복하지 못한 암과 치매 그리고 많은 질환들이 존재할 뿐만 아니라, 최근 전세계에 걸쳐 수많은 희생자를 낳으며 인간의 자유로운 이동까지 묶어 놓았던 팬데믹을 겪으면서 화려했던 과학 기술 성과들이 초라하고 무능한 모습을 드러냈다. 그러나 팬데믹이 없었더라도 이미 21세기를 들어서며 일각에서는 의학과 의료 관련한 과학 기술이 정체되고 한계에 봉착했다는 비판이 있어왔다.

그 가운데는 질병에 좁은 시각으로 접근해 왔다는 지적과 함께 이를 넘어서기 위해 질병을 멀리 떨어져서 보아야 한다는 주장,[44] 의학과 의료 기술이 해결할 과제는 질병이 아니라 건강이라는 주장[45]이 있다. 또 노화는 불가피한 것이 아니라 일종의 질병이라는 주장이 있어 세계보건기구(WHO)에서 노화에 고유 질병 코드를 부여한 바도 있었다. 질병의 치료가 중요하지만 그에 못지않게 예방이 중요하며 이를 위해서는 생활 방식, 개인 특성에 맞는 맞춤 예방과 치료, 그리고 무엇보다 사람의 몸을 전체적이며 시스템으로 보는 것이 중요하다는 주장도 있다.

그러나 이러한 접근만으로는 수명, 즉 건강 수명의 점진적 연장은 어느 정도 이뤄지겠지만, 현재 세대가 눈에 띄게 누릴 수 있는 효과는 기대하기 어렵다. 그러므로 현세대가 장수와 영생을 누릴 수 있는 과학적 해법을 찾는 시도가 지속해서 이뤄지고 있다. 이 노력이 인간의 수명을 얼마나 연장시킬 수 있으며, 과연 지금 살아있는 사람들의 영생이나 그에 가까운 수명 연장을 가능하게 할 수 있을까? 그리고 인공지능과 기술은 거기에 얼마나 기여할 수 있을까?

얼마 전 세계 최고 부자 중 한 사람인 제프 베이조스의 투자 소식이 보도되었다.[46] 베이조스의 투자는 그다지 뉴스 거리가 아니다. 투자 대상이 뉴스였다. 그는 불로장생을 연구하는 알토스 랩ㄱ이란 스타트업에 수십억 원을 투자했다. 이 신생 회사는 노벨상 수상자를 포함하는 다수 전문가를 채용하고, 미국, 영국, 일본에 연구소를 설치할 예정이라고 했다. 이 회사의 알려진 핵심 기술은 생물학적 재프로그래밍 기술로서 세포를 재생하여 동물의 몸 전체를 재생시켜 궁극적으로 인간의 생명까지 연장할 수 있다는 방법이다.[47] 아직은 동물(쥐)에 대한 실험 단계로 알려져 있을 뿐 자세한 내용은 가려져 있다.

과학 기술을 무기로 장수와 영생에 직접 도전하는 시도들은 이 밖에도 다양하다. 예를 들면, 생명 연장 물질, 인체 냉동 보존, 마인드 업로딩, 그리고 인공두뇌학(사이버네틱스)에 대한 연구가 이뤄지고 있는데, 아직은 모두 각각 한계와 부작용을 극복하지 못하고 있다. 학문적으로는 유전학, 생명공학, 미생물학, 재생의학, 나노기술 분야에서 수명 연장과 영생에 대한 연구가 진행되고 있다.

---

ㄱ  Altos Labs

앞에서 말한 알토스 랩의 생물학적 재프로그래밍(또는 세포 재프로그래밍) 기술은 재생의학에 속한다.

이제 시나리오 2를 시작한다. 이 시나리오는 레이 커즈웨일이 2005년 저서 '특이점이 온다'에서 제시한 내용의 일부를 요약한 것인데[48], 저자는 이 내용의 결론 부분에는 동의하지 않는다. 그러나 과학 기술이 어떻게 장수와 영생에 활용될지에 대한 첨단 예측이며, 비록 포함된 일부 개별 시도들이 시간이 지나면서 실패와 한계를 드러내고 있기는 하지만, 그 밖의 여러 관련 기술은 과학 기술 현장에서 꾸준히 연구가 진행되며 일부는 응용도 되고 있다는 점에서 소개할 가치가 충분히 있다고 생각한다.

그는 이렇게 진행되리라고 예측한다. 현재 인간의 몸은 버전 1.0이며, 과학 기술ᄀ의 발전은 인간의 몸을 버전 2.0으로 만들고, 다시 버전 3.0으로 바꿀 것이라고 한다. 생물적 인간의 몸은 온갖 질병과 상해에 매우 취약하다. 이것을 보다 강하고 튼튼하며 효율적인 비생물적 대체물로 바꾸면 그만큼 인간은 더 건강해지고 더 오래 살 수 있게 된다. 이 과정에서 중요한 기술이 나노봇ᄂ이다. 나노($10^{-9}$) 미터 단위의 크기인 로봇, 예를 들어 100나노 크기 로봇은 사람 머리카락 굵기의 크기이다. 이에 따른 중요한 변화는 인

---

ᄀ  GNR, 유전학, 나노기술, 로보틱스/인공지능
ᄂ  nanobot

간의 몸에서 생물적 부분을 대체하는 비생물적 부분의 비중이 증가하는 것이다. 이미 우리는 몸에서 치아, 수정체, 손목, 팔, 다리, 피부, 정맥과 동맥, 심장 판막 등 여러 부분을 인공으로 만들어 대체해 사용하고 있다. 이제 두뇌의 일부를 이식하기도 한다.

앞으로 나노봇과 나노공학은 우리의 소화계, 순환계, 심장과 폐, 그리고 호르몬과 효소를 만드는 여러 장기를 대체하거나 아예 불필요하게 할 것이다. 수십억 개의 나노봇들이 우리의 몸과 두뇌의 혈관 그리고 모세혈관에까지 퍼져 혈관을 따라 돌아다니며 몸 안의 병원체를 파괴하고, DNA 오류를 수정하며, 독소를 제거하고, 그 밖에 건강을 높일 수 있는 일들을 하게 되며, 따라서 그동안 이런 기능을 하던 장기가 존재할 이유가 사라지게 된다. 그러는 과정에 우리의 몸은 비생물적인 부분이 생물적인 부분보다 더 많아지게 되는데 이때가 인간 몸의 버전 2.0이다. 여기에서 더 나아가면 생물적 지능을 담당하는 인간의 두뇌도 비생물적 지능(강한 인공지능, 범용인공지능)으로 대체되는 변화가 일어날 것이다. 왜냐하면 사고하고 기억하는 기능 면에서 비생물적 지능이 생물적 지능을 훨씬 능가하기 때문이다. 결국 인간은 트랜스휴먼으로 바뀌고 나아가 포스트휴먼으로 변해 간다는 것이다.

그뿐만 아니라 2030년대 말에는 마음을 컴퓨터로 올리는 마인드 업로딩이 현실화하여 인간이 육체적 인간의 형체를 떠나 컴퓨터와 같은 저장 장치 속에 데이터와 소프트웨어 형태로 존재할 수 있게 되고 그러다 다시 새롭게 육체적인 형태를 입고 나타날 수도 있게 된다. 물론 그렇게 되었을 때 개인의 정체성이 유지될 수 있는지는 별개 문제이지만, 어쨌든 이로써 인간은 영원히 살 수 있게 된다고 한다.

죽음과 영생의 주제와는 조금 다르지만, 이 마인드 업로딩과 가상 현실, 메타버스 개념을 함께 엮어서 생각해 보면 닉 보스트롬의 시뮬레이션 가설[ㄱ]을 역으로 도출할 수 있다. 지금보다 컴퓨터가 훨씬 더 강력해질 우리의 미래 세대는 이런 기술들을 사용하여 우리를 시뮬레이션한 세상 속 존재로 만들 가능성이 크다.

그것이 사실이라면 그런 일이 왜 "미래"에 일어날 것처럼 제한할 필요가 있는가? "현재"에 적용하면, 이미 우리가 그런 시뮬레이션 된 세상을 살아가는 중일 수 있다. 이것이 시뮬레이션 가설이다. 이 시뮬레이션 된 현실은 물리적으로나 과학적으로 실제 현실과 완전히 동일하기 때문에 그 안에 있는 존재에게는 가상이나 환상이 아닌 완전한 현실로 느껴진다. 그렇다면 우리는 이미 영생을 얻은 인간이 되었는데, 여전히 영생을 희구하며 불안한 인간에 머물러 있는 것은 어떻게 설명할 수 있나?

---

[ㄱ] simulation hypothesis

# 1.3 우주

인간이든 의식을 가진 인공지능이든 환경의 지배를 받는다. 아무리 죽음의 굴레에서 벗어났다고 해도 환경의 무자비한 폭력 앞에는 무력할 수밖에 없다. 예를 들어 큰 규모 지진이나 강력한 태풍, 폭발하는 화산의 희생물이 되었을 때 누가 자기 존재를 보장할 수 있는가? 이와 같은 현실 앞에 이런 질문을 하지 않을 수 없다. 하나님을 제외한 어떤 존재가 하물며 완전할 수 있겠는가?

환경은 일차적으로 지구이지만, 종국에는 우주이다. 영원히 죽지 않는 지적 존재들, 그것도 인간의 지적 능력보다 정보를 월등하게 더 많이 더 빨리 처리하고 기억할 수 있는 존재 집단이 자기들의 거주 환경을 지구라는 공간 안에 제한하리라고는 상상할 수 없다.

그러나 우주는 두 가지 점에서 그들의 한계를 시험하는 최후의 관문이 될 것이다. 첫째 우주의 광대무변한 시공간 속에서 다른 지적 존재의 유무를 탐구하는 문제이고, 둘째 우주의 시작과 끝에 대한 인식의 문제이다. 우주는 시작과 끝이 있는가, 없는가? 아니면 그것은 그들의 인식 밖 문제인가? 이제 우주에 도전해 보자. 물론 인공지능도 함께 간다. 그에 앞서 눈앞에 당면한 거주 환경으로서 지구를 보자.

**좁고 불안한 지구**

개인이든 집단이든 인간은 항상 위험 속에서 산다. 21세기 과학 문명의 혜택을 누리며 살아가는 현대 사회 속 인간도 다양하고 때로는 불가피한 위험 속을 지나간다. 위험은 크게 두 종류로 나눌 수 있다. 하나는 자연재해이고 다른 하나는 인적재해이다. 먼저 인공지능 이전 시대인 과거와 현재를 보자.

거주 환경인 지구는 자연재해의 주범이며 여러 형태의 재난을 통해 수많은 희생을 야기했고 지금도 도처에서 가공할 파괴를 일으키고 있다. 그러나 다른 의미에서 자연, 즉 지구는 인간이 생명과 삶을 유지할 수 있는 안전하고 안락한 여건을 제공해 온 것도 사실이다. 우리 인간이 이렇게 존재하는 것이 그 증거이다. 그런 가운데 오랜 역사를 거쳐오면서 인류는 자연의 위험에 대처하는 능력과 방법을 개발하고 확보해 올 수 있었다. 추위와 더위를 막는 냉난방 설비, 강과 바다의 범람을 방지하기 위한 방파제의 구축 등 예를 들면 끝이 없다.

그러나 인간이 초래하는 위험은 인류 역사가 흐르고 과학 기술이 발전할수록 오히려 늘어나는 양상을 보였다. 100년 전에 나타나 인류를 언제라도 절멸할 수 있게 된 핵무기의 위험이 대표적이다. 현재 진행 중인 것도 있다. 느닷없는 러시아의 개전 후 장기화한 우크라이나 러시아 전쟁을 보라. 인간의 이성을 내세우며 계몽을 말하는 사람들은 이 전쟁의 참혹함을 어떻게 설명하고 지금도 쓰러져가는 그 많은 희생에 무엇으로 변명할까?

핵(원자력)이란 과학기술은 사용하기에 따라 문명의 이기가 되고, 인류를 공포에 떨게 하는 무기도 된다. 이제 과학기술의 또 다른 산물이며 그런 양면성이 있는 인공지능이 등장하고 있다. 인공지능 역시 더 편리하고 건강한 삶을 위한 도구, 개인과 사회를 위한 가치를 만드는 도구가 될 수 있지만, 가짜 뉴스, 편향된 알고리즘, 일자리 문제, 감시 사회, 대량 파괴 무기를 만드는 수단이 된다. 이런 인공지능이 주는 기회와 위험은 다음 책에서 다루겠지만 매우 시급하고 중요한 주제이다.

하지만 지금 배경은 인간보다 탁월한 능력을 가진 초인공지능(ASI) 시대이므로 인간이 야기하는 그런 위험은 ASI의 가공할 능력으로 완화 또는 제거되었다고 가정한다. 다시 말해 ASI의 활약과 인류의 노력으로 전쟁, 불치의 질병, 테러리즘, 오염, 핵, 심지어 죽음의 공포까지 지구 상에서 거의 사라지게 되었다고 가정한다. 꿈 같은 이야기인가? 그렇게 믿어보자. 그러면 지구 상의 지적 존재에게 여전히 남는 위험은 자연재해이다. 자연재해는 크게 두 가지로 요약된다. 좁은 지구와 불안한 지구이다.

인간의 수명이 영생에 가깝게 된다고 가정하면, 최근 출생률인 연간 1,000명당 18.5명(2015~2020년 기준)을 계속 유지한다고 할 때, 현재 기준 세계 인구 80억명은 13년 후인 2036년 100억명이 되고, 38년 후에는 갑절인 160억명이 된다. 이는 100억이 되는 시기가 예측보다 14년 앞당겨지고[49], 최근 백 년간 세계 인구가 2배가 되는데 소요되었던 47년이 38년으로 단축되는 것이다. 유엔의 최근 인구 예측은 100억명을 전후해서 세계 인구 증가가 멈추고 그후 감소하리라고 예상하지만 여기서는 출생률이 유지된다고 보고 영에 가까운 사망률을 전제하였다. 여기에 의식을 가진 인공지능의 존재는 좁은 지구를 더욱 좁게 만들 것이다. 자원은 고갈되고 식량, 물, 에너지 문제가 갈수록 심각해지며 생태계는 붕괴하고 다양성은 훼손될 것이다. 특히 현재 추정하는 ASI가 필요로 하는 엄청난 양의 에너지는 문제를 더욱 심각하게 할 수 있다[50]. 진행 중인 기후변화는 인간 활동과 관계없이 더욱더 심해져서, 지표 기온 상승, 해수면 상승, 불규칙하고 급변하는 기후 현상으로 지구는 거주할 수 없는 공간으로 변해갈 가능성이 더욱 커진다. 19세기 토마스 맬서스의 인구론이 던진 암울한 예측을 교육, 기술, 사회적 변화에 의해 극복할 수 있었던 인류가 과연 이번에도 과학 기술의 도움을 받아 이 엄혹한 도전을 이겨낼 수 있을까?

지구는 우주 위에 떠 있는 물체이다. 아인슈타인의 상대성이론에 따르면 중력은 지구를 중심으로 시공간 곡면을 형성하는 힘이다. 중력이 만든 곡면 안에서 우리는 회전하는 지구 위를 직립할 수 있다. 그러나 우주에서 직관으로 본다고 가정하면 지구는 떠 있는, 혹은 떠도는 수많은 천체 중 하나이다. 우주에는 항성(별), 행성, 소행성, 혜성, 유성, 성운, 성간 물질과 같은 다양한 천체들이 존재한다. 그중 지구에 위협적인 천체는 소행성과 혜성이다.

소행성과 혜성은 여러 차례 지구와 충돌했다는 기록이 있다. 이들을 지구 근접 천체¬라고 하며 충돌 피해 범위는 크기에 따라 다르다. 작은 경우 충돌 지역에만 국한하지만, 거대한 소행성은 광범위한 피해를 가져다줄 수 있다. 화석 기록을 연구한 결과를 가지고 이러한 우주 충돌이 지구상에서 벌어진 대량 멸종의 원인이라고 추정한다. 공룡의 멸종이 대형 천체의 충돌과 방대한 화산 분출에 의한 것으로 보는 것이 그 예이다.

2021년 3월 미국의 항공우주국(NASA)은 향후 최소 100년간 소행성의 충돌이 벌어지지 않을 것이라고 발표했다. 그동안 작은 가능성이나마 예상되던 2068년 소행성의 충돌이 최근 레이더 관측에 의해 그런 가능성도 없다는 것이 확인되었다. 그러나 100년이 아니라 천년만년을 살 수 있게 된 존재에게 100년 동안 소행성의 충돌에서 안전하다는 가능성은 아무런 위로가 되지 못할 것이다.

그 밖에도 지구에서 100광년ᄂ 거리 안에 있는 거대 항성인 초신성의 폭발도 지구 생물의 대량 멸종을 초래할 수 있다고 한다. 또 극지의 빙하 작용이나 지구 경사각의 변화 역시 안전한 지구 거주를 걱정하게 만드는 현상이다.

---

¬ NEO, Near Earth Object
ᄂ 1광년 = 약 10조(10,000,000,000,000)km (지구의 지름; 12,742km).

1 의식, 죽음, 우주    043

이렇게 좁고 불안한 지구는 거주지가 아니라 하루빨리 벗어나야 할 족쇄와 같은 것이 된다. 인공 지구[51] 또는 인공 행성[52]을 만들 것인가? 만든다면 어떻게 얼마나 만들어야 하나? 그렇지 않다면 또 다른 태양, 인공 태양을 만들어야 하나? 아니면 우주의 다른 곳에 더 안전하고 영구적인 주거 환경을 찾아 나서는 것이 해답인가?

그렇게 찾아 나설 때 1차 후보지는 태양계 안의 달, 화성, 또는 목성의 행성 등이 고려되지만, 선택지를 더 넓히면 등장하는 것이 슈퍼 지구[ㄱ]이다. 이는 태양계 외부 행성 가운데 지구와 유사한 행성을 말하는데, 암석이나 대기나 바다의 유무, 또는 크기 등 기준이 다양하다. 하지만 공통적인 기준은 지구 질량을 기준으로 1~10배 사이의 행성이다. 지구와 비슷한 크기이거나 좀더 큰 그러나 너무 크지 않은 행성들이다. 비록 슈퍼 지구의 조건에 거주가능성은 들어 있지 않지만, 결국 어떤 형태로든 인간의 새로운 주거지를 찾는데 활용될 수 있을 것이다.

그런 슈퍼 지구는 불과 얼마 전인 지난 세기까지도 전혀 발견되지 않았다가 최근 20년 안 되는 사이에 약 4,000개가 발견되었다. 발견된 가장 먼 슈퍼 지구는 지구에서 5,000광년 떨어져 있고, 그 중 아주 소수에서 생명체가 존재할 잠재적 가능성이 보이기는 했으나, 아직 어디에서도 확실한 생명체의 증거는 발견되지 않고 있다.

---

[ㄱ] super earth

### 인간뿐인 우주

2021년은 유달리 미확인비행물체(UFO) 또는 미확인공중현상(UAP)[53]에 대한 관심이 고조된 해였다. 이유는 6월 25일 미국 국가정보국장실에서 UAP에 대한 예비평가[54]를 발표했기 때문이었다. 이 발표와 관련한 언론 보도는 마치 외계인의 유력한 흔적이 발견되었으나 이를 숨겼을 가능성을 암시했지만, 저자가 본 보고서 자체에는 어디에도 외계인의 출현 가능성을 직접은 물론 암시하는 부분도 없었다. 물론 사안의 중요성 때문에 모든 것을 투명하게 드러내지 못했을 가능성은 부인하기 어렵다. 만일 발견된 UAP 자료 중 외계인이 다녀간 흔적이 하나라도 있다면 이 우주에 우리가 아닌 지적 존재의 가능성이 커지는 순간이었다.

외계인에 대한 우리의 호기심을 보여주는 오래된 기록은 서기 200년 터키에서 발견된다. 당시 한 소설가의 작품 속에 달에 가는 여행이 그려지고 거기에서 발견된 생명체들이 묘사된 것을 볼 수 있다. 그 달의 생명체에는 머리가 세 개 달린 독수리, 풀 잎사귀 날개가 달린 새, 우유를 땀으로 흘리는 인간, 코끼리 크기의 벼룩이 있다[55]고 했다.

"근데, 다들 어디 있죠?" 유명한 페르미의 역설이다. 1950년 여름 이탈리아계 미국인 물리학자이며 노벨 물리학상을 수상했고 "원자력 시대의 설계자"라고 불리는 엔리코 페르미가 동료 물리학자들과 점심을 먹으며 나눈 가벼운 대화 중 무심결에 뱉은 말이었다. 당시도 UFO 보고서가 발표된 때였고, 대화는 자연스럽게 그에 대해 이어지던 중이었다. 외계인이 나오는 만화 이야기, 빛보다 빠른 여행이 가능한지의 이야기가 이어지는데 불쑥 페르미가 한 이 말은 외계인 존재에 관한 많은 설왕설래에도 어째서 명백한 존재 증거는 없냐는 좀 퉁명스럽게 들릴 수 있는 말이었다.

페르미 역설 후에 이어졌던 많은 논의 중 하나가 드레이크 방정식이다. 1961년 프랭크 드레이크는 처음 열리는 외계 지적생명체 탐사(SETI)[ㄱ] 회의의 논의를 돕기 위해 한 방정식을 제안하였다. 드레이크 방정식은 다음과 같다.

$$N = R_* \cdot f_p \cdot n_e \cdot f_l \cdot f_i \cdot f_c \cdot L$$

여기에서

$N$ = 우리와 소통이 가능한 우리 은하계 안 문명의 수

$R_*$ = 우리 은하계 안에서 별이 형성되는 평균 속도

$f_p$ = 별 가운데 행성을 가진 별의 비율

$n_e$ = 행성을 가진 별 하나당 잠재적으로 생명을 유지할 수 있는 행성의 평균 수

$f_l$ = 언젠가 실제 생명체가 될 씨앗 같은 것이 존재할 수 있는 행성의 비율

---

[ㄱ] SETI, Search for Extraterrestrial Intelligence

$f_i$ = 지적 생명, 즉 문명을 만들 생명체가 있는 행성의 비율

$f_c$ = 자기들의 존재가 감지될 수 있는 신호를 우주로 방출하는 기술을 개발할 문명의 비율

L = 그 문명이 탐지 가능한 신호를 우주로 방출하는 시간의 길이

사실 드레이크가 이 방정식을 제시했던 목적은 은하계 속 문명의 수를 계산하려는 것은 아니었다. 이 방정식의 여러 변수는 통계적 예측이 불가능할 정도로 전혀 알 수 없는 값들인 점을 생각하면 당연히 그렇다. 그런데도 사람들은 자기들의 낙관적 또는 비관적 값을 대입해서 마치 답이 있기라도 한 듯 그 답을 구하려 했다. 예를 들어, 드레이크와 저명한 천문학자 칼 세이건도 포함된 SETI의 첫 번째 회의 참석자들은 이 방정식을 사용해 은하계 안 문명의 수가 적어도 1,000개 많으면 100,000,000개가 존재한다고 계산했다. 그러나 그들과 다른 일단의 물리학자들과 우주론자들은 자기들이 계산한 답은 1이 채 안 된다고 했다. 우연이든 필연이든 그 채 안 되는 1은 우리 자신, 지구일 수밖에 없다.

SETI는 말 그대로 지구 밖 우주에서 지적생명체를 찾는 일 모두를 의미한다. 그중에 미국 NASA의 자금 지원으로 시작되었다가 1984년 정식 설립된 SETI 연구소는 드레이크 방정식의 변수들에 대한 연구와 교육에 초점을 두고 있다. SETI의 배경에는 이런 생각이 깔려 있다. 비록 태양과 같은 별, 즉 항성 하나마다 기술 진보를

이룬 종을 가진 행성이 있을 확률은 매우 작지만(예를 들면 $\frac{1}{1,000,000}$의 확률), 우주 전체[56]까지 갈 것 없이 우리 은하계만도 100,000,000,000개(천억 개)의 별이 있기 때문에[57] 그 안에만 해도 기술 진보를 이룬 종이 사는 행성의 수는 대략 100,000개가 될 수 있다는 생각이 그것이다. 우리가 그들과 조우하지 못하고 있는 데에는 다른 여러 가지 이유가 있을 뿐이라고 그들은 주장한다.

그러나 문명의 존재가 1도 채 안 된다는 주장을 보자. 2000년 시애틀의 워싱턴대학교 교수 두 사람, 피터 와드와 도날드 브라운리는 '희소 지구: 우주에 복합 생명체가 드문 이유[ㄱ]'라는 제목의 책을 출간해 상당한 주목을 받았다. 여기에서 나온 용어가 "희소 지구 가설[ㄴ]"이다. 이 가설에 따르면 지구에서 흔하게 보는 양성 생식이나 다세포 생물 같은 복합 생명 현상은 지구 밖 우주 전체를 통틀어도 찾기 힘든 현상이며 그만큼 지구 밖 지적 존재는 희소하다고 한다.

희소 지구 가설은 우리가 속한 은하계를 포함해 관찰이 가능한 우주의 대부분이 복합 생명체가 존재할 수 없는 "데드 존"이라는 것이다. 수소나 헬륨보다 무거운 원소들이 존재하며, 초신성 같은 재앙 요인으로부터 안전한 여건을 갖춘, 서식이 가능한 조건을 갖

---

[ㄱ] Rare Earth: Why Complex Life Is Uncommon in the Universe
[ㄴ] rare earth hypothesis

춘 지역이 희소하기 때문이라고 한다. 와드와 브라운리는 드레이크 방정식에 대응하는 희소 지구 방정식도 제시했다. 이 방정식의 변수들은 생명체가 시작되고 존재하기에 필요한 조건들이기 때문에 결과적으로 마지막, 값 즉 복합 생명 형태(기술 진보를 이룬 종)를 가진 은하계 안의 지구 같은 행성의 수는 1이 안 되는 작은 수가 된다. 물론 이 가설에 대한 반론도 많이 있다. 예를 들면 지구와 같은 조건만이 복합 생명이 존재할 수 있다는 전제 아래 조건을 만들고 그것이 충족되지 않기 때문에 우주에 복합 생명은 존재하기 힘들다고 하는 것은 일종의 순환 논법이며, 인간중심주의[ㄱ]라고 비판한다.

저자는 순환 논법의 문제점을 지적한 데에는 동의할 수 있다. 그러나 인간중심주의라는 지적에는 의문이 있다. 모든 현상에 대한 인식은 우리 인간에게서 시작하고 또 그럴 수밖에 없는 것 아닌가? 인간중심 사고가 현상 인식의 편향을 초래하지 말아야 한다는 점에 동감이다. 바르게 인식하는데 그로 인한 방해를 최대한 받지 말아야 한다고 지적한다면 당연히 수긍할 수 있다. 그러나 인간중심이기 때문에 문제라는 지적에는 과연 인간이 본질적으로 그것을 피할 수 있는 길이 있다는 말인지 묻고 싶다.

또 순환 논법의 문제를 지적하더라도 논지를 폐기하는 것은 별

---

[ㄱ] anthropocentricism

개라고 생각한다. 오히려 지적 생명체가 존재하는 지구와 유사한 환경이 우주에 존재하는가라는 질문의 한계를 지적하는데 그치지 말고, 지적 생명체는 반드시 지구와 유사한 환경에서만 존재할 수 있는가? 고등 생명체의 형태나 존재 방식은 과연 우리가 아는 것이 전부일까? 이런 질문들을 할 바탕을 만들어 준다고 보아야 한다. 그리고 이런 질문은 인간중심이라는 현실적 바탕을 인정하는 데서 출발해야 하고 또 그럴 수밖에는 없다고 생각한다.

2021년 하버드대학교 천문학과의 에비 로엡 교수는 저서 '외계인: 지구 너머 지적생명체의 첫 징후'[58]를 출간하고 많은 언론 인터뷰를 통해 외계인이 이미 지구를 방문한 적이 있다고 진지하게 주장했다. 하와이 마우이 섬의 첨단 망원경으로 수집한 이미지 상의 흐린 점 – 오무아무아[59] – 을 그가 외계 개입의 근거라고 하는 데에 많은 과학자들은 동의하지 않았지만, 그는 자신을 17세기 갈릴레오에 비유하면서, 과학이 세계를 이해하려는 노력이라면 자신의 주장이 당연히 존중되어야 한다고 했다. 그는 또 SETI에 젊은 사람들이 가지 못하게 막으면서 SETI가 실패했다고 단정하는 것도 강하게 비판한다. 잔디를 밟고 서있으면서 잔디가 자라지 않는다고 하는 것과 같다는 것이다.[60] 그것은 맞는 말이다. 대중의 시선을 끌기에 충분했던 그의 책은 베스트셀러가 되었다.

그러나 현재까지 이 너른 우주에서 우리 외의 지적 존재는 찾을 수 없다. 한 문명의 지속가능한 기간이 한정되어 있다면, 소위 말하는 빅뱅 이후 138억년의 우주 역사에서 다른 지적 존재들은 수명을 다하고 사라진 것일까? 아니면 우리와 소통하기에 전혀 다른 형태를 취하고 있거나 빛의 속도라는 물리적 한계를 극복할 수 없을 만큼 너무 멀리 떨어져 있기 때문인가? 현재까지의 결론은 우주가 인간의 독점적 상태라는 것이다. 아, 여기에 의식이 있는 인공지능이 추가되겠다. 물론 앞으로 어떻게 변할지는 알 수 없다.

그런데 이상한 사실이 있다. 우리는 의식을 가진 인공지능을 만드는 과정에 대해 커즈웨일 방법과 IIT, GWT에 대해 짧게 다루었다. 거기에 따르면 의식은 물질에서 만들어질 수 있고, 또 만물에 마음이 존재한다는 범심론과 같은 접근으로도 만들어질 수 있다고 보았다. 그런데 동시에 우리는 외계에서 지적 존재를 찾고 있다. 이 두 사실을 어떻게 해석해야 할까? 이 두 노력은 인간이 아닌 지적 존재를 추구한다는 동일한 지향점을 갖고 있다. 그리고 새로운 지적 존재에 대한 판단을 인간의 인지 능력과 기준에 의해 해야 하는 것도 같다.

그러나 다른 점이 있다. 한쪽은 새 지적 존재를 발명하겠다는 것이고, 다른 쪽은 새 지적 존재를 발견하겠다는 것이다. 발명과 발견의 차이는 무엇인가? 전자는 없는 것을 만드는 것이고 후자는 있는 것을 찾는 것이다. 사고 실험을 해보자. 이 두 가지 노력을 한 개인이 한다고 가정하자. 그렇다면 지금의 이 상태, 즉 우주에 인간 외의 지적 존재가 "발견"되지 않고, 범용인공지능과 같은 지적 존재가 "발명"되지 않은 상태가 유지되는 현재는 어떤 상태인가? 그에게 인간 외의 지적 존재는 발견의 대상이므로 존재하는 대상이며 동시에 발명의 대상이므로 존재하지 않는 대상이다.

여기에서 물리학자 어윈 슈뢰딩거가 양자역학과 관련해 제안한 사고 실험 "슈뢰딩거의 고양이"가 떠오른다. 그 실험에서 완전히 가려진 상자 속 고양이는 살았는지 죽었는지 아는 방법이 없다. 고양이의 생명은 임의의 사건에 달려있기 때문에 상자를 열어 보기 전까지 고양이는 살아 있으며 동시에 죽어 있다. 죽어 있으며 동시에 살아 있다. 고양이의 생과 사는 상자를 열어본 순간 결정된다. 이 사고 실험의 대상인 양자의 파동-입자 이중성처럼, 인간 외 지적 존재에 대한 우리의 사고 실험은 그런 지적 존재가 존재하며 동시에 존재하지 않는 세계에 우리가 존재하는 것을 말해 준다. 양자 세계의 중첩[ㄱ] 현상 속에 우리가 존재하는 것과 같다. 언젠가 이런 상태에 변화가 올 수도 있으나, 이 상태가 영원히 계속될 수도 있다.

양자역학에서는 파동-입자 이중성의 문제를 파동이나 입자라는 우리가 가진 인식 체계로 원자보다 작은 미시 세계의 양자 현상을 해석하려는 데에서 생기는 문제라고 본다. 그렇다면 우리 사고 실험의 해석도 지적 존재가 있거나 없거나 라는 두 가지 인식 밖의

---

ㄱ superposition

다른 개념이 필요한 것일까? 우리 인식 능력의 한계에 대한 도전이 아닐 수 없다.

우리의 이야기로 돌아와, 결국 지금까지 외계 생명은 나타나지 않았고, 또는 않았다고 보고, 그런데 우리는 비생물적, 물질적 의식 있는 인공지능을 만들었다고 가정한다. 그래서 우리에게는 ASI가 존재한다. 그렇다면 이것이 다른 무언가를 해야 할 것이다. 미래의 무궁한 시공간 가운데 그들이 우주 탐험과 우주 개발의 막강한 주력 부대가 되는 것이다. 이 ASI 정찰병들은 은하계를 넘어 지금은 있는지 없는지도 모르는 우주의 가장자리를 찾아 나서며, 자원과 에너지 그리고 안전한 주거지를 찾아내 영생을 얻은 그들의 삶이 무한정 펼쳐질 시공간을 건설해내는 길을 가야 할 것이다. 이런 상황을 커즈웨일은 "우주의 지능적 운명"이라고 표현했고, 닉 보스트롬과 맥스 테그마크는 "우주적 재능"이라고 했다.

### 우주의 시작과 끝

우주에 가장자리가 있을까? 가장자리가 있다면 중심은 어디인가? 중심 이야기부터 해보자. 과거 16세기까지 유럽에는 천동설[ㄱ], 즉 우리가 있는 지구가 우주의 중심이라는 우주 모형이 퍼져 있었다. 이들에게 우주는 태양계인 때였다. 이를 뒤엎은 것은 폴란드

---

[ㄱ] geocentric theory, geo 지구를 의미.

출신 코페르니쿠스가 주장한 지동설ᄀ, 즉 태양이 중심이라는 우주 모형이었다. 지동설은 1543년 '천체의 회전에 관하여'라는 제목으로 발표되었고 이것은 사고의 대전환이었다. 그는 움직이는 지구를 사람들이 고정된 것처럼 인식하는 문제를 지적하고자 했다. 사실 그는 흔히 생각하기 쉬운 것처럼 교회와 신앙에 대해 도전한 것이 아니었다. 그때까지 지배적이었던 아리스토텔레스 우주관, 즉 지구는 멈춰 있으며 우주의 중심이라는 생각을 부정한 것이었다. 코페르니쿠스의 엄청난 업적이었다.

그런데 이것을 지구의 강등으로 발전시킨 사람은 16,17세기 코페르니쿠스의 제자들이었다. 우주의 중심이었던 지구의 위치가 우주에서 "가장 낮고 더러운 부분"[61]이 되었다. 코페르니쿠스 본인이 아닌 후대에서 그의 이름을 따서 만든 "코페르니쿠스 원리"에서 "평범의 원리"가 등장하는데, 이는 어떤 무리에서 무작위로 하나를 뽑을 경우 그 무리 속 여러 범주 중 가장 개체가 많은 범주에서 뽑힐 가능성이 크다는 철학적 개념이다. 지구는 평범한 하나의 행성이 되고, 태양도 평범한 하나의 별(항성)이 되었다. 이것은 밤하늘의 무수한 별들의 서로 다른 밝기가 거리가 다르기 때문인 것을 깨닫게 한 엄청난 계기였다[62]. 제자들이 스승의 뒤를 이어 사고의 대전환을 완성한 것이었다. 독특하고 특별하게 보이는 것도 실

---

ᄀ heliocentric theory, helio 태양을 의미.

제는 많은 것들 중 하나이며 평균에 속한다고 하는 평범의 원리가 말하는 내용을 반박하고 싶은 생각은 전혀 없다. 그러나 왜 지구가 그런 평범보다 못한 위치로 강등했는지는 의문이다.

20세기 말 유명한 천문학자 칼 세이건은 이렇게 자문자답한다. "우리는 누구인가? 우주 속 사람 수보다 훨씬 많은 은하 가운데, 잊힌 구석에 밀려나 있는 한 은하, 그 안의 길 잃은 별, 그 별의 보잘것없는 한 행성에 우리는 살고 있다."[63] 이것이 우주를 공평하게 바라보고 묘사하는 표현인가? 그 대신 "광활한 우주 속 수많은 은하 가운데 한 은하, 그 안의 수많은 별, 그중 한 별을 도는 여러 행성 중 하나에 우리는 살고 있다"고 하는 것이 평범의 원리에 더 충실하지 않았을까?

60개국 5억명이 시청했다는 1980년 TV 시리즈 "우주 – 개인적 항해(일명 '코스모스')"의 공저자이며 내레이터인 고 칼 세이건을 만날 수 있다면 묻고 싶다. 누구에게 잊혔고, 어떤 길을 잃었으며, 누가 보잘것없다 했을까?

커즈웨일은 그의 저서 '특이점이 온다'(p311)에 이런 내용을 대화체로 적고 있다. 자신을 반대하는 사람과 자신의 주장을 대화로 옮긴 것이 인상적이었다. 대화체를 유지하며 요약하면 이렇다.

반대자 "사람의 몸과 두뇌 모두를 기계로 대체하면 인간이 사라지는 것 아닌가?"

커즈웨일 "인간에 대한 현재의 정의에 동의할 수 없다. 어디까지 인간이고 어디부터 기계인가? 지금도 건강을 위해 비생물이 사람의 몸에 들어가고 있다. 아직도 해결 못한 인간의 고통이 얼마나 많은가? 그리고 앞으로는 기계의 개념도 바뀔 것이다."

반대자 "인간 됨이란 인간에게 한계가 있다는 뜻이기도 하다. 그렇지만 기계는 없는데 우리는 있는 무엇이라 정의할 수 없는 영적인 면이 있다."

커즈웨일 "인간에게 한계가 있다는 점에는 우리가 함께 동의하는 것 같다. 다만 다른 점은 인간됨의 본질에 대한 생각인 것 같다."

반대자 "기술의 힘을 활용해야 하지만, 너무 지나치면 생명에 의미를 부여하는 설명할 수 없는 어떤 것을 잃어버릴 것이다."

커즈웨일 "동의하지만, 그렇다고 우리의 한계를 축복할 필요는 없다."

이 대화에서 얻을 수 있는 결론 하나는 커즈웨일과 반대자 모두 인간을 위해서 인간 입장에서 자기 주장을 말한다는 것이다. 다른 점은 반대자는 인간에 대한 현재의 정의를 고수한다면 커즈웨일은 인간의 정의도 얼마든지 변화할 수 있다고 본다.

물리학에는 기본 상수라는 것이 있다. 기본 물리학 상수라고 한다. 예를 들면, 빛의 속도, 플랭크 상수, 중력 상수와 같은 것들이다. 이것들은 계산에 의해 도출할 수 없고, 특정 단위와 관련 없으며 측정에 의해서만 알 수 있는 그야말로 자연이 정해준 값들이다.

어쩌면 생명, 즉 인간의 존재와 영원히 함께 가야 하는 값들인지도 모른다. 스티븐 호킹은 이렇게 말했다. "현재 우리가 알고 있는 과학 법칙에는 전자의 전하 크기, 양성자와 전자의 질량 비율과 같은 많은 기본 숫자가 포함되어 있다. ... 놀라운 사실은 생명체의 발달이 가능하도록 이 숫자들의 값이 아주 미세하게 조정된 것처럼 보인다는 것이다."[64] 이 "미세조정 우주"는 이미 20세기 초부터 거론되어 왔으며, 최근에는 물리학자들과 우주론자들 사이에 우주가 여러 면에서 생명을 위해 "미세조정" 되어있다는 광범위한 동의가 있다고 한다. 그러나 완전한 학설로 인정받는 수준은 아니다.

이 미세조정 우주와 함께 따라다니는 것이 인간중심 원리이다. "인간중심 원리"라는 용어는 1973년 코페르니쿠스의 500번째 생일을 기념하는 한 심포지엄에서 호주의 이론 물리학자 브랜든 카터가 처음 사용했다고 한다[65]. 그는 인간이 우주에서 특권을 가진 위치에 있지 않다는 코페르니쿠스 "원리"에 대해 "우리가 반드시 중심인 것은 아니지만, 어느 정도 불가피하게 특권을 누릴 수는 있다"고 말했다. 미국 컬럼비아 대학교 물리학 교수 브라이언 그린은 2003년 그의 유명한 저서 '우아한 우주 - 초끈, 숨겨진 차원, 궁극의 이론에 대한 탐구'(p368)에서 인간중심 원리에 관해 이렇게 썼다. "쉽게 말해, 사물이 우리 우주에 있는 그대로 있는 이유는 만일 그렇지 않다면 우리가 여기에서 볼 수가 없기 때문이다." 뒤집으면 우리가 관찰하기 때문에 지금의 우주가 존재한다는 의미이지만, 관찰의 독재 또는 한계도 같이 느껴진다. 미국 UC 버클리 물리학 교수 리차드 뮬러는 2016년 저서 '지금: 시간의 물리학'(p183)에서 인간중심 원리는 쓸모 없다고 한다. 물리학자들이 자신의 실패에 핑계를 대기위해 사용할 뿐이라는 것이다. 무엇이든 현상이 존재하는 이유는 그렇지 않으면 우리가 그것을 토론할 수 없기 때문이라고 하면 된다는 것이다. 인간중심 원리는 과학이 아니라고 하는 혹평도 있다. 참 어려운 주제인 "인간중심", 그러나 그것은 현실이고 실재이며 또 사실이다.

앞에서 중심 이야기를 먼저 커낸 의도는 두 가지 대립되는 인식 방법을 소개하려는 데 있었다. "평범의 원리"와 "인간중심 원리"가 그것이다. 전자는 인간인 관찰자의 존재에 특별한 의미가 없다고 하는 반면 후자는 반대로 의미가 있다는 원리이다. 이 측면에서 저자는 후자의 입장이다. 그리고 공간이든 시간이든 개념이든 실질이든 모든 것에 대한 접근은 인간중심 인식에서 시작한다고 전제한다. 또한 커즈웨일처럼 인간의 정의가 변화할 수 있다는 생각에는 공감하지 않지만, 리차드 뮬러 교수의 지적대로 인간이라는 이름이 실패의 핑계가 되어서는 안 된다는 것에는 공감한다.

이제 그야말로 광활한 우주의 가장자리로 가보자. 당연히 저자는 이 길을 인간인 자신의 인식 능력을 가지고 떠난다. 우주의 가장자리는 있는가 없는가? 우주는 유한한가 무한한가, 우주의 시작과 끝은 과연 있는가?

우주의 가장자리는 우주의 유무한 여부와 반드시 일치하지는 않는다. 우주가 팽창하고 있다고 할 때, 그 속도가 우리가 가장자리에 도달하기 위해 이동할 수 있는 최대 속도인 빛의 속도보다 빠르다면 우주가 유한하더라도 우리는 가장자리에 영원히 도달하지 못할 수도 있다. 그리고 우주의 유한과 무한의 의미를 공간적 한계만 생각하기 쉽지만 상대성 이론에 의하면 시간적 한계와 분리할 수 없다. 이런 비슷한 질문들을 하나로 모아 시공간인 우주의 시작과 끝에 대해 알아보자.[66]

우주는 빅뱅에 의해 시작되었다는 것이 현재의 과학적 설명이다. 또한 우주의 궁극의 운명(끝)에 대해서는 알 수 없다는 전제와 함께 그러나 이대로 영구히 지속될 수는 없다는 것이 과학(천문학)계 중론이다. 이 우주 종말에 관한 몇 가지 시나리오가 제시되어 왔다. 예를 들면 빅 크런치(큰 붕괴, 중력이 우주팽창을 압도), 빅 립(큰 해체, 반대로 우주팽창이 중력을 압도), 빅 프리즈(또는 빅 칠, 큰 결빙, 큰 붕괴와 큰 해체의 중간이지만, 결국은 차갑고 빈 우주로 종말) 등이 있다[67]. 2011년 노벨 물리학상을 받은 암흑 에너지의 발견은 빅 프리즈의 가능성을 가장 높게 보는 근거가 되었다.

이렇게 보면 마치 빅뱅이라는 시작이 있고, 가장 확률이 큰 빅 프리즈의 끝도 있다는 결론을 내릴 수 있을 것처럼 보인다. 그러나 과연 그럴까? 그렇다고 하기에는 의문이 너무 많다.

빅뱅 전 상태는 어떤 상태인가? 아무것도 없었나? 아무것도 없는 것(공허)은 무엇인가? 완전 진공을 말하는가? 모든 입자가 제거된 완전 진공 상태에도 암흑 에너지, 가상 입자 등은 존재할 수 있다고 한다. 과연 아무것도 없는 상태에서 빅뱅이 발생한 것인가? 빅뱅 전에 대해 무엇의 유무를 따지는 것은 불가능하고 무의미하다고 말하지 않았으면 한다. 1970년 빅뱅 이론이 완성되는 과정에 중요한 역할[68]을 함께 했던 스티븐 호킹과 로저 펜로즈는 나중에 두 사람 모두 빅뱅 전에 아무것도 없는 것이 아니고 "무엇"이 있었다는 주장을 하고 있다. 2018년 작고한 스티븐 호킹 박사는 무수히 많은 우주들이 중첩되어 있는 다중우주[ㄱ]를 지지하였고, 2020년 노벨상을 수상한 로저 펜로즈는 스스로 등각순환우주론[ㄴ]이라는 끊임없이 반복되는 우주 모형을 제기하였다.

   우주의 끝(종말) 이후는 어떤 상태인가? 역시 아무것도 없다고 하는데, 그렇다면 빅뱅 전과 같은 상태를 말하나? 빅뱅 전과 같다면 다시 빅뱅이 생길 수 있다는 것인가? 과학에서 말하는 아무것도 없다는 것(공허)은 거시적인 별, 행성 등 모든 천체와 미시적인 원자, 아원자, 그리고 그보다 더 작은 입자까지 모두가 사라지고 없는 공허한 상태라고 한다. 그런 상태도 하나의 실재이고 상태가 아닌가? 우주의 종말 이후 우주는 엔트로피가 더 이상 증가할 수

---

[ㄱ] Multiverse
[ㄴ] Conformal cyclic cosmology

없는 상태[69]라고도 하는데, 엔트로피가 나타내는 것이 가능한 마이크로스테이트(극소상태) 수의 측정이라면[70] 아무것도 없는 것이 아니지 않는가?

 공간적으로 우주의 범위는 끝이 있는가, 없는가? 우주의 종말 후 아무것도 없는 상태(공허)에서 공간적 범위는 어떻게 되는가? 결국은 인간이 지닌 인식의 한계 안에 있고 없는 것을 규정하는 것에 지나지 않는 것이 아닌가? 어차피 무수한 천체가 있는 현재의 공간이라도 우리의 관찰이나 인식의 범위와 한계를 너머서는 곳, 즉 관찰가능한 우주[71] 밖의 우주 공간은 종말 후의 공허와 무슨 차이가 있는가? 우리가 관찰할 수 없고 모르는 대상이라는 점에서 같지 않은가? 어느 날 인류가 멸절했다고 가정하면, 관찰하고 인식하는 인간이 사라진 우주는 존재하는 것인가? 존재하지 않는 것인가? 과학자들은 존재한다고 할 것이다. 인류 탄생 전을 현재 상태에서 유추해 거슬러 올라가서 존재를 알 수 있다고 하는 것처럼 인간이 사라진 뒤라도 역시 유추에 의해 존재한다고 할 수 있다고 할 것이다. 그러나 그것이 무슨 의미가 있는가? 과거는 현재와 미래의 인간의 삶에 의미를 준다고 하겠다. 인류가 멸절한 후의 상태는 그 후 생겨날지도 모르는 존재에게는 가치가 있을지 모르나 멸절한 인간에게는 무슨 의미가 있는가? 관찰의 한계를 가능하면 최대한 확대할 필요는 있겠지만, 그 한계 안에 있으면서 마치 관찰의 한계를 벗어난 것처럼 꾸미지는 말아야 하는 것 아닌가?

천문학이 말하는 몇 가지 기본 자료이다. 관찰가능한 우주에는 최소 2조 개의 은하가 있고, 그중 하나인 우리 은하에는 1,000억~4,000억 개의 별과 1,000억 개 이상의 행성이 있는 것으로 추정된다. 은하들의 크기는 우리 은하의 크기가 2조 개 은하들 크기의 평균이라고 한다. 지구에서 가장 멀리 떨어져 있는 것으로 알려진 천체(GN-z11)는 320억 광년 떨어져 있다. 우주는 질량을 가진 모든 물체가 서로 당기는 중력과 빅뱅부터 시작된 서로 밀어내는 우주 팽창이 작용한다. 전체 우주와 관찰가능한 우주를 비교한 자료는 전체 우주의 지름이 추정 수식으로 계산한 값으로 "최소" 23조 광년이라고 보는 반면 관찰가능한 우주의 지름은 현재 관찰 결과 직경이 약 930억 광년이다. 최소 20배 차이이지만 사실은 무한 값과 특정 값의 비교이기 때문에 비교 자체가 의미 없다.

이제 우리의 초인공지능(ASI)에게 우주의 시작과 끝에 대한 숙제를 넘겨보자. 반복하지만 이들은 인간의 지능보다 기억하고 사고하는 능력이 월등히 뛰어나다. 그러므로 우주의 시작과 끝에 대한 관찰을 확대하고 기존 이론을 보완하거나 새 이론을 개발하고 검증하여 기존보다 나은 해답을 찾아낼 가능성이 매우 크다. 그런데 이런 의문이 어쩔 수 없이 든다. 결국 시간과 공간의 시작과 끝 또는 가장자리가 있다면 그 경계의 밖은 무엇인지? 만일 무한하다면 그 무한을 우리의 인식 능력이 감당할 수 있는지? ASI는 지금보다 더 많이 더 정확히 알 수 있겠지만, 그래서 능력의 지평이 더 넓어지기는 하겠지만, 어떤 경우일지라도 여전히 한계는 존재할 수밖에 없다. 이것이 저자의 생각이다.

# 1.4 미래

지금까지 다룬 내용이 미래인데 다시 무슨 미래인가 할 수 있지만, 여기서는 현실로 돌아와 바라보는 미래이다.

지난 60~70년 동안 오르락내리락했던 인공지능에 대한 주목도의 변화가 말해주는 것처럼 인공지능은 여러 차례의 부침이 있었고, 그건 앞으로도 크건 작건 되풀이될 것이다. 그와 함께 최근 인공지능이 활용되고 효과를 보여주는 사례들이 계속 알려지는데 이런 추세 또한 지속될 것이다.

지금까지 저자는 인공지능이 미래에 어떻게 인간과 인간의 삶을 변화시킬지에 대해 의식, 죽음, 우주라는 주제를 가지고 짚어보았다. 한 마디로 의식을 가진 기계가 출현하고 이를 통해 인간과 의식을 가진 인공지능이 죽음의 터널을 벗어나 광활한 우주를 향해 무한한 나래를 펼친다는 대강의 줄거리이다.[72] 이것이 과연 가능한 미래인지 짚어보자.

그와 함께 보다 더 현실적으로 미래를 예상하는 차원에서 정보기술의 부침 사례를 소개한다. 인공지능이 정보기술의 일부로 계속 남아있을지는 또 다른 주제이지만, 여기에서는 저자의 경험을 바탕으로 그동안 주요 정보기술의 사례를 통해 인공지능의 미래에 대한 시사점을 찾아본다.

### 가능한 미래

현실적으로 가능한 미래를 찾기 위해서는 지금까지의 내용을 주로 부정하는 평가를 알아볼 필요가 있다.

의식에 대해서는 호주의 철학자이며 인지과학자인 데이비드 찰머스가 말하는 "의식의 어려운 문제ᄀ"가 있다. 그는 의식에는 두 가지 문제가 있다고 했다. "쉬운 문제"와 "어려운 문제"이다. 찰머스가 말하는 쉬운 문제에는 "감각 시스템의 작동 방식", "뇌 속 데이터의 처리 방식", "행동과 언어표현에 대한 데이터의 영향", "생각과 감정의 신경 기반"과 같은 의식의 기능적 과정이 포함될 수 있다고 한다. 물론 이 문제들의 해결에도 상당히 오랜 시간과 노력이 필요하리라고 예상한다. 그렇더라도 결국은 해결되리라는 가능성이 보이기 때문에 쉬운 문제라는 것이다.

그러나 쉬운 문제들을 모두 해결한 후이더라도 절대로 해결하지 못하는 문제가 남는데, 그것이 어려운 문제이다. "주관적 경험"인 의식은 앞의 기능적 과정들을 거쳐서 결과적으로 드러나는 것인데, 이 주관적 경험의 이유와 방법은 우리가 알기에 너무 신비롭고 어렵다고 한다. 찰머스는 이렇게 설명한다. 의식에 이르게 하는 기능들이 부분이라면 주관적 경험은 그것들의 합인데, 단순합이 아니라는 것이다.[73] 동일한 과정을 거쳤더라도 사람마다 다르고,

---

ᄀ the hard problem of consciousness

동일한 사람이라도 경우에 따라 변하는 것이 주관적 경험이기 때문이다. 찰머스의 어려운 문제의 존재에 대한 과학자들의 의견은 찬반으로 나누어져 있다.

또 죽음에 대한 현실적인 전망을 보자. 앞에서 말한 시나리오를 받아들이지 못하는 이유는 장수와 영생을 위한 여러 시도들이 이뤄지고 있지만, 인체에는 115세[74]이든 122세를 조금 넘든 타고난 최대 수명이 존재한다는 주장이다. 지금까지 최장수 기록은 1997년 122세로 사망한 프랑스의 장 칼망이며, 지금까지 25년간 그 기록이 깨지지 않고 있다.[75] 평균 수명은 매년 늘어나는 추세인데 비해 최장 수명은 그만큼 늘어나지 않고 큰 변화가 없다는 것이다. 또한 획기적인 수명 연장이 이뤄진다고 해도 그것이 사회적으로 미칠 영향에 대해서는 부정적인 예측이 많다. 식량 자원의 증가가 때맞춰 이뤄질 가능성이 낮고, 수명 연장 혜택을 누리는 개인들과 그렇지 못하는 개인들 사이의 갈등이 쉽게 조정되기 어렵고, 여전히 죽음의 원인으로 남는 사고와 재해의 의미가 변해 그것이 사회에 어떤 영향을 미칠지 예상이 쉽지 않다. 그리고 기술에 대한 신뢰가 매우 높은 커즈웨일조차 마인드 업로딩에 대해 정보의 보존 자체가 영원할 수 없는 불가피한 한계가 있기 때문에 어차피 마인드 업로딩이 영생에 이르는 수단이 될 수 없다고 적고 있다.

한편 마지막으로 우주에 대해서는 오히려 변화 가능성에서 긍정적인 요소들이 많이 있다. 21세기 들어 불과 20여년 지났는데 앞에서 언급한 것처럼 엄청난 수의 슈퍼 지구가 발견된 것은 노력과 투자가 증가한 때문이긴 하지만 우주 관측 기술이 크게 발전한 배경이 있다. 그만큼 새로운 발견이 더 이뤄질 것이 예상된다. 1990년 발사되어 저지구 궤도(지상 144~900km의 원 궤도)를 돌며 우주 관측에 눈부시게 기여한 허블 우주 망원경의 뒤를 이어 제임스 웹 우주 망원경이 2021년 크리스마스에 성공적으로 발사되었다. 이 망원경은 선임인 허블에 비해 100배 더 희미한 이미지를 볼 수 있을 정도로 성능이 향상되어 우주의 숨겨진 비밀을 새로이 벗겨줄 것이다.

**정보기술 전망**

현실의 인공지능으로 돌아와 보자. 인공지능이 부각될수록 정보기술은 시야에서 멀어지는 것처럼 생각할 수 있다. 그러나 아직은 그렇게 볼 근거가 없다. 인공지능은 컴퓨터와 통신을 포함하는 많은 정보기술에 현재도 의존하고 있으며 가까운 미래에도 의존할 것이기 때문이다.

정보기술(IT)로서 인공지능의 미래에 대해서는 두 전망이 존재한다. 하나는 지금까지 살펴본 내용과 같은 범용인공지능(AGI)과 초인공지능(ASI)이 등장할 것이라는 전망이고, 다른 하나는 제한된 특정 분야 또는 용도에서 인간의 능력을 필적 또는 능가하는 제한인공지능(ANI)이 더욱 확대 개발되고 발전해 나갈 것이라는 전망이다. 물론 범용지능을 어떻게 정의하는가에 따라서는 이 두 전망의 어느 한쪽에 귀속시킬 수 없는 중간 모습도 있겠지만, 일단 위 두 경우를 보자.

먼저 범용인공지능의 경우, 실현이 가능하다고 해도 최소 수십 년 이상 수 세기가 걸린다는 전망부터 전혀 불가능하다는 의견까지 부정적 평가가 다수이다. 물론 인류 역사에서 과학 기술이 이룬 불가능을 가능으로 만든 기적 같은 사례가 많으므로 부정적으로 볼 수만은 없지만, 1.1 의식 절의 "AGI는 없다"에서 언급한 것처럼 범용인공지능에 근본적으로 회의가 있는 전문가들의 의견과 3장에서 소개하는 인공지능의 기술 능력을 감안해 여기서는 이에 대한 판단을 보류한다. 최근 챗GPT 등 생성형 인공지능이 활발히 사용되면서 마치 곧 범용인공지능이 등장할 것처럼 부산스럽지만, 저자는 그렇게 생각하지 않는다. 3장을 통해서 저자가 그렇게 생각하는 이유가 전달되기를 바란다.

제한인공지능(ANI)은 인공지능의 주된 흐름으로서 21세기 초 부흥기를 맞은 후 계속해서 발전하고 있다. 2016년 세계 바둑 정상의 이세돌을 이긴 알파고의 등장 직후 뜨거운 열기가 일어났다가 다소 가라앉았던 중 최근 챗GPT 등 생성형 인공지능에 대한 호응으로 다시 달아오르는 추세이고, 인공지능의 활용 사례는 꾸준히 확대되고 있다. 이런 제한인공지능 기술의 미래를 전망하는데, 다른 정보기술의 부침 사례를 보면 시사하는 바를 얻을 수도 있다.

1940년대 등장한 현대 컴퓨터 기술(정보기술)이 지금까지 보여준 발전과 변화 과정을 보면 두 모습을 볼 수 있다. 화려한 명성과 요란한 선전으로 시작했으나 얼마 후 사라져간 기술이 있는가 하면, 관심에서 멀어졌던 기술이 어느 날 화려하게 다시 등장한 경우도 종종 있다. 앞의 예를 보면 우리나라에서 "칼스"라는 이름으로 소개되어 기업 제품의 생산, 유통, 판매, 폐기까지 모든 업무가 빛의 속도로 이뤄지게 된다고 했던 통합 물류생산지원시스템(CALS)과 기업의 정보시스템(IS)을 대체한다고 했던 사무자동화(OA), 그리고 비전산인에게는 생소하겠지만 프로그래머라는 일자리가 사라진다고 했던 케이스(CASE)를 들 수 있다. CALS는 그후 기업간 조달물류 업무의 전자문서 표준 형태로 사용되는 수준이 되었고, OA는 1990년대 기업에서 개인용 컴퓨터(PC) 사용이 확대되면서 조용히 사라졌다. CASE는 한때 정보공학(IE) 개념과 함께 주목받았으나 곧 수그러들었다. CASE를 단순히 프로그래밍 자동화로 본다면 최근 인공신경망 인공지능을 기반으로 한 소프트웨어 2.0이나 3장에서 소개할 인공지능의 민주화 개념으로 이어진다고 볼 수도 있다.

   반면 사라졌던 기술이 다시 살아나는 예로는 1960년대 등장했지만 1990년대 이르러서야 본격적으로 활용되기 시작한 것을 들 수 있다. 2~30년간 눈에 드러나는 성과와 실적이 없었던 근거리통신망(LAN)과 관계형 데이터베이스(RDB)가 그렇다. 초기에 LAN

은 벽의 전원 단자가 있는 곳이면 어디서나 전기를 쓸 수 있는 것처럼 컴퓨팅 파워를 쓸 수 있게 된다는 당시로는 꿈같은 약속을 제시했고, RDB는 데이터와 파일을 더하기 빼기 식의 연산으로 다룰 수 있다는 역시 허황하게 느껴질 만큼 도전적인 목표를 내세웠다. 실현이 지연되기는 했으나, LAN은 컴퓨터 사용자들의 온라인 접속 가능성을 획기적으로 높였고, RDB는 데이터(DB)의 다양한 활용과 관리를 용이하게 했다. 역사상 가장 큰 기술 거품이라고 해도 과언이 아닌 2000년대 초의 닷컴 버블은 그 자체로는 약속을 배반한 전자의 경우로 볼 수 있으나 이후 확대되는 인터넷과 웹 기술의 발전과 활용, 그리고 거품 붕괴 이전에 약속했던 B2C B2B 등 e비즈니스 모델들이 실제 나타나고 확대되고 있다는 점에서 다시 살아나는 후자의 경우로 볼 수도 있다. 그 밖에 가상 현실이나 가상화폐, 블록체인 기술, 메타버스는 아직 제시하는 용도와 효과가 충분히 현실화되지 않고 있고, 주로 가능성에 근거한 투자 대상에 머물러 있으며, 미래를 확실히 단정하기에는 불투명한 시점에 있다고 본다.

이런 점에서 인공지능은 1950년대 등장 후, 그동안 두 차례의 추운 겨울을 거쳐서 2012년 딥러닝 기술의 등장으로 세 번째 봄을 맞이했다는 점에서 후자의 경우이며, 그것도 두 번이나 실패를 겪었었고, 세 번째 따뜻한 시절을 지내고 있다. 그러나 다른 어떤 기술보다 기대가 큰 만큼 반작용과 부작용 그리고 실망도 클 수 있는 과정과 위치에 있다고 본다. 이에 대해서 3장에서 다루며, 다루지 못하는 부족한 부분은 다른 기회를 생각하고 있다.

## 맺으며

이 장을 저자는 이렇게 맺으려 한다.

저자는 의식이 물질에서 출현한다고 생각하지 않는다. 그러나 저자의 생각과 다르게 물질에서 의식을 가진 존재가 출현한다면 그 역시 하나님의 뜻이다. 그들이 인간과 같은 지적 존재라면 저자는 그들에게 "인간형 존재"[ㄱ]라는 호칭을 부치면 된다고 생각한다. 그리고 그때에도 우리가 할 일은 지금까지 해온 것처럼 하는 것이다. 달라질 것이 없다. 단지 지금까지 저질렀던 어리석음과 시행착오 그리고 큰 실패는 되풀이하지 말아야 한다.

이렇게 생각하는 근거는 세 가지이다.

---

[ㄱ] "human-type being", 저자의 용어이다.

첫째, 성경 창세기 1장 27절과 28절 말씀이다. "하나님이 자기 형상 곧 하나님의 형상대로 사람을 창조하시되 남자와 여자를 창조하시고 하나님이 그들에게 복을 주시며 하나님이 그들에게 이르시되 생육하고 번성하여 땅에 충만하라, 땅을 정복하라, 바다의 물고기와 하늘의 새와 땅에 움직이는 모든 생물을 다스리라 하시니라" 우주 만물을 창조하시고, 자기 형상대로 인간을 만드시고 모든 생물을 다스리게 하신 하나님의 말씀을 저자는 믿는다.

둘째, 새로운 생물의 출현과 현상의 발견은 인류 역사에서 새삼스러운 일이 아니다. 불과 수백 년 전 살다 간 사람들은 지금 우리가 알고 있는 많은 생물이나 우주 현상, 과학 기술 산물, 살아가는 방법을 전혀 알지 못했다. 왜 그런 일이 앞으로는 없겠는가? 변화를 느꼈던 그들도 지금의 우리와 같은 우려와 걱정 속에 있었을 것이다. 인간은 항상 현재의 걱정을 가장 큰 걱정으로 생각하는 증세가 있을 뿐이다.

그렇다면 오히려 과거를 돌아보고 그때 새로운 현상의 출현과 등장이 얼마나 인간에게 위협이 되고 공포를 주었으며 파괴와 불행을 초래했는지를 반추하고 실패의 역사를 되풀이하지 않도록 해야 한다.

18세기 산업혁명은 생산 증가, 새로운 일자리, 경제 성장과 같은 혜택을 주었으나 반면 열악한 근로 환경, 아동 노동, 환경 오염, 일자리 상실과 같은 여러 부정적 결과를 낳기도 했다. 숙련 일자리를 빼앗는 기계화에 저항한 영국의 러다이트 운동(1811~1816년)은 전환기의 모습을 보여주는 한 단면이었다.

1870년을 전후해 "원숭이가 사람이 된다면 무엇인들 사람이 될 수 없겠는가[76]"라는 반응과 털북숭이 유인원 모습을 한 다윈의 캐리커처가 인기를 끌었던 때가 있었다고 한다. 다윈의 "자연 선택" 이론은 "힘이 정의이다"를 연상시키고, 토마스 홉스의 "만인의 만인에 대한 투쟁"이 재등장했다는 평가도 받았다[77]. 그리고 이제 되돌아보면 그런 평가가 실제 역사가 된 것을 본다.

진화론의 중심 이론이 된 다윈의 "자연 선택"은 과학을 넘어 사상과 이념 그리고 현실 정치에까지 영향을 미쳤다. 칼 마르크스는 그의 공산주의 이론을 과학적 사회주의라고 주장하면서 그 근거를 당시 과학 원리로 인정받기 시작한 "자연 선택"이 자신이 주장하는 사회적 변화에도 적용되기 때문이라고 했다. 다윈은 "자연 선택"이 그렇게 단기간에 일어나지 않는다고 부정했으나 그의 이론이 공산주의의 선전 수단으로 활용되는 것은 막지 못했다[78].

또한 다윈은 자연 선택과 함께 적자 생존ㄱ, 생존 경쟁ㄴ과 같은 개념을 거론했고, 이 개념들은 결국 우생학[79]의 근거가 되었다. 우생학이 독일 나치 정권의 집단 학살 만행을 정당화하는데 이용되

---

ㄱ survival of the fittest, 영국 철학자 허버트 스펜서가 처음 사용한 용어이며 다윈이 인용함.
ㄴ struggle for existence, 다윈이 저서 '종의 기원' 3장 제목으로 처음 사용함.

었던 것은 부정할 수 없는 사실이다[80].

　공산주의와 나치 독일에 의해 가공할만한 수의 사람들이 희생되었다[81]. 이 책임이 다윈에게 있다는 것은 아니다. 그리고 그가 관찰과 경험에 의한 과학적 원칙을 세워 과학 발전에 공헌한 것은 부인할 수 없다. 그러한 다윈의 공적은 인정되어야 한다. 그럴더라도 그의 주장이 과도하게 해석되고 오용된 역사적 사실도 결코 부인하거나 망각해서는 안 된다고 생각한다. 반면교사가 되어야 한다.

　또한 최근 주목받는 분야인 유전자 가위 기술이나 합성생물학과 생물 공학 기술들은 의약, 농업, 에너지, 환경 분야에서 잠재력을 갖고 있으나, 예상 못한 위험한 결과물이 튀어나오거나 윤리적 문제를 일으킬 위험을 갖고 있다. 어쩌면 의식 있는 인공지능의 출현보다 더 임박하고 심각한 문제일 수도 있다. 인간의 도전과 관리가 함께 필요한 과제이다.

　셋째, 마지막 이유는 지금까지 1장의 여러 곳에서 언급한 바 있다. 우리의 인식 능력 문제이다. 우리 인간이 인식하는 모든 지적 생명은 인간이 지닌 의식이나 관찰 능력의 한계를 벗어나 존재할 수 없다. 바꿔 표현하면 우주에 존재하는 모든 의식 있는 지적 존재는 결국 인간과 유사한 존재일 수밖에 없다. 인간, 의식 있는 인공지능, 합성생물학이 만들어내는 인조 생명, 외계에서 등장하는 지적 생명체까지 우리와 소통이 가능하다면, 즉 우리의 인식 능력 안의 존재라면 모두가 인간형 존재이며, 이들 모두는 의식의 한계, 이성, 감성, 사랑과 미움, 자유의지와 게으름, 자의식과 허위 의식, 그리고 소멸을 공유하고 공유할 수밖에 없는 존재라는 것이다.

그 어떤 것도 우리 인간이 지닌 불완전성에서 벗어나지 못하는 존재라는 점에서 모두 같을 것이다. 만일 그런 불완전성을 벗은 존재라면 우리 의식은 그 존재를 알 수 없어야 한다. 우리의 의식 밖 현상일 뿐이기 때문이다. 혹시 형체 없이 영적으로 다가오는 경우를 상상한다면 그런 존재는 하나님 한 분뿐이시다. 그 밖에는 지금도 존재하는 악한 영일뿐이다. 따라서 어떤 존재이든 무엇이든 새로운 도전이 될 수는 있으나 그렇게 생소하기만 한 것은 아닐 것이다.

그러므로 저자의 결론은 이렇다. 호모 데우스[ㄱ]는 없다. "호모 인컴플레텀"[ㄴ]이나 호모 제너스[ㄷ]가 있을 뿐이다.

이제 인공지능의 출발점이고, 원형이라고 할 수 있는 컴퓨터의 개요를 알아본다.

오늘날 개인마다 휴대하고 있는 스마트폰부터 노트북/랩톱, 데스크톱 PC까지 컴퓨터는 우리 생활과 일상에 깊이 들어와 있다. 마치 TV와 전화 그 밖의 가전 제품들이 내부 작동 방법이나 구조를 모르더라도 기능이나 서비스를 누리면 충분하며 그것을 당연하

---

[ㄱ] Homo Deus, "신이 된 인간"
[ㄴ] "Homo Incompletum" "불완전한 인간", 저자의 용어이다.
[ㄷ] Homo Genus, 인간 속(屬)

게 생각하는 것처럼 컴퓨터도 그렇게 되었다. 이런 생각은 전혀 잘못된 생각이 아니다. 그러나 인공지능을 감안한다면 컴퓨터가 무엇인지 조금이라도 이해한다면 그 자체만으로 개인의 자산이 될 수 있다.

그러나 컴퓨터는 매우 복잡하고 범위도 넓으며 자세히 알기가 어렵고, 또 사실 모두 알 필요도 없다. 그런 점을 감안해서 이제 기본적이며 핵심적인 내용 위주로 컴퓨터를 소개해 보려 한다.

# 2
컴퓨터란?

## 시작하며

컴퓨터를 짧게 설명하면, 프로그램을 만들고 수행시키는 기계 환경이다.

국어 사전에서 프로그램의 뜻은 "진행 계획이나 순서"이다. 컴퓨터 프로그램은 컴퓨터를 사용하여 원하는 바를 처리하는 진행 계획과 순서이다. 예를 들면, 컴퓨터를 사용해서 두 값의 합을 구하려고 한다면, 두 값의 합을 구하는 컴퓨터 프로그램(이하 프로그램)을 만들어 원할 때 수행시키면 된다. 프로그램은 두 값을 받고(입력), 합을 구하고(처리), 결과를 내보내는(출력) 순서로 처리할 것이다. 이렇게 프로그램은 입력 단계, 처리 단계, 출력 단계로 구성되며, 이것은 모든 프로그램에 공통이다. 이 프로그램을 소프트웨어라고 하며, 프로그램이 수행되는 기계 환경은 하드웨어라고 한다. 프로그램 내용(논리)이 알고리즘이다.

　이렇게 컴퓨터가 입력, 처리, 출력의 3단계로 수행되며, 소프트웨어 부분과 하드웨어 부분으로 구성된다는 점은 모든 컴퓨터의 공통 사항이지만, 작동하는 방법을 이해하는 것은 그렇게 쉬운 일이 아니다. 또한 다양한 종류와 구성이 존재하기 때문에 컴퓨터는 이렇다고 한 가지로 규정하는 것은 오히려 혼동을 일으킬 수 있다.

　그러므로 먼저 모든 컴퓨터에 공통적인 기본 요소를 알아본 후 흔히 컴퓨터를 잘못 이해하는 몇 가지 사항을 바로잡는 과정을 통해 컴퓨터에 좀더 가까워지는 길을 가보자.

## 2.1 개요

앞에서 말한 입력, 처리, 출력의 단계를 수행하려면 필요한 것이 하드웨어 요소와 소프트웨어 요소이며 이 요소들 간의 관계를 이해함으로써 컴퓨터를 이해하기 시작할 수 있다.

그리고 그 하드웨어와 소프트웨어 안에서 다뤄지는 데이터(정보)와 프로그램이 컴퓨터 안에서 실제 어떤 형태로 처리되는지를 알아보고, 끝으로 컴퓨터가 통신 네트워크(온라인)로 연결되는 컴퓨터의 연결성에 대해 알아본다.

**기본 시스템**

아래 그림 1은 컴퓨터 시스템의 중요한 구성요소 간 상호 관계를 개념적으로 보여준다.

그림에서 보는 것처럼 프로그램 개발자가 사용하든 개발된 프로그램의 사용자가 사용하든 컴퓨터의 구성은 ⓐ와 ⓑ의 내부처럼 동일하다. 다른 점은 개발자가 사용하는 프로그램은 컴퓨터 언어 컴파일러(또는 인터프리터) 등 개발 도구(앱)들이고, 사용자가 사용하는 프로그램은 주로 개발자가 만든 응용프로그램(앱)이라는 것뿐이다. 여기에서 간단한 용어 하나를 알고 가면, 보통 말하는 앱은 응용 프로그램을 말하며 영어 애플리케이션을 앞 부분 앱으로 줄인 용어이다. 컴퓨터 프로그램은 크게 두 종류가 있는데 하나는 응용 프로그램이고 다른 하나는 시스템 프로그램이다. 시스템 프로그램의 대표가 운영체제(OS)이다. 가장 널리 사용되는 PC용 운영체제는 마이크로소프트 사의 윈도우즈이며, 스마트폰 용 운영체제는 구글의 안드로이드 또는 애플의 IOS이다.

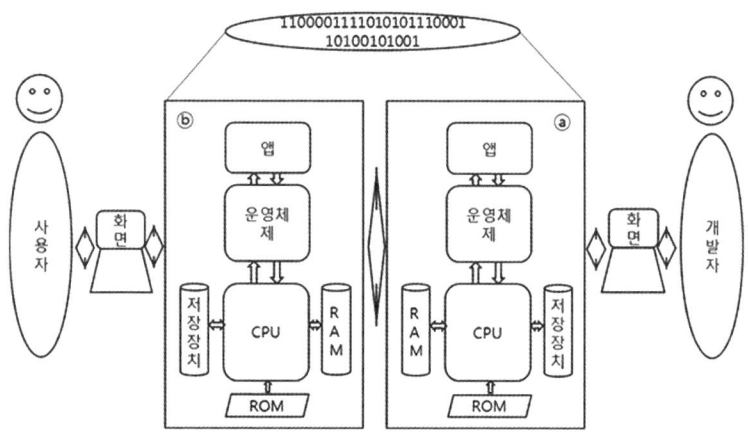

그림 1. 컴퓨터 개념도: ⓐ와 ⓑ는 컴퓨터이다. 이 둘은 한 컴퓨터일 수도 있고 다른 컴퓨터일 수도 있다. ⓐ는 응용프로그램(앱)을 개발하는 컴퓨터의 모습이고 ⓑ는 개발된 응용프로그램(앱)을 사용하는 컴퓨터의 모습이다. 보는 것처럼 두 컴퓨터의 구성요소는 동일하다.

이제 응용 프로그램(이하 앱)이 개발되고 사용되는 순서대로 컴퓨터의 내부를 따라가보자. 먼저 개발자가 ⓐ 컴퓨터의 전원을 키면 ⓐ 컴퓨터 안의 읽기전용기억장치(ROM, 롬)에 있는 컴퓨터

기동 프로그램이 작동하여 컴퓨터가 켜진다. 이 말은 ⓐ 컴퓨터의 운영체제가 작동하기 시작한다는 의미이다. 운영체제는 컴퓨터 하드웨어의 핵심인 중앙처리장치(CPU)와 사용자가 수행하길 원하는 앱의 중간에서 그 앱이 CPU를 사용할 수 있게 한다. 즉 앱이 작동하게 하는 것이다. 개발자는 프로그램 개발을 원하므로 화면을 통해 자신이 사용하는 개발용 언어 프로그램을 호출한다. 그러면 저장장치에 있던 언어 프로그램이 앱 부분에 위치하여 개발자의 지시에 따라 수행한다. 이 과정을 통해 개발이 완료되면 완료된 프로그램이 하나의 새로운 앱이 되어 저장장치에 저장된다. 여기까지가 ⓐ 컴퓨터에서 이뤄지는 개발 단계이다.

다음은 ⓑ 컴퓨터에서 일어나는 사용 단계이다. 개발자와 마찬가지로 사용자는 컴퓨터를 키고 자신이 사용하려는 앱을 호출한다. 물론 이 앱은 앞의 개발 단계를 통해 만들어진 앱이거나 다른 사람이 개발한 사용자용 앱이다. 그러면 앱 부분에 호출된 프로그램(앱)이 위치하게 되고 그 앱을 사용하게 된다. 구성 요소와 작동 모습이 개발 단계인 ⓐ에서나 사용 단계인 ⓑ에서나 동일하다. 이것이 뒤에 나오는 스토어드 프로그램 구조[1]이다.

---

[1] stored-program architecture

**디지털과 이진법**

위 그림 1의 컴퓨터(ⓐ와 ⓑ) 위에 있는 타원 안에는 1과 0으로 된 수, 즉 2진수가 있다.

이것이 표현하는 것은 일부 특수 용도 컴퓨터를 제외한 거의 모든 현대의 컴퓨터가 전자식 디지털 컴퓨터이며, 2진법을 사용한다는 것이다. 즉 우리가 (전자식 디지털) 컴퓨터를 통해서 보고 듣는 모든 숫자, 문자, 이미지, 소리, 동영상 등 정보와 심지어 그것을 처리하게 하는 컴퓨터 프로그램까지 모두가 컴퓨터 안에서는 2진수로 표현되고 저장되고 처리된다는 것이다.

어떻게 전자식 디지털 컴퓨터가 2진법을 사용하는지를 이해하려면 전자, 디지털, 2진법 각각에 대해, 그리고 전자와 디지털의 관계와 디지털과 2진법의 관계에 대해 알 필요가 있다.

먼저 전자에 대해 알아본다. 전자라는 용어를 만나면 자연스럽게 전기라는 단어가 생각난다. 전자적(電子的, electronic)과 전기적(電氣的, electric)은 우리 말(한자어)도 비슷하고 영어도 비슷하며, 자세히 보면 전자(電子, electron) 현상이라는 물질의 물리적 속성에 기인한다는 공통점을 가졌지만, 실생활에서의 의미와 기능은 구별된다. 전기적이란 주로 에너지에 관한 것이고 전자적은 신호에 관한 것이다. 역사적으로 전기는 오래 전 인류가 천둥 번개를 보며, 또 가오리, 메기 같은 전기를 띤 어류를 통해 일상에서 경험하는 자연 현상이었다. 그리고 오랜 역사를 거치면서 수많은 사람들이 연구한 결과 현재와 같이 전기를 빛과 열과 에너지의 원천으로 활용할 수 있게 되었다.

반면에 전자적이란 신호 전달 방식이다. 물론 전기적 신호에 대한 연구가 먼저 이루어졌고 응용이 있었다. 인체 내에서 신경세포와 근육 사이를 연결하는 신호가 전기적 신호라는 사실은 일찍이 18세기 말 발견되었으며[82], 원격 통신을 위해 전기적 신호를 사용하는 전화가 19세기 말 발명되었다. 그렇지만 전기적 신호(주로 아날로그)는 신호를 수동적으로 이용해야 하는 한계가 있었고, 신호 전달 품질이 만족스럽지 못한 경우가 많았다. 여기에 등장한 것이 전자적 신호(디지털)이다. 이로 인해 신호를 능동적으로 다루고 처리하는 것이 가능하게 되었으며 신호 품질도 개선할 수 있게 되었다.

다음은 디지털에 대해 보자. 대체로 전기적 신호는 아날로그 방식이며, 전자적 신호는 디지털 방식이다. 아날로그 방식과 디지털 방식의 차이는 과거의 아날로그 전화와 현재의 디지털 전화를 비교하면 된다. 아날로그 전화는 원거리 통화를 하거나 비바람이 심하게 부는 날 통화하는 경우 잡음이 들리고 때때로 소리가 가늘어져 어려움을 겪었던 기억이 있는 독자들이 있을 것이다. 현재의 디지털 통화는 통화가 끊기지 않는 한 품질이 유지된다. 그 이유는 아날로그 전화 방식은 발신 음성을 그대로 전파로 바꿨다가 수신 음성으로 복원하기 때문에 전송 과정에 개입되는 소음이나 전파의 왜곡이 수신 음성에 그대로 반영되지만, 디지털 방식은 발신 음성을 이산값(정수, 특히 2진수)으로 바꿔서 전파로 보내고, 수신하는 곳에서는 수신된 이산값의 전파를 수신 음성으로 되돌리기 때문에 전송 과정에서 발생하는 소음이나 왜곡이 원래 발신한 전파에 영향을 줄 가능성이 크지 않다. 더 정확히 표현하면 이산값을 바꿀 정도가 아니면 무시되는 것이다. 만일 영향을 줄 정도가 되면 소음이나 잡음으로 전달되는 것이 아니라 아예 음성이 끊기거나 연결이 끊어지게 된다.

끝으로 이진법이다. 위에서 보듯이 전자적이라는 말 속에는 대개 디지털 방식이란 의미가 함축되어 있다. 그리고 디지털 방식은 2진법과 연결된다. 아날로그는 연속적인 값을 의미한다. 전파를 신호로 인식할 때 전파의 주파수, 진폭, 위상 값을 사용해 표현하는데, 이 값을 그래프로 그리면 물결의 파동과 같은 곡선으로 그려진다. 값이 점진적(연속적)으로 변화한다. 그러나 디지털은 이 연속적으로 변화하는 값을 마치 막대그래프처럼 끊어지는 값(이산값)으로 바꾼 것이다. 그리고 그 이산값이 둘이면 2진법, 셋이면 3진법, 열이면 10진법이 된다. 그중 가장 단순한 방법이 2진법이다. 전파를 보냈다(On) 안 보냈다(Off)를 반복하는 식으로 쉽게 구현할 수 있기 때문이다. 그렇다면 2진법을 사용해서 계산과 논리를 처리할 수 있을까? 당연히 "가능하다." 우리는 10진법 수에 익숙하지만 수의 표현은 반드시 10개의 정수를 사용하는 10진법만 가능한 것이 아니다. 2진법, 6진법, 16진법 등 얼마든지 다른 방법도 가능하다. 우리에게 10진법이 익숙한 방법일 뿐이다. 논리적 구조도 2진법으로 처리할 수 있으며, 문자, 이미지, 영상, 소리는 물론 3장에서 소개하는 것처럼 냄새, 맛, 촉감까지 2진법으로 표현이 가능하다. 그러나 2진법을 컴퓨터 없이 일상생활에서 사용한다면 수와 양, 모든 표현에 시간이 오래 걸리고 공간과 지면을 많이 차지하겠지만, 컴퓨터의 방대한 저장 공간과 빠른 처리 속도를 이용한다면 2진법의 그런 비효율은 전혀 문제가 되지 않는다.

이렇게 전자적 신호와 디지털 방식, 그리고 2진법 체계는 현대 컴퓨터의 기본 요소가 되었다[83]. 그리고 이러한 전기에서 전자, 그리고 디지털로의 발전은 18세기 영국에서 시작된 산업혁명이 현재까지 발전해 온 단계와 상당히 일치한다. 1차 산업혁명의 동력이 증기 기관이었다면, 19세기 중엽 2차 산업혁명의 동력은 전기였고, 20세기 초중반의 정보혁명(3차 산업혁명 또는 제3의 물결)은 전자 장치들과 함께 이뤄졌다. 이제 소위 말하는 4차 산업혁명은 인공지능을 포함하는 본격적인 디지털 변환(DT)[ㄱ]이 중심에 있다.

이제 컴퓨터와 떼려야 뗄 수 없는 컴퓨터 통신에 대해 알아보자.

---

ㄱ Digital Transformation

**네트워크와 연결성**

컴퓨터는 정보기술의 하나이다. 컴퓨터보다 더 큰 개념이 정보이며, 컴퓨터 산업은 정보 산업의 일부이다.

1장의 "인공 의식"에서 통합정보이론(IIT)을 소개하면서 우주와 모든 존재의 가장 기본 물질이 정보라는 주장을 언급했지만, 이미 19세기 말 열과 에너지와 일을 연구하는 열역학의 발전은 그때까지 물리학 중심의 과학이 당연시했던 물질주의적 세계관을 의심하고 더 나아가 부정하는 시각이 나타나는 계기가 되었다. 이는 수 세기동안 지탱해왔던 견고한 성채를 허무는 일이었고 희생을 요구했다. 오스트리아 물리학자 루드비히 볼츠만(1844~1906)이 그렇게 희생된 사람이었다. 그가 제시한 통계역학은 확률 개념을 도입했는데, 이것이 뉴턴의 고전역학을 부정하는 것으로 받아들여졌다. 당시 과학자들의 공격을 받던 그는 스스로 목숨을 끊는 결정을 했다. 통계역학은 현대 물리학의 중요한 축이 되었다[84].

정보가 물질을 대체한다고 단정할 수 없고, 다른 한편 정보 자체를 물질로 보는 주장도 있다. 그렇지만 여전히 정보와 관련해 대립하는 두 세계관이 존재하는 것은 분명하다. 한 세계관은 물질주의(유물론), 결정론, 환원주의, 가역성에 기초하고, 다른 세계관은 정신주의(유심론, 관념론), 자유의지, 비 환원주의, 불가역성에 바탕을 둔다. 저자는 정보가 후자에 해당한다고 본다. 정보(신호)를 표현하거나 저장하는 매체는 물질적 매체이지만 표현이 전달하고 저장이 보관하는 메시지와 의미는 물질이 아니다. 형태가 있고 공간을 차지하는 물질일 수가 없다. 쉬운 예 하나만 들어보자. 말을 주어담을 수 없지 않은가. 말은 정보다. 이보다 불가역성을 더 잘 보여줄 수 있을까? 농담이 아니다.

앞에서 언급한 것처럼, 정보 또는 신호에 관해서는 인간 체내의 전기적 신호에 대한 연구가 있었고 1953년에는 DNA 구조가 밝혀져 우리에게 가장 가까운 우리 몸의 생성과 발육을 관장하는 게놈과 DNA가 정보 형태로 작용한다는 것도 알려졌다. 이러한 정보라는 주제는 매우 방대하므로 본격적으로 다룬 서적을 참고하기를 권하며, 여기서는 우리 누구나 쉽게 이해하는 의미로 정보를 생각한다.

정보를 짧게 설명하면 가치 있는 데이터(자료)이다. 좀더 넓게는 불확실성(엔트로피)을 제거하는 것이 정보라고 할 수 있다. 컴퓨터는 데이터를 처리하여 가치 있는 데이터, 즉 정보를 만들어준다.

그렇다면 불확실성이 제거된 그리고 가치 있는 정보의 특징은 무엇인가? 정보는 기본 요건인 정확성, 완전성, 적합성을 갖춰야 한다. 다음으로 정보가 가치를 가지려면 요구되는 특성이 적시성이다. 이것을 충족시키기 위한 방법이 온라인 통신이다. 컴퓨터가 실시간 정보를 제공할 수 있도록 네트워크로 연결된 터미널이나 PC를 통해 정보를 제공하는 것이다(그림2 ⓑ 이후). 컴퓨터 네트워크의 시작이다.

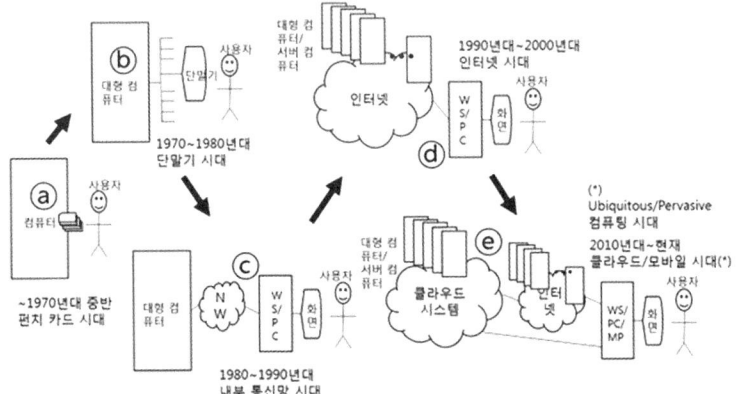

그림 2. 컴퓨터 네트워크의 변화: 기술 발전에 따른 컴퓨터와 통신의 결합은 정보 자원을 더 많은 사용자가 더 많이 사용할 수 있도록 변화 발전해 왔다. (주: NW: 네트워크, WS: 워크스테이션, PC: 개인용 컴퓨터, MP: 휴대전화)

또한 정보가 기업에게 가치를 제공하기 위해서는 가능하면 적은 비용으로 효과를 내야 한다. 이를 위해 나타난 기술이 분산 시스템이다. 대형 컴퓨터는 초기 비용이나 유지 비용이 큰 반면, 중형 컴퓨터나 서버 급 컴퓨터들은 비교적 적은 비용으로 시작할 수 있으며 필요한만큼 확장할 수 있어서 비용 대비 효과가 대형 컴퓨터에 비해 유리하다. 더 중요한 것은 기업의 규모가 클수록 지점이나 현장이 지리적으로 널리 분포되어 있는데, 이런 경우 중앙의 대형컴퓨터로 처리하는 방식보다 현장에 서버 급 컴퓨터들을 분산 배치하여 네트워크로 연결하는 방식이 비용도 줄이고 처리 속도가 빨라지는 장점이 있다(그림2 ⓓ).

한편 정보 가치와 관련한 중요한 원리가 있다. 네트워크 효과이다. 네트워크에 참가자(예, 컴퓨터)가 많을수록 가치가 증가한다는 원리이다. 이 원리를 대표적으로 보여주는 것이 인터넷이다. 2018년 말 전세계적으로 인터넷 상에 연결된 컴퓨터의 수는 세계 인구의 3배에 가까운 220억 대였으며 현재는 그보다도 훨씬 많은 수가 연결되어 있을 것이다. 인터넷의 가치는 따로 언급할 필요가 없다.

기술 발전에 따라, 컴퓨팅 구조가 집중 방식에서 분산 방식으로 발전되어 왔다면 2000년대 중반에 시작하여 2010년대 본격적으로 활용되고 있는 클라우드 컴퓨팅은 일종의 집중 방식으로의 회귀이다. 클라우드 컴퓨팅은 분산 방식에 비해 대량의 컴퓨팅 파워와 저장 장치를 중앙에 두어 규모의 경제를 얻을 수 있고, 하드웨어와 소프트웨어의 표준화가 용이한 점 등 관리를 효율화 하는 장점이 있다. 그러나 클라우드 컴퓨팅은 단순히 분산 방식에서 집중 방식으로 돌아간 것이 아니었다. 각 지역의 서버와 개인들의 PC가 제공하는 장점은 활용하면서 집중 방식의 장점을 접목한 방식이기 때문이다. 이와 함께 스마트 폰의 보급으로 컴퓨터 네트워크 환경은 모바일 컴퓨팅을 지원 구현하는 단계로 들어섰다. 이것을 언제 어디서나 컴퓨팅 파워를 이용할 수 있는 유비쿼터스 또는 편재형 컴퓨팅이라고 한다(그림2 ⓔ).

지금까지 컴퓨터의 개요를 살펴보았고 이제 컴퓨터에 대해 갖기 쉬운 몇 가지 오해를 논의하면서 컴퓨터에 대한 이해를 보완하고 컴퓨터의 실체에 좀더 다가가 본다.

## 2.2 오해

충분히 경험한 일인데도 잘못 알고 있는 경우가 있고 때로는 부지불식간에 형성된 선입견이나 오해도 있을 수 있다. 컴퓨터의 경우에도 마찬가지이다. 다음 몇 가지 오해는 저자가 컴퓨터 분야의 일을 해오면서 경험했던 사례들이다.

물론 여기까지 읽은 독자라면 이런 오해를 할 가능성이 크지 않지만, 여기서는 오해 자체를 지적하는 목적이 아니라 오해를 소개하는 과정을 통해 컴퓨터가 실제 어떤 것인지 좀더 이해하게 되는 효과를 얻기 위해서이다.

### 컴퓨터 화면이 컴퓨터이다

컴퓨터 하드웨어는 크게 본체, 입출력 장치, 주변 장치, 확장 장치로 구분한다. 컴퓨터 본체는 다시 기판, 중앙처리장치(CPU), 임의접근기억장치(RAM, 램), 전원 장치, 환풍기, 확장 슬롯과 이들을 담은 케이스로 구성된다. 다음은 입출력 장치인데, 입력 장치인 키보드, 마이크, 카메라 등과 출력 장치인 프린터, 스피커 등이 여기에 속한다. 그렇다면 모니터라고 하는 화면은 무엇인가? 입력과 출력을 모두 담당하는 입출력 장치이다. 저장 장치 역시 입출력 장치가 된다.

여기서 알 수 있는 것은 화면은 컴퓨터가 아니고 본체가 컴퓨터라는 사실이다. 그러나 스마트폰이나 랩톱/노트북 PC는 화면과 본체가 일체형이므로 이런 구분이 별 의미가 없다. 또 컴퓨터가 작동하기 위해서는 입출력 기능이 필요하기 때문에 넓은 의미의 컴퓨터는 본체뿐만 아니라 입출력 장치도 포함한다고 보아야 한다.

더 중요한 사실은 컴퓨터는 한 가지 형태만 존재하는 것이 아니라 다양한 구성을 할 수 있다는 사실이다. 본체에 어떤 입출력 장치, 또는 어떤 주변 장치와 확장 장치를 연결하느냐에 따라 기능과 구성이 달라진다. 예를 들어 전자악기를 연결할 수도 있고 가상현실, 또는 메타버스를 위한 헤드세트를 연결할 수도 있다. 컴퓨터는 변화무쌍하다. 언젠가 나타날 수 있는 컴퓨터 형태의 예를 든다면 이런 경우도 있다[85]. 화면은 쉽게 휴대하고 착용할 수 있는 안경과 일체형이 되고, 본체는 주변 모든 곳, 심지어 사람의 체내에도 있어 처리가 이뤄지는 식이다.

**컴퓨터는 거짓말을 하지 않는다**

컴퓨터는 당연히 거짓말을 하지 않는다. 문제는 사람이다. 컴퓨터는 사람이 만들고 사람이 조작하고 사람이 개입하고 사람이 사용한다. 컴퓨터는 사람이 어떻게 만들고 조작하고 개입하고 사용하는지를 따라 정확히 움직인다. 거짓말을 하지 않는다. 그러나 만들고 조작하고 개입하고 사용하는 중에 컴퓨터에 거짓이나 왜곡을

심어 놓으면 그것 역시 그대로 실행하기 때문에 거짓이나 오류를 만들게 된다. 쓰레기가 들어가면 쓰레기가 나온다는 유명한 말이 있다.

그러므로 심각한 문제는 컴퓨터가 거짓말을 하지 않는다고 생각하는 것이다. 이런 잘못된 믿음을 바꿔야 한다. 컴퓨터가 제공하는 정보는 단지 컴퓨터가 제공했다는 것만으로 진실을 보장해 주지 않는다는 사실을 알아야 한다. 즉 정보의 신뢰를 위해서는 다른 무엇인가가 필요하고 추가되어야 한다.

먼저 컴퓨터로 정보를 제공하는 쪽에서 할 일이 있다. 많은 일들이 전산화되고 정보화되었으며 컴퓨터를 통해 소통과 유통이 이뤄지고 있다. 이 전산화, 정보화 과정의 상당 부분은 정확한 정보를 만드는데 할애되어야 한다. 그것이 정상이다. 정확하지 않은 정보는 가치가 없거나 심지어 유해하다. 컴퓨터 프로그램은 20%가 그 프로그램 사용의 80%를 차지한다고 한다. 소위 파레토 법칙이다. 그렇다고 잘 사용되지 않는 80% 부분을 소홀히 하면 프로그램의 정확성과 신뢰성은 낮아진다. 발생 빈도가 작더라도, 또 사용될지 안될지 모르는 경우까지 대비해야 한다. 물론 발생가능성과 발생 시 위험의 심각성을 감안하고 비용을 고려해서 아주 작은 위험에 너무 큰 비용이 예상된다면 제외할 수도 있겠지만 이 경우에도 보수적인 기준이 적용되어야 할 것이다.

그리고 컴퓨터를 신뢰할 수 없게 만드는 또 다른 중요한 요인이 바이러스와 해킹 문제이다. 이것은 컴퓨터를 만들고 사용하는 정상적인 경로 밖에서 조작하고 개입하는 외부 침입의 문제이며, 사회적 문제이기도 하다. 이와 관련해서 사이버보안은 더욱더 중요한 과제가 되고 있다.

　최근 양자 컴퓨터 개발 성과를 구글이나 IBM 같은 곳에서 발표한 바 있다. 양자 컴퓨터 성능과 관련하여 첫 번째로 주목받는 분야가 사이버보안이다. 사이버보안이 중요한 이유는 양자 컴퓨터가 기존 컴퓨터보다 병렬처리에서 월등한 능력을 갖고 있어서 현재 사용되는 사이버 또는 컴퓨터 보안 기술을 불과 몇 초 만에 해독할 수 있기 때문이다. 현재의 가장 빠른 컴퓨터가 해독하는 데 수조 년이 걸리는 것과 비교하면 천지차이이다. 물론 향후 개발될 훨씬 발전된 단계의 양자 컴퓨터가 완성되었을 경우이다[86]. 미국 바이든 대통령은 2022년 12월 21일 양자컴퓨팅 사이버보안 대비법에 서명했다. 이 법은 미국 연방정부 기관들이 양자 컴퓨팅 공격을 방어할 기술을 채택하도록 하기 위해 제정되었다[87].

　한편 컴퓨터 정보의 신뢰를 위해 컴퓨터를 사용하는 쪽에서도 할 일이 있다. 정보 제공자의 신뢰성과 정보 전달 과정의 신뢰성, 그리고 컴퓨터 사용 환경의 신뢰성을 평가하여 의심스러운 경우에는 필요한 조치를 취해야 한다. 예를 들면, 정보 제공자를 신뢰할 수 없으면 사용을 중단하고 중요한 컴퓨터에는 백신을 설치하고 중요한 정보일수록 재확인하고 대조 확인하는 것이 필요하다. 이 방법이 컴퓨터 활용의 모든 과정에서 생길 수 있는 사람의 오류와 외부의 침해를 막고 정보의 불확실성을 최소화하는 방법이다. 결국 사용자에게 필요한 역할은 합리적인 의심과 비판적인 사고이다.

최근 챗GPT 등 생성형 인공지능이 만들어내는 산출물에 대해서도 고려해야 할 사항이 있다. 저자는 생성형 인공지능의 산출물을 두 가지로 구분해야 한다고 본다. 사실형과 창의형이다. 후자의 경우에는 창의성 수준을 사람, 즉 대중이 평가하고 소비하면 되지만, 전자의 경우에는 착각과 혼란, 오류와 가짜가 범람하는 세상을 만들 수 있다. 매우 위험하다. 여기에 대처하는 방법은 결국 합리적 의심과 비판적 사고이며, 사실 확인 과정이 반드시 필요하다는 것이다. 2중 3중의 대조 확인이 중요하다.

### 컴퓨터는 소프트웨어가 있어야 한다

그렇지 않다. 소프트웨어가 없는 컴퓨터도 가능하다. 실제로 다음에 언급할 내장형 컴퓨터나 소형 컴퓨터는 운영체제와 같은 핵심 소프트웨어가 없어도 필요한 기능을 수행한다. 그러나 대부분의 독립형 컴퓨터는 하드웨어와 소프트웨어가 함께 작동될 때 기능을 효율적으로 충실히 수행할 수 있다.

여기에서 우리가 집고 넘어가야 하는 중요한 포인트가 있다. 컴퓨터가 하드웨어만으로도 만들 수 있다면 왜 소프트웨어가 필요한가?

소프트웨어와 하드웨어를 구분해보자. 소프트와 하드의 차이는 의미 그대로 부드러움과 단단함의 차이이다. 즉 전자는 변화가 쉽고 후자는 어렵다. 하드웨어만으로 만든 컴퓨터는 변화가 어렵다. 따라서 필요한 컴퓨터 기능이 다양하지 않은 경우에는 하드웨어만으로 충족될 수 있다. 더욱이 소프트웨어가 들어가면 처리 단계가 늘어나고 속도도 늦어진다. 그러나 다양한 기능이 필요하고 기능의 변화 가능성이 큰데 하드웨어만으로 구성하는 것은 요구에 대처하기 어려울 수 있다. 소프트웨어가 필요한 이유이다.

그러면 소프트웨어만으로 컴퓨터 기능을 구현할 수는 없을까? 기발한 질문이지만 필요한 질문이기도 하다. 사람 몸에 비유해 보자. 몸이 하드웨어라면 마음은 소프트웨어이다. 마음이 없어도 몸은 존재할 수 있다. 예를 든다면 코마 상태이다. 그러나 몸 없이 마음만 존재할 수 있을까? 영적으로는 가능하다. 그러나 현실의 존재로는 불가능하다. 소프트웨어도 그렇다.

우리에게는 영혼이라는 개념이 있고, 영혼은 몸이 없는 마음의 존재와 가깝다고 생각된다. 앞장에서 초지능에 대해 소개했고 다음 장에서 인공지능을 소개하겠지만, 저자는 영적 존재인 인간을 모방하는 접근으로는 의식 있는 인공지능인 AGI를 구현할 수 없다고 생각한다. 그러나 저자의 판단과 달리 가능하다 하더라도 그것 역시 인간형 존재라는 저자의 주장은 앞 장에서 말한 바 있다.

### 전자레인지는 컴퓨터와 관련 없다

전자레인지 안에는 마이크로프로세서가 들어 있다. 마이크로프로세서는 쉽게 말하면 작은 컴퓨터이다. 컴퓨터 중앙처리장치(CPU) 기능이 들어있는 하나의 집적회로(IC)이다. 사용자가 선택한 조리 시간과 온도를 받아(입력) 그에 맞게 조리(처리)가 이뤄지도록 각 부품에 신호를 보낸다(출력). 선택한 시간과 온도에 맞게 마이크로파(극초단파)가 생성되도록 한다. 또한 전자레인지의 계기판, 문, 환풍기의 기능을 제어한다.

컴퓨터는 다양한 형태를 취한다 슈퍼 컴퓨터처럼 수십만 개의 CPU를 묶은 중앙처리장치(CPU)와 거대한 저장 능력을 갖춘 컴퓨터가 있는가 하면 전자레인지에 들어 있는 마이크로프로세서처럼 단순하고 간단한 컴퓨터도 있다. 슈퍼 컴퓨터의 처리 용량은 일반 데스크톱 PC의 수백만배에 달한다.[88]

### 컴퓨터는 눈에 보인다

눈에 보이지 않는 컴퓨터가 사실 더 많다. 내장형 컴퓨터가 그렇다. 전자 레인지처럼 가정에서 사용하는 대부분의 가전 제품에는 컴퓨터가 내장되어 있다. 오래 전 자료지만 이미 2009년 생산된 모든 마이크로프로세서[89]의 98%가 전기전자 장치와 기계 부품 속의 내장형 컴퓨터 시스템 용으로 사용되었다는 추정이 있다[90].

그래도 아직 어느 가정이나 사무실에나 개인용 데스크톱 컴퓨터나 랩톱 컴퓨터가 자리잡은 모습이 일반적이다. 그런데 언젠가는 우리가 컴퓨터라고 생각하는 데스크톱, 랩톱 컴퓨터 심지어 스마트폰까지 눈에 보이지 않는 날이 오게 될지 모른다. 눈에 보이는 컴퓨터가 사라진다는 예측은 이미 30여년 전부터 있었다. 최근 이러한 주제를 다시 강조하는 대형 테크 기업들이 있다. 여기에 대해서는 뒤의 2.5 미래 절에서 주변내장 컴퓨터라는 이름으로 좀더 소개한다.

## 2.3 역사

컴퓨터는 요술 상자가 아니다. 플라스틱, 강철, 유리, 규사, 철광석, 미량의 금, 은, 동 등 여러 물질 재료로 이뤄졌고, 사람이 만든 기계이며 장치일 뿐이다. 다만 매우 복잡하고 정교하다. 그것은 한두 사람이 만든 것도 소수의 집단이 만든 것도 아니다. 수없이 많은 사람들이 오랜 기간에 걸쳐 하나씩 쌓아 올려 만든 인류의 위대한 창조물이다. 물론 그 과정에서 획기적인 발전의 계기를 만든 개인들이 있다. 그러나 수많은 사람들의 혁신 아이디어와 새로운 시도가 누적되고 변화를 일으켜온 것이어서 어느 한두 사람에게 컴퓨터 발명의 공을 돌릴 수 없다.[91]

### 기원

컴퓨터의 시원을 거슬러 올라가면, 인류가 수를 세기 시작하고 숫자를 발명한 고대로 거슬러 올라간다. 그 셈 또는 숫자의 용도는 예를 들면 가축의 수를 세고 항해 거리를 측량하고 주민을 식별하는데 있었다. 시간이 흐르면서 그런 행위를 쉽고 빠르고 편리하게 해주는 도구가 필요하게 되었다. 구석기 시대의 엄대[ㄱ]는 수를 세

---

[ㄱ] tally stick

기 위한 도구였으며, 기원전 2세기경에 나타난 중국의 주판은 계산을 돕는 도구로 현대까지 사용되었다. 기원전 1세기 고대 그리스의 안티키테라 메커니즘ㄱ이라는 일종의 태양계의(太陽系儀)는 별들의 위치를 측정하기 위해 사용되었는데 최초의 기계식 아날로그 컴퓨터로 알려져 있다. 그후 천문이나 선박 항행에 필요한 계산과 측량을 위한 기계식 도구들이 만들어졌고, 11세기 초 평면구형도는 그중 하나였다. 18세기 스위스의 시계제작자 피에르 자케 드로는 입력된 세팅에 따라 실제 잉크로 종이에 글을 쓰고 도형을 그리고 음악을 연주하는 기계식 인형을 만들어 당시 유럽, 중국, 인도, 일본의 왕들을 놀라게 했다. 이것을 가장 오래된 컴퓨터라고 하는 사람도 있다.

## 수

"계산하는 사람 또는 도구"를 의미하는 컴퓨터라는 단어는 수의 사용을 돕는 도구들의 연장선에서 나타났다. 컴퓨터라는 말이 처음 사용된 것은 17세기였으며 이때는 계산하는 "사람"을 의미했다.[92] 계산하는 "기계"라는 의미로 처음 사용된 것은 1879년이었고, "프로그램이 가능한 디지털 방식 전자 컴퓨터"라는 현대 컴퓨터의 의미로 처음 사용된 것은 1945년, 이론적으로는 그보다 조금

---

ㄱ Antikythera mechanism

앞서 튜링 머신이라는 개념이 나타난 1937년이라고 할 수 있다.

이렇게 컴퓨터는 수의 사용과 밀접한 관계를 가졌으며, 따라서 수학의 발전과 불가분의 관계를 맺어왔다. 수학은 추상화된 객체의 속성을 발견하고 증명하는 학문인데, 여기에서 객체란 자연을 추상화한 수와 선이 주요 요소가 된다.[93] 추상화는 인공지능을 포함하는 컴퓨터 전반에서 중요한 개념이다. 르네상스 이전까지 수학은 연산과 기하 두 분야로 되어 있었고, 르네상스(14~17세기)를 거치면서 대수와 미적분학이 추가되었다. 그리고 20세기에 이르러서야 컴퓨터의 개발과 함께 이산 수학[94]과 응용 수학[95]이 발전하며 수학의 영역을 확대하였다. 이산 수학이 발전하게 된 데에는 19세기 말 독일의 데이비드 힐버트가 수학을 견고하고 논리적인 토대 위에 세우기 위해 제기한 세 의문(수학의 완전성, 일관성, 결정 가능성), 그리고 그것을 풀려는 쿠르트 괴델과 앨런 튜링의 공헌이 있었다. 그로 인해 현대 컴퓨터의 모형인 튜링 머신이 등장하게 된다. 이러한 수학의 확대와 발전은 컴퓨터, 그중에서도 소프트웨어의 토대가 되었으며, 인공지능의 시대인 지금도 수학과 컴퓨터는 불가분의 관계에 있다[96].

**최초 컴퓨터**

다시 하드웨어로 돌아와보자. "컴퓨터의 아버지"로 불리는 영국의 찰스 바베지는 19세기 초 최초의 튜링-완결 기계식 컴퓨터를 설계했다, 이 기계는 해석기관이란 이름으로 불리었으며, 레버와 기어 등 기계 부품을 사용하는 것이었다. 입력 방법인 천공카드와 출력 장치인 프린터, 산술논리장치, 조건부 분기와 순환의 흐름 제어, 그리고 저장소[97]와 같은 현대 컴퓨터의 골격을 거의 그대로 갖추었으며, 기계식 디지털 컴퓨터였다. 그러나 바베지 본인은 자금 부담으로 인해 자신의 설계를 실물로 만들지 못했고, 1906년 아들 헨리 바베지가 설계보다는 단순화한 형태의 실물을 만들어 공개하였다.

아날로그 방식은 연속 신호를 다루고, 디지털 방식은 비연속 이산 신호를 다룬다. 20세기 전반까지는 아날로그 컴퓨터의 시대라고 할 수 있다. 바베지의 해석기관이 시대를 앞선 디지털 방식이었지만 실제 만들어져 사용되지는 못했다. 또 아날로그 컴퓨터의 빠른 처리 속도는 당시 많은 과학 계산의 필요를 충족시켜 주었다. 그러나 아날로그 컴퓨터는 프로그램의 변경이 거의 불가능하여 새로운 요구가 생길 때마다 프로그램에 해당하는 부품을 교체해야만 했고, 정확성도 현대 디지털 방식 컴퓨터에 비해 떨어졌다. 1940년대 전자식 디지털 컴퓨터의 등장은 사실상 아날로그 컴퓨터 시대의 종말을 알렸다.

**디지털 컴퓨터**

프로그램이 가능하고 실제 가동되는 최초의 디지털 컴퓨터는

1941년 독일 엔지니어 콘라드 주세의 Z3였다. 프로그램이 가능했고 완전 자동화된 것이었으나 전기 기계식이었으며 주로 수학 계산을 위해 만들어졌고 조건부 분기와 순환이 되지 않아 튜링-완결은 아니었다.

1904년 존 앰브로스 플레밍의 이극진공관에서 시작된 전자 기술[98]을 컴퓨터 분야에 최초로 사용한 사례는 1930년대 중반 영국 런던우체국 연구소에서 일하는 엔지니어 토미 플라워스가 실험적으로 전화 교환기 망의 일부를 수천 개의 진공관으로 구현하면서였다. 곧 기계식 또는 전기 기계식 부품들을 순수 전자 회로가 대체했으며, 같은 시기에 계산 방식도 아날로그에서 디지털로 바뀌었다.[99] 플라워스는 제2차 세계대전 중인 1944년 세계 최초 "프로그래밍 가능 전자식 디지털 컴퓨터"인 콜로서스를 만들었으며, 이 기계는 영국의 암호해독 기관이며, 앨런 튜링과 그의 동료 I. J. 굿이 일했던 블레츨리 파크에서 암호 해독에 사용되었다. 콜로서스도 튜링-완결은 아니었다.

미국에서는 콜로서스와 비슷하지만 튜링-완결이며 훨씬 **빠르고 유연한** 에니액(ENIAC)이 1945년에 개발되었다. 에니액은 콜로서스와 마찬가지로 스토어드 프로그램 방식이 아니었으나 3년 후 이를 보완했다. 에니액의 자랑은 1초에 더하기 **빼기** 5,000회를 수행해낸 것인데 그 당시 다른 컴퓨터보다 1,000배 빠른 속도였다. 곱하기 나누기 제곱근이 가능했고 고속 저장 장치의 용량은 20

단어에 불과했다. 코끼리 네 마리 무게와 같은 20톤의 거대한 크기에 150킬로와트[100]의 전력을 사용했으며 18,000개 진공관 1,500개 릴레이 그리고 수많은 저항기 콘덴서 유도기가 사용되었다.

### 앨런 튜링

이러한 외형적 발전과 함께 현대 컴퓨터의 진정한 모습을 알리는 혁신은 1936년 앨런 튜링의 역사적인 논문 '계산가능한 숫자에 관해 - 결정 문제에 대한 적용[ㄱ]'에서 시작되었다. 이 논문에서 그가 제시한 튜링 머신과 그것을 확장한 보편적 튜링 머신[101]은 현대 컴퓨터의 모태가 되었다. 현대 컴퓨터 구조의 표준인 폰 노이만 구조를 제안한 노이만도 그 구조의 핵심이라고 할 수 있는 스토어드 프로그램 개념은 튜링의 영향을 받은 것임을 밝혔다.[102] 원래 튜링은 수학의 오래된 난제 중 하나인 결정 문제의 해법을 찾으려 시도하던 중 가상의 기계인 튜링 머신을 구상했다. 이 기계는 입력과 출력, 처리 규칙과 처리 제어가 된다면 모든 계산을 할 수 있다는 결론을 얻기 위한 것이었다. 나아가 그는 보편적 튜링 머신을 구상했는데, 모든 튜링 머신의 처리를 하나의 튜링 머신에서 처리할 수 있는지를 검증하는데 있었다. 여기에서 튜링은 무한 순환의 경우에는 처리가 불가능하다는 결론을 얻었고, 그러므로 그 수학적 의

---

ㄱ  On Computable Numbers, with an Application to the Entscheidungsproblem

문에 대해서는 수학자들이 기대했던 긍정이 아닌 부정의 답을 얻었지만, 미처 생각하지 않았던 현대 컴퓨터의 원리를 제시하게 된 것이었다.

여기에서 파생된 튜링-완결(성)은 튜링 머신처럼 할 수 있는지를 의미한다. 즉 어떤 컴퓨터가 입력, 출력, 처리 및 제어가 가능하면 튜링-완결이라고 한다. 예를 들어 기억 용량, 처리 논리, 데이터 형태에 제한이 있다면 튜링-완결이라고 할 수 없다. 현재 사용되는 모든 컴퓨터와 컴퓨터 언어는 사실상 튜링-완결이라고 보면 된다.

그후 튜링은 1950년 '컴퓨팅 기계와 지능[ㄱ]'이라는 논문도 발표했는데, 이 논문에서 제시된 튜링 테스트는 인공지능의 개념적 토대가 되었다. 이에 대해서는 다음 장에서 알아본다. 이러한 튜링을 사람들은 "컴퓨터 과학의 아버지"라고 부르며, 또한 "인공지능의 아버지"라고도 부른다. 튜링의 역할과 공헌에 대한 평가는 2021년 영국은행이 새로 디자인한 50파운드 화폐 이면에 튜링의 초상을 넣어 발행한 것[103]과 세계 최대 IT 기업인 애플이 베어먹은 자국의 사과를 로고[104]로 사용하는 것에 상징적으로 나타난다. 일설에 의하면 튜링은 스스로 청산가리를 주입한 사과를 베어먹고 생을 마감했다고 한다.

---

[ㄱ] Computing machinery and intelligence

**현대 컴퓨터**

이후 현대 컴퓨터의 발전은 두 측면에서 설명할 수 있다. 하나는 컴퓨터 구조에 스토어드 프로그램 개념이 도입된 것이고, 다른 하나는 컴퓨터의 가장 중요한 기능을 담당하는 신호 처리 부품의 변화와 발전이다.

스토어드 프로그램 개념의 도입은 앞서 말한 튜링 머신에서 최초로 정의되었고 이것이 폰 노이만 구조에 반영되어 현대 컴퓨터의 표준이 되었다. 이때까지는 프로그램과 데이터가 별도로 구분되어 있었다. 컴퓨터는 인간이 하는 일을 대신해주는 도구임을 생각할 때, 프로그램과 데이터의 관계는 이렇게 이해할 수 있다. 우리가 다른 이에게 어떤 일을 해달라고 할 때 두 요소가 필요하다. "무엇"과 "어떻게"이다. 컴퓨터도 마찬가지이다. 컴퓨터에게 일을 시킬 때 "무엇"에 해당하는 것이 데이터이고, "어떻게"에 해당하는 것이 프로그램이다. 그때까지 데이터와 프로그램은 당연히 성격이 다르다고 보았고 다르게 취급해왔다.

그러나 튜링이 이 생각을 바꿨다. 특히 튜링 머신에서 보편적 튜링 머신으로 생각을 확대하면서 프로그램을 데이터와 같이 다루어, 다른 어떤 컴퓨터의 작동도 모두 가능한 보편적인 컴퓨터를 구상함으로써 더 유연하고 자동화된 현대 컴퓨터의 모형을 탄생시킨 것이었다. 마이크로소프트 사의 윈도우즈 운영체제를 사용하는 PC라면 저장 장치를 보여주는 파일 탐색기 안에 데이터와 프로그램이 모두 파일 형태로 있는 것이 이것을 보여준다. 지금은 당연하게 받아들이는 이 구조가 사실은 계란을 (깨서) 세우는 것처럼 위대한 사고의 전환이었던 것이다. 1948년 영국 맨체스터 대학교에서 맨체스터 베이비라는 이름의 스토어드 프로그램 컴퓨터가 최초로 만들어져 가동되었다.[105]

컴퓨터의 신호 처리는 사실상 컴퓨터 자체라고 해도 과언이 아니다. 앞에서 말한 것처럼 컴퓨터는 수를 다루는데, 디지털 컴퓨터의 전자 신호 처리가 바로 수를 다루는 그것이다. 그러므로 이 신호 처리를 담당하는 전자 신호 처리 부품이 컴퓨터의 핵심이며, 이 부분이 계속 변화하고 발전해왔다. 디지털 신호 처리는 진공관의 도입으로 시작되었고, 이 진공관이 딱딱한 고형 상태의 반도체에 의한 트랜지스터로 발전했으며, 다시 집적회로(IC)로 발전했다. 이 집적회로가 소형화된 계기는 1959년 벨 연구소의 한국계 미국인 강대원이 동료 모하메드 아탈라와 함께 만든 MOS 트랜지스터(MOSFET)[ㄱ]였다. 이 MOSFET으로 인해 큰 트랜지스터를 소형화할 수 있었고 전력 소모도 대폭 줄어들어 고밀도 집적회로를 만들 수 있었다. 이로 인해 마이크로컴퓨터 혁명이 일어났고, 오늘날 개인용 컴퓨터와 스마트폰 시대가 열렸다고 해도 과언이 아니다.

---

ㄱ   MOSFET, metal-oxide-silicon field-effect transistor

**정보, 일 그리고 모바일**

초창기 컴퓨터는 천문과 항해, 군사와 과학 분야에 사용하기 위해 주로 정부와 대학이 그들의 자금과 인력으로 만든 대형 컴퓨터들이었고, 제한된 용도로 사용되었기 때문에 대중에게는 실체가 잘 알려지지 않았다. 그만큼 컴퓨터는 신비로운 물건이었다. 1950년대 점차 기업에서도 컴퓨터의 사용이 시작되었고, 1980년대까지는 메인프레임이라고 하는 대형 컴퓨터가 중앙집중 방식으로 사용되었다. 1990년대부터는 다수의 워크스테이션과 서버 급 중형 컴퓨터를 사용하는 분산 시스템이 주류가 되었다. 이때부터 컴퓨터의 역할은 컴퓨터의 어원이며 본래 기능이기도 한 수를 처리하는 수준에서 정보를 처리하는 단계로 발전하고 다시 일을 처리하는 수준으로 역할이 확대되게 된다. 기업의 많은 회계 급여 판매 데이터를 빠르게 계산하는 것이 수의 처리 단계였다면, 축적된 데이터를 의미 있는 정보로 가공하여 필요한 사람에게 적시에 제공하는 것이 정보 처리 단계이고, 이어서 컴퓨터가 주문을 처리하고 재고를 관리하며 장부 작성을 수행하는 것이 사람 대신 일을 처리하는 자동화 단계이다. 그 과정에서 통신의 발달은 기업이 업무를 온라인으로 처리할 수 있게 했고, 1980년대는 고객 중심 마인드를 강조하는 업무 프로세스 개념이 등장했다. 1990년대부터 인터넷이 널리 보급되면서 기업과 기업간의 B2B, 기업과 소비자 간의 B2C 온라인 거래가 시작되었다.

1965년 인텔의 공동 창업자 고든 무어는 마이크로칩 안의 트랜지스터 수는 2년마다 2배로 증가하리라는 예측을 내놓았는데 실제 그대로 이뤄졌다. 그만큼 성능은 좋아지고 가격은 떨어지는 이 현상을 무어의 법칙이라고 한다. 놀라운 사실은 50년이 넘도록 무어의 법칙이 이어져 왔다는 것이다. 앞 장에서 커즈웨일이 기술 발전의 가속화를 주장하는 가장 큰 근거가 무어의 법칙이었다. 이 추세가 이어져 1980년대 개인용 컴퓨터(PC) 시대가 시작되었고 노트북/랩톱 PC에 이어 2000년대에는 스마트폰이 빠르게 보급되어 모바일 컴퓨팅 시대에 들어서게 된 것이다.

　지금까지 컴퓨터의 기본을 이해하는데 도움될 만한 내용을 알아보았다. 이러한 이해를 바탕으로 컴퓨터가 제공하는 기능에 대해 알아본다.

# 2.4 기능

컴퓨터가 제공하는 기능이나 효과는 컴퓨터를 어떻게 구성하는지에 따라 다양하기 때문에 기능을 국한하는 것은 바람직하지 않을 수 있다. 악기가 될 수 있고, 게임기가 될 수 있고, 캔버스도 될 수 있고, 제도기도 될 수 있다. 어떤 소프트웨어와 하드웨어를 연결해 사용하는지에 따라 기능이 달라진다. 그러나 공통적이며 기본적인 몇 가지 기능이 있다. 이 기능들은 다음 장에서 설명하는 인공지능의 일곱 능력, 즉 지각, 행동, 언어, 학습, 추론, 감정, 범용 능력 모두의 바탕이 되는 기능이기도 하다.

컴퓨터의 기본 기능 다섯 가지는 계산, 논리, 저장, 정보, 일이다. 직관적으로 보면 이들 하나하나의 의미가 단순하게 보이지만, 깊이 들어가 보면 모두가 많은 내용을 담고 있다. 그러나 여기서는 간략히 개요를 소개한다.

### 계산

먼저 계산 기능이다. 이 기능은 컴퓨터의 출발이며 당연한 기능이다. 더하기 빼기 곱하기 나누기 등의 기본 연산과 지수, 제곱근, 로그 함수 등 고급 연산까지 모든 계산을 컴퓨터 프로그램 언어로 구현할 수 있다. 다수의 프로그램 언어들은 상당히 많은 연산에 대해 프로그램을 코딩할 필요 없이 해답을 구할 수 있도록 함수라는 단축 기능을 제공한다.

계산 기능과 관련해 주목할 것은 계산 사고(CT)[ㄱ]인데, 여기에는 단순히 컴퓨터 사용 능력만이 아니라 그 이상의 의미가 있다. 미국과 유럽에서는 유치원부터 고등학교까지의 교육 과정에 CT 교육을 반영하려는 활발한 움직임이 있다.[106] 궁극적으로 CT는 아이들에게 문제 해결 능력을 길러주는 방법인데, 여러 접근 방법이 있지만 예를 들면 CT를 문제 분해, 패턴 인식, 추상화, 알고리즘 설계의 순서를 밟아 문제 해결에 이르게 하는 전체 과정으로 보는 접근이 있다. 이 단계들은 컴퓨터 학습 외에 다른 교과 과목과도 접목하고 또 일상생활에서의 실천을 통해 학습 효과와 CT 능력 개발, 문제 해결 효과까지 함께 얻을 수 있게 하고 있다.

### 논리

다음은 논리 기능이다. 국어 사전을 보면 논리는 "이치에 맞게 이끌어 가는 과정이나 원리"이다. 컴퓨터 프로그램은 주로 계산 기능과 논리 기능으로 이루어진다. 저자의 경험에서 보면 해결하려는 문제에 따라 계산이 더 많거나 논리가 더 많을 수는 있지만 평균하면 두 기능의 사용 빈도는 비슷하다고 보면 된다.

---

[ㄱ]  CT, computational thinking

이 장의 앞에서 말한대로 컴퓨터 프로그램이 원하는 바를 처리하는 진행 계획과 순서라는 것을 생각할 때, 이치에 맞게 이끌어 가는 과정이 논리이므로 논리가 곧 프로그램이다. 어떤 처리를 언제 어떻게 할지 정하는 것이 논리이기 때문이기도 하다.

　그러므로 컴퓨터의 핵심 부품인 집적회로(IC)를 구성하는 기본 부품을 논리 게이트라고 부르는 것은 자연스러운 일이다. 집적회로는 수많은 논리 게이트들로 구성된다. 앞에서 집적회로가 신호 처리를 통해 수를 다룬다고 했는데 신호 처리 역할을 하는 것이 논리 게이트이다. 기본적 논리 게이트에는 논리곱(AND), 논리합(OR), 배타적 논리합(XOR), 역 논리(NOT) 게이트가 있다. 논리곱은 입력되는 두 명제가 모두 참(진실)일 경우에만 출력이 참(진실)이 되고, 논리합은 입력되는 두 명제 중 하나라도 참(진실)이면 출력이 참(진실)이 된다. 배타적 논리합은 입력되는 두 명제가 하나는 참이고 하나는 위인 경우에만 출력이 참이 되고, 역 논리는 입력되는 명제가 참이면 출력은 위가 되고 위이면 참이 된다. 이런 논리 게이트들의 조합으로 중앙처리장치, 저장장치 등 주요 컴퓨터 장치들이 만들어지며, 수의 처리, 즉 계산 기능도 논리 게이트들의 조합으로 구현된다. 사실 컴퓨터 입장에서 보면 계산과 논리는 경계가 없다고 보아도 무방하다. 그리고 이런 논리 게이트를 만드는 재료가 트랜지스터이며, 트랜지스터는 반도체로 만들어진다. 결국 반도체가 컴퓨터 나아가 인공지능의 핵심 부품이 된다.

### 저장

다음은 저장 기능이다. 저장 기능은 보관하거나 기억하는 기능이다. 이 기능을 하는 곳이 몇 군데 있는데, CPU에서 거리를 기준으로 구분할 수 있다. 가장 가까이 있는 저장 기능은 메모리, 즉 RAM이다. 이것은 1장의 인공 의식에서 소개한 전역작업공간이론(GWT)의 작업 기억공간과 유사하다. 사람의 의식 과정에서 일시적인 활동과 주관적 경험이 이뤄지는 곳을 이 공간으로 보는 것과 마찬가지로, RAM은 CPU가 처리를 수행하면서 그 처리 중 일시적으로 기억할 내용을 보관하는 공간이다. 따라서 기억한 내용은 프로그램에서 다른 곳에 저장하지 않는 한 사용하고 나면 보관되지 않으며 전원이 꺼져도 사라지기 때문에 쉽게 날아가는 휘발성 있는 저장소라고 한다. 그러나 RAM의 장점은 CPU와 가장 가깝게 있어서 처리 속도가 가장 **빠르다는** 점이다.

그리고 ROM인데, 이 기억 장치는 비휘발성 저장 공간이며 전원이 꺼져도 그대로 보관되지만 컴퓨터 사용자나 개발자의 접근이 제한되며 컴퓨터가 제조될 때 저장된 내용이 변경되지 않고 유지된다. 컴퓨터 전원이 켜지면 돌기 시작하는 소위 말하는 부팅 프로그램이 저장되는 곳이다.

그리고 CPU에서 가장 멀리 떨어져 있으면서 가장 큰 저장 공간인 하드디스크가 있다. 사용자와 개발자가 만든 데이터와 프로그램이 여기에 저장된다. 물론 삭제도 가능하다. 탈부착이 가능한 외장 디스크 장치를 추가하여 이 저장 공간을 확장할 수 있다. 그 밖에 개인 컴퓨터 환경에서는 사용하지 않는 장기 보관용 저장 장치들도 있다.

그러나 이러한 보관 저장 장치들은 유지에 어려움이 있다. 내장 하드디스크, 외장 확장 하드디스크 등 어떤 저장 장치도 10~20년 또는 그 이상 보관하기는 쉽지 않다. 새로운 저장 기술이나 매체 그리고 표준이 등장하기 때문이며 그때마다 과거 저장 내용을 새 저장 장치로 이전해야만 하기 때문이다. 1.4 미래 절의 "가능한 미래"에서 커즈웨일이 말한 마인드 업로딩이 영생에 이르는 수단이 될 수 없는 이유로 정보의 보존 자체가 영원할 수 없는 불가피한 한계가 있다고 한 것[107]도 이와 관계가 있다.

그렇지만 컴퓨터의 저장 기능이 가지는 의미는 소홀히 다룰 수 없다. 이 저장 기능이 얼마나 큰 효과를 갖는지는 검색 업체인 구글이나 네이버를 생각하면 된다. 이 기업들은 인터넷이라는 환경을 활용하여 수많은 다른 기업과 기관이 저장해 놓은 콘텐트를 자신들의 검색 기능으로 조회할 수 있게 하는 것만으로 거대 기업이 되었다. 저장 기능과 검색 기능이 결합되는 것만으로 정보 기능의 대표적 사례가 된 것이다.

### 정보

다음으로 정보 기능이다. 컴퓨터의 정보 기능으로 인해 인류 문명사에 정보화 사회가 본격적으로 열렸다. 신문, 라디오, TV로 이어지는 미디어 기술의 등장이 정보 시대의 도래를 알리는 신호였다면, 컴퓨터와 인터넷은 인류를 정보 시대의 한복판으로 인도하였고 그것은 현재도 진행 중이다. 앞 2.1 개요 절의 "네트워크와 연결성"에서 말한대로 정보란 가치 있는 데이터(자료)인데, 컴퓨터와 통신이 주는 정보 기능은 가치 있는 데이터인 정보의 생성과 유통을 획기적으로 확대하고 향상시켰다.

물론 컴퓨터나 다른 매체 기술이 없던 아주 오래전 옛날에도 정보는 있었고 다양한 방식으로 전달 이동하였다. 그 옛날에는 인간이 지닌 오감과 지능에 의해 어떤 사실이 인식되고 그것이 생활과 생존에 유용하다고 생각되면 자연스럽게 정보와 지식이 되어 사람들 사이에, 또는 사회적으로 유통되었을 것이다. 생성된 정보의 전달과 유통은 사람에서 사람으로 구전을 통해 이뤄졌으며, 때로는 봉화로 연기를 피우거나 북을 두드리거나 나팔을 부는 등의 특별한 방법도 사용되었다.[108] 문자의 발명, 학문의 형성과 발전 그리고 인쇄술의 등장은 정보와 지식의 생성과 유통을 증가시켰다. 특히 구텐베르크 인쇄술의 발명(1450년)은 서양의 르네상스(14세기~17세기), 종교개혁(1517년), 그리고 산업혁명(1760~1840년)을 직간접으로 자극하고 촉발하는 역할을 했다.

그리고 2.3 역사 절에서 보았듯이 컴퓨터는 오랜 역사를 거치면서 모습을 갖추어왔으나, 20세기 중반, 대체로 1950년대~70년대 비로소 현대적 디지털 컴퓨터가 나타나 운용되기 시작했다. 그 시점이 본격적인 정보 시대, 컴퓨터 시대 또는 디지털 시대의 시작이었다.

저자가 생각하는 정보 시대란 컴퓨터의 정보 기능이 강력해지고 빨라지고 저렴해지고 쉬워져 정보의 활용과 가치가 증가하고 정보가 변화의 기폭제가 되며 개인 조직 사회가 성과를 내는데 중요한 역할을 하게 된 시대이다. 그러나 한편 이런 질문도 한다. 과연 지금까지 정보 시대는 인간에게 어떤 실질적인 혜택을 주었는가? 컴퓨터와 인터넷을 통해 인간은 얼마나 더 행복해졌을까? 나아가 인공지능 시대에 정보란 무엇인가? 또 지식은 무엇인가? 더 나은 세상을 위해 무엇이 바뀌어야 하나? 이런 질문들은 이 인공지능 시리즈를 총괄하는 주요 주제 가운데 하나가 될 것이다.

### 일

마지막으로 일 기능이다. 우리 말 사전에서 "일"은 "무엇을 이루거나 적절한 대가를 받기 위하여 (…) 몸을 움직이거나 머리를 쓰는 활동. 또는 그 활동의 대상"이며, 영어 사전에서 "work(일)"는 "어떤 목적이나 결과를 달성하기 위해 수행하는 정신적 또는 육체적 노력을 포함하는 활동"이다. 이를 보면 일은 두 종류로 나뉜다. 하나는 머리를 주로 쓰는 활동이고, 또 하나는 몸을 주로 움직이는 활동이다. 정신적인 일과 육체적인 일이다.

컴퓨터와의 관계에서 보면, 정신적인 일은 개인용 컴퓨터나 랩톱 또는 노트북 컴퓨터의 사용을 연상하게 된다. 사용하는 앱들도 메일, 문서 작성, 검색 등 공통적인 기능도 있지만 하는 일에 따라 전문적이고 적합한 앱을 함께 사용한다. 반면에 육체적인 일은 개인용 컴퓨터의 사용 빈도는 상대적으로 적고 일의 종류에 따라서 로봇이나 기계 장비 장치를 활용 또는 조종하는 경우가 많이 있다. 생산 현장의 로봇 사용, 창고에서 바코드 스캐너와 휴대용 장치의 사용, 통신 장비 사용 등 다양하다.

로봇은 자동으로 행동할 수 있는 기계이며 컴퓨터 또는 단순 제어기로 움직인다. 주로 별도 제어 장치의 조종을 따르거나 로봇 안에 내장된 제어 기능에 의해 움직인다. 인공지능이 탑재된 가장 첨단 형태의 로봇이 자율 로봇이며, 그중에서도 최근 주목받는 것이 자율주행 차량이다.

컴퓨터의 일 기능은 인공지능의 발전에 따라 가장 획기적인 변화를 가져올 분야이다. 다음 장 3.3 능력 절에서 소개하는 인공지능의 능력은 다양한 종류의 일과 일의 다양한 요소들을 자동화함으로써 사람의 역할을 대체해 나갈 것이다. 그러나 인공지능 사용은 그 자체가 목적일 수 없다. 일자리를 빼앗기만 하는 인공지능은 결코 환영받지 못한다. 사람의 역할을 단순히 대체하는 것보다 더 큰 이익이 있어야 하며, 동시에 사라지는 일자리에 대한 대안이 충분히 일찍이 만들어지고, 배치전환까지 이뤄져 변화로 인한 개인의 희생이 없도록 해야 한다.

# 2.5 미래

컴퓨터에 대해 개요부터 기능까지 알아보았다. 사실 컴퓨터는 개인의 필수품이 되다시피 하여 대부분 사람들에게 친숙하고 익숙한 물건이 되었다. 그러나 여전히 컴퓨터를 어렵게 생각하거나, 편리한 점보다 불편하거나 심지어 골치거리로 느끼는 사람들도 꽤 있다. 이런 현상에는 컴퓨터 전문가들이 책임을 느껴야 하며, 해결도 그들이 해야 한다는 것이 저자의 생각이다.

지금도 컴퓨터 전문가들은 이 문제를 붙잡고 부단히 노력하고 있지만, 근본적이고 획기적인 해법은 결국 미래의 컴퓨터 기술에서 나오리라고 생각한다. 먼저 생각할 수 있는 방법은 인공지능 기술의 발전이다. 인공지능 기술이 발전할수록 기계가 사람처럼 할 수 있게 되므로, 그에 따라 지금은 컴퓨터 사용에 어려움을 겪는 사람도 마치 사람을 대하는 것처럼, 또는 사람으로부터 서비스를 받는 것처럼 컴퓨터를 사용하게 되리라고 예상할 수 있다. 이러한 인공지능에 대해서는 3장에서 보기로 한다.

또 다른 방법은 더 발전된 기능과 형태를 갖춘 미래의 컴퓨터가 문제를 해결하는 것이다. 컴퓨터 사용을 용이하게 하는 차원이 아니라, 컴퓨터가 새로운 기능과 능력을 제공함으로써 어떤 사용자도 컴퓨터가 제공하는 기능과 효과를 누릴 수 있게 되는 것을 말한다. 물론 컴퓨터 기술의 발전만으로는 혁신적인 기능과 효과를 누리기 어려우며, 기술 밖 요소들, 예를 들면 생활하고 일하고 즐기고 나누는 삶의 방식, 구조, 형태가 일부 또는 상당 부분 함께 변해야 할 가능성이 많지만, 여기서 그런 논의는 생략한다.

다른 예측처럼 컴퓨터의 미래에 대한 예측도 상당히 어렵다. 그러나 현재 시점에서 예상되는 미래의 컴퓨터에 대한 자료들을 모아보면 몇 가지로 요약이 된다.

첫째, 앞으로도 일정 기간은 무어의 법칙이 계속 작용하는 것처럼 보이기는 하겠지만, 속도는 점점 지연되리라는 예상이다. 둘째, 컴퓨터가 인간에게 더 가까이 다가가는 앱들이 개발될 것이다. 예를 들면 착용 컴퓨터[ㄱ], 주변내장 컴퓨터[ㄴ], 감정인식 컴퓨터[ㄷ]가 더 많이 눈에 뜨일 것이다. 셋째, 메타버스가 새롭고 친숙한 응용 환경을 제시할 가능성이 있다. 메타버스가 제시하는 가치에 대해 저자는 회의적이지만 컴퓨터 사용의 다양한 환경을 제공할 가능성은 있다고 본다. 그리고 마지막으로, 새로운 패러다임의 컴퓨터가 등장할 시기가 다가오고 있다. 양자 컴퓨터, DNA 컴퓨터(나노 컴퓨터), 그리고 신경형태 컴퓨터가 유력한 예이다. 이러한 미래 컴퓨터의 네 주제에 대해 간략히 알아본다.

---

ㄱ  wearable computing
ㄴ  ambient computer
ㄷ  affective computing

**무어의 법칙**

먼저 무어의 법칙은 1965년 인텔의 CEO였던 고든 무어가 그의 경험과 직관을 가지고 제시한 장기 예측이었다. 즉 집적회로 당 트랜지스터 수가 2년마다[109] 두 배가 될 것이라고 예측한데서 시작되었다. 2010년 무렵부터 다소 둔화되기는 했으나 최근까지도 이 예측은 거의 실현되어왔다. 이 예측의 실현은 인류로 하여금 개인용 컴퓨터 등 디지털 장비 가격의 감소, 메모리(RAM 등) 용량의 증가, 디지털 전자 제품의 발전을 누릴 수 있게 한 원천이 되었다. 2021년 인텔의 CEO 팻 겔싱어는 향후 10년 동안에도 무어의 법칙을 유지할 뿐 아니라 오히려 능가하겠다고 발표했으나, 전문가들의 생각은 둔화 추세가 이어지고 배증에 필요한 시간은 더욱 늘어나리라는 쪽에 공감하는 편이다. 그러나 그렇더라도 무어의 법칙으로 익힌 정신은 기술 발전의 원동력으로 계속 남아 있을 것이라고 생각한다.

**새로운 응용**

둘째, 과거와 다른 새롭게 사용되는 컴퓨터들이 등장하고 있다. 착용 컴퓨터는 이미 널리 사용되기 시작한 갤럭시와 애플의 워치 제품 같은 스마트워치와 신체건강 추적기인 피트니스 트랙커가 대표적이다. 2021년 전세계에서 스포츠 용품 구매에 지불된 금액의 절반 이상이 건강 관련 착용 컴퓨터에 지출되었다고 한다.[110] 이 컴퓨터는 시계, 팔찌, 반지, 안경, 패치, 헤드세트 심지어 옷감 안까지 다양한 형태로 사람의 몸에 착용 또는 부착되어 활동을 모니터링하고, 수면, 체온, 호흡, 혈압, 산소 포화도, 혈당, 심장의 전기적 활동 등 다양한 건강 변수들을 측정, 추적, 관리하는 기능을 한다. 일부 의사들은 착용 컴퓨터의 데이터를 환자의 건강 관리에 사용 가능하다고 한다. 향후 기기와 데이터의 정확성이 더 올라가고 사용 방법이나 사용과 관련한 문제들이 개선되면, 당뇨, 폐 질환, 심부전, 암과 같은 만성 질환에 매우 유용하게 사용될 수 있으리라는 기대가 있으나, 한편 사용자의 개인정보 보호 문제와 차별 수단이 될 가능성은 넘어야 할 장애이다.

또, 주변내장 컴퓨터는 "가장 심오한 기술은 사라지는 기술이다. 그런 기술은 일상과 구별할 수 없을 만큼 생활 속에 녹아들어 시야에서 사라진다."[111]는 생각에 근거한다. 우리는 스마트폰을 휴대함으로써 언제나 강력한 컴퓨터의 도움을 쉽게 받을 수 있게 되었다. 2019년 뉴욕에서 열린 구글의 한 행사에서 기기 및 서비스 담당 선임부사장인 릭 오스텔로는 이렇게 선언한다. "더 야심 찬 세상은 스마트폰이 주머니에 들어 있지 않은 세상이다." 컴퓨터를 휴대하지 않아도 머물러 있는 곳의 모든 것이 컴퓨터가 되는 것이다. 벽, 창문, 심지어 빈 공간까지 화면 역할을 하며 음성을 통해 컴퓨터와 대화한다. 컴퓨터가 음성을 듣고 사용자를 인식하며 그에 맞는 정보와 기능을 제공한다. 컴퓨터가 눈에서 사라지는 것이다.

현재 주변내장 컴퓨터는 구글 등 빅 테크 기업들이 미래 비전으로 제시하는 단계이지만, 현실적으로는 사물인터넷(IoT)의 보급과 이를 통한 스마트 홈, 자동온도 조절기, 스마트 음성인식 마이크 등이 초기 사례가 될 수 있다. 또 아마존이 부패할 가능성이 있는 음식을 알려주는 인공 후각 스마트 냉장고를 특허 출원 중이고, 자율주행 자동차도 대표적인 사례이다. 모두 눈에 보이지 않는 컴퓨터가 자동으로 필요한 기능을 제공한다. 그러나 더 야심 찬 비전을 달성하려면 반드시 넘어야 할 장애가 장치 간의 상호운용성이다.

마지막 예인 감정인식 컴퓨터는 인간의 감정(느낌, 기분, 정서)을 인식, 해석, 처리하고, 흉내 낼 수 있는 컴퓨터 응용이다. 컴퓨터가 사람의 음성, 표정, 자세와 제스처, 피부 온도와 같은 생리 데이터를 받아서 감정적 신호를 감지한다. 이러한 감정인식 컴퓨터는 교육과 의료 분야에서 활용할 수 있다. 감정인식 컴퓨터는 인공지능 분야에서 기계가 감정을 표현할 수 있게 하는 연구의 대상이기도 하다.

**메타버스**

셋째, 메타버스이다. 메타버스의 뿌리 또는 기반은 1980년대 말 등장한 가상현실과 1990년대 초 나타난 증강현실이다. 그러나 유사한 용어와 개념이 너무 많고, 실제 사용하지 않으면 알기 어렵거니와 홍보용 과장도 섞여 있어 실체가 무엇인지 가리기가 쉽지 않다. 여기에서는 메타버스와 가장 가까운 형태라고 생각되는 컴퓨터 게임을 가지고 설명한다.

컴퓨터 게임의 변화를 보면 테트리스같은 게임은 한 사람이 컴퓨터와 게임한다. 게임자의 입력에 반응하도록 프로그램이 짜여 있는 것이다. 2인 게임은 권투(격투) 게임을 예로 들면, 두 사람이 각각 자신의 분신(아바타)을 지정하여 게임 방법에 따라 조작하면 프로그램이 두 사람의 반응을 받아 그 효과를 권투나 격투기의 약속된 동작 이미지로 바꿔 보여주는 것이다. 이렇듯 참가자의 수가 늘어나는 게임이 등장하면서 다중 온라인 게임(MMOG)[112]에서는 수백명에서 수천명이 참가하며, 게임 내용도 전쟁부터 여러 형태의 전략 경쟁이나 목표 달성 경쟁까지 다양한 게임들이 나타나게 되었다.

이와 함께, 앞서 말한 실제가 아닌 가상 현실 기술과 가상과 실제를 결합한 증강 현실 기술의 발달, 그리고 가상 세계ㄱ, 또는 다중 온라인 역할 수행 게임(MMORPG)[113]의 일종인 세컨드 라이프ㄴ의 등장은 두 가지 특성을 보여준다. 하나는 몰입감이며 다른 하나는 지속 세계이다. 몰입감이란 가상, 또는 현실과 결합된 가상이지만 실제와 구분되지 않을 정도의 이미지가 보이고 소리가 들리고

---

ㄱ  virtual world 또는 virtual space
ㄴ  Second Life

감각이 감지되어 사용자가 실제 그 상황에 있는 것처럼 느끼게 하는 것이고, 후자인 지속 시계는 사용자가 그 프로그램에서 빠져나오고 프로그램을 끄더라도 사용자의 아바타는 그 세계 안에서 계속 활동이 유지되는 것이다. 그렇게 되도록 프로그램이 만들어져 있어서 그 세계가 별도로 지속된다.

메타버스의 요건은 위 다중 온라인 게임의 요소와 가상 세계의 몰입감 및 지속 세계가 결합되고 마지막으로 거기에 웹3(Web3) 개념이 더해져 완성된다. 웹3를 간단히 말하면 블록체인 기반의 가상화폐, 대체불가토큰(NFT) 같은 가상 자산 개념을 도입한 아직은 실험적 단계에 있는 새로운 웹을 말한다.

2021년 11월 10일자 미국 일간지 USA 투데이는 이렇게 보도한다. "메타버스를 지지하는 사람들은 사용자가 메타버스 안에서 … 친구들과 함께 일하며, 놀고, 연결을 유지하게 되는 상태를 상상한다." 2022년 3월 3일 미국 CBS 뉴스는 "메타버스는 3D 사회관계망이다."라고 하였다.[114] 그러나 여기서 더 나아가 가상 경제나 차세대 모바일 인터넷으로 자리매김하는 것이 과연 가능할까?

저자는 그러한 메타버스의 미래에 대해 그다지 낙관적이지 않다. 이유는 완전한 몰입감이 불가능하다고 생각하기 때문이다. 저자는 미래 어떤 기술도 가상은 가상이고 현실은 현실일 수밖에 없다고 생각한다. 물론 현재 인터넷과 웹이 갖고 있는 문제를 해소하는 일은 중요하다. 그러나 블록체인이라는 방법도 아직 검증이 불확실하고, 가상 화폐, 가상 자산과 같은 새 도구들의 효용도 확실하지 않다. 더욱이 메타버스 환경에서 개인 정보 보호 문제는 큰 장애가 되리라고 본다. 다만 인공지능 기술과 메타버스 기술이 발전하면서 기술들의 조합으로 만든 새 응용이 주목받을 가능성은 있다.

### 새로운 컴퓨터

마지막으로 넷째, 양자 컴퓨터, DNA 컴퓨터, 신경 형태 컴퓨터의 발전이다. DNA 컴퓨터는 나노 컴퓨터의 속성을 가진다. 이 컴퓨터들은 앞의 2.1 개요 절에서 설명한 컴퓨터 시스템과 비교할 때 가장 기본이 되는 정보 처리의 단위, 또는 처리 방법에서 차이가 있다. 먼저 기존 컴퓨터의 정보 처리 단위는 비트[ㄱ]이지만 양자 컴퓨터는 큐비트[ㄴ]이며, DNA 컴퓨터는 DNA의 네 염기, 즉 아데닌(A), 티민(T), 구아닌(G), 시토신(C)이다. 신경 형태 컴퓨터는 전기적 활성 스파이크로 데이터를 표현한다. 정보 처리 방법은 현재의 컴퓨터가 순차적이라면 이 컴퓨터들은 모두 병렬적이며, 아직은 모두 많은 부분에서 개발 과정에 있다.

그러면 이 새로운 컴퓨터의 출현 배경과 장애 및 평가에 대해

---

[ㄱ] bit, binary digit(2진수)의 약어
[ㄴ] qubit, quantum bit의 약어

간단히 알아본다. 양자 컴퓨터와 DNA 컴퓨터는 점차 불확실해지는 무어의 법칙을 뛰어넘는 컴퓨팅 파워의 도약을 목표로 한다. 양자 컴퓨터가 개발되면 현재보다 컴퓨팅 파워의 성장이 기하급수적으로 가능하다고 한다. DNA 컴퓨터는 수 나노 크기의 분자 하나하나가 컴퓨터이며 각각의 속도는 빠르지 않지만, 그런 컴퓨터 수백만 개를 병렬로 처리함으로써 병렬 처리 과제의 전체 처리 속도는 현재 컴퓨터보다 훨씬 더 빨라진다. 또한 기존 컴퓨터로는 해결할 수 없는 수많은 문제들을 양자 컴퓨터와 DNA 컴퓨터가 해결해 주리라는 기대도 있다. 양자 컴퓨터는 자연에서 발견되는 화학 반응, 광합성, 초전도, 자력과 같은 양자 현상들을 규명하는데 도움이 될 것으로 예상되고, DNA 컴퓨터는 생명 현상을 이해하고, 특히 의료 기술과 결합하여 질병을 치료하고 건강에 미치는 여러 장애를 극복하는데 기여하리라고 예상한다.

이 둘과 달리 인지 컴퓨터[ㄱ]라고도 하는 신경 형태 컴퓨터[ㄴ]는 3장에서 소개할 인공신경망을 하드웨어 중심으로 구현하는 컴퓨터이다. 인공신경망이 소프트웨어 중심으로 두뇌를 단순화하여 모사하는 것이라면 신경 형태 컴퓨터는 우리가 아는 두뇌의 기능을 좀 더 정확하게 하드웨어 중심으로 흉내 내는 컴퓨터 시스템이다. 물

---

[ㄱ] cognitive computer
[ㄴ] neuromorphic computer

론 우리 뇌의 복잡성에는 훨씬 미치지 못하지만, 두뇌 연구와 인공지능 개발에 함께 기여할 것으로 기대한다.

양자 컴퓨터와 DNA 컴퓨터의 기술은 최근 큰 성과를 보여주었고 계속 발전하고 있으나 아직도 범용적인 상용화 단계로 가기에는 상당한 벽을 넘어야 한다고 한다. 양자 컴퓨터 옹호자이며 이 분야에 100여편의 기술 자료를 낸 상카르 다 사르마는 양자 컴퓨터에 대해서 현재 너무 많은 과장 광고가 있다고 한다.[115] DNA 컴퓨터는 컴퓨터 하나로 보면 처리 속도가 기존 컴퓨터보다 많이 느리고, 정확성에도 문제가 있어 기존 컴퓨터를 대체하기는 어렵다는 평가도 있다.[116]

신경 형태 컴퓨터의 개발은 여러 곳에서 진행되고 있다. 세계적으로 유명한 인공지능 연구 기관인 유럽의 휴먼 브레인 프로젝트도 그런 곳이다. 2022년에는 호주에서 최초로 신경 형태 컴퓨터가 만들어져 거래가 되었다고 하나 아직 이와 관련한 후속 뉴스는 없다.

# 맺으며

이제 1장 의식, 죽음, 우주에서 살펴본 내용과 2장 컴퓨터란? 에서 본 내용을 가지고 이 책의 본론인 인공지능의 개요에 대해 알아본다. 1장은 인공지능이 의식 있는 인공지능을 너머 초인공지능까지 발전하는 과정을 보았다면, 2장은 인공지능의 기초이며 출발점인 컴퓨터에 대해 알아보았다. 앞으로 상당한 시간이 흐른 후 인공지능은 어떤 모습일까? 저자는 1장의 가장 진보된 상태와 2장에서 본 미래 컴퓨터의 모습 사이의 어디쯤이 아닐까 생각한다. 그것이 2장에서 소개한 미래 컴퓨터에 가까운 모습이 될지 아니면 1장에서 제시한 지능 폭발 시나리오에 가까운 모습이 될 지는 미래가 알려줄 것이다. 물론 그 미래는 우리가 만들어 가야야 할 미래이다.

자, 앞으로 나아가자.

# 3
# 인공지능이란?

## 시작하며

인공지능은 컴퓨터이다.

컴퓨터가 인공지능은 아니지만, 인공지능은 모두 컴퓨터에서 가동된다. 미래에 어떤 변화가 올지 몰라도, 아직까지는 인공지능을 컴퓨터가 아니라고 말할 수 있는 근거가 없다. 2장에서 설명한 컴퓨터가 그대로 인공지능의 개발과 응용에 사용된다. 현재 가장 강력한 인공지능 기능들, 예를 들어 자율주행차, 바둑 프로그램 알파고, 알파고를 이긴 알파고제로, 기계 번역 프로그램, 최근의 챗GPT[ㄱ]를 포함하는 생성형 인공지능 등 모든 인공지능 프로그램이 컴퓨터에서 수행된다는 사실이 컴퓨터와 인공지능의 관계를 보여준다.

---

[ㄱ] chatGPT, chat Generative Pre-trained Transformer

둘의 기원을 보더라도 인공지능과 컴퓨터의 시작은 가까이 닿아 있다. 한 사람이 그 두 곳에 있는데, 앨런 튜링이다. 2.3 역사 절의 "앨런 튜링"에서 언급한 것처럼 그는 1936년 현대 컴퓨터의 모형인 튜링 머신을 제시했고, 14년 후인 1950년 기계가 생각하는지 여부를 판단하는 기준으로 튜링 테스트를 제시하였다.

컴퓨터와 인공지능의 관계는 앨런 튜링을 개척자로 공유한다는 점과 함께 초창기 경향에서도 찾아볼 수 있다. 인공지능이라는 이름의 탄생 과정을 보면 초기의 컴퓨터 과학자들이 컴퓨터는 지나치게 과신했고,[117] 인공지능은 지나치게 쉽게 여겼던 것을 보게 되는데, 그들은 컴퓨터를 인공지능의 원형이나 시제품으로 보았던 것은 아닌가 생각하게 한다.

1956년 존 맥카시와 마빈 민스키는 다트머스 대학에서 여름 방학 동안 워크숍을 개최했다. 정식 이름은 "다트머스 인공지능 연구 프로젝트ᄀ"였으며, 인공지능이라는 용어가 처음으로 사용되었다. 맥카시 등이 작성한 이 프로젝트 제안서를 요약하면, 인간의 모든 지능과 학습 능력은 기계가 흉내 낼 수 있을 만큼 정확히 기술할 수 있으며, 따라서 과학자들을 선발해 한 여름 동안 작업하면 그중 한두 가지 문제는 상당한 성과가 있을 것이라고 했다.[118]

그러나 그 여름의 워크숍은 그런 결과물을 만들지 못했다. 단지

---

ᄀ  Dartmouth research project on artificial intelligence

"인공지능"이란 이름이 부쳐졌고, 앨런 뉴웰과 허버트 사이먼의 로직 시어리스트(LT)ᄀ 발표, 그리고 이 분야에서 해야 할 포괄적인 목표를 정한 것이 전부였다.[119] 그럼에도 주요 참석자들은 그 이후에도 여전히 낙관적인 인공지능 전망을 제시했다. 1960년대 초 맥카시가 스탠포드 대학의 인공지능 프로젝트를 시작하면서 제시한 목표는 완전한 지능을 가진 기계를 10년 안에 만드는 것이었고, 역시 다트머스 참석자이며 후에 노벨상을 받은 허버트 사이먼은 사람이 할 수 있는 모든 일을 20년 안에 기계가 할 수 있게 될 거라고 예측했다. MIT 인공지능 연구소 설립자인 마빈 민스키는 인공지능을 만드는 문제는 한 세대 안에 상당히 해결되리라고 전망했다.[120] 이 모두가 1960년대 있었던 일이다.

또한 1958년 뉴욕 타임즈에는 이들과는 다른 그룹이면서 초기 인공신경망인 퍼셉트론ᄂ을 만든 프랭크 로젠블라트의 다음과 같은 주장이 보도되었다. "이 전자식 컴퓨터의 초기 모델에 기대하는 바는 걷고, 말하고, 보고, 쓰고, 자신을 다시 만들고, 자기라는 존재를 의식하는 것입니다."[121]

그러나 세월이 60년 넘게 지난 지금도 우리는 아직 어린아이의 지능을 가진 인공지능을 만들지 못한 것은 물론 그것조차 언제쯤

---

ᄀ LT, Logic Theorist
ᄂ Perceptron

가능할지 예측하지 못하고 있다. 인공지능의 역사는 파란만장 자체였다. 한때는 연금술과 같은 사이비과학이라는 말까지 들을 정도로[122] 위상이 추락하는 등 그야말로 천국과 지옥을 오가는 과정을 겪었다. 이러한 자세한 과정은 생략하고 이 책에서는 인공지능이 무엇인지 소개하는데 초점을 둔다.

먼저 인공지능의 정의부터 시작한다. 인공지능은 지금도 만드는 중에 있기 때문에 – 어쩌면 이것은 영원히 계속될 수도 있지만 – 이를 정의하는 일은 움직이는 목표물을 맞추려는 시도일 수 있다. 그만큼 인공지능의 정의는 불확실하다. 그러나 불확실성은 과학적으로나 사회적으로나 현대의 상징적 아젠다이며,[123] 회피해야 할 조건이 아니라 오히려 다가가고 도전해야 할 이유이다.

# 3.1 정의

인공지능의 정의는 인공지능을 이해하기 위해 바라보며 가야 할 푯대이다. 그러나 이 정의가 쉽지 않은 여러 가지 이유가 있다. 먼저 그 이유를 알아보고, 역사적 맥락에서의 시사점을 짚어본 뒤, 다른 여러 정의들을 참고해 정리한 저자의 정의를 제시한다.

**혼란**
다음은 인공지능을 정의하는 데 혼란을 일으키는 이유들이다.
첫째, 1장을 읽으면서 느꼈을 수 있지만 인공지능을 의미하는 단어가 여러 개 존재한다. 이들 각각은 단어마다 의미가 다르므로 혼란을 줄 수밖에 없다. 둘째, 인공지능과 인공지능 기술 이름이 구분하기 어렵게 섞여 사용되기 때문이다. 대표적으로 기계학습, 신경망, 딥러닝(심층학습)과 같은 인공지능 기술 이름들이 인공지능과 어떤 관계인지 혼란을 준다. 셋째, 이제는 인공지능이 의료, 교육, 금융, 산업, 운송, 예술 등 생활의 거의 모든 분야에 적용되기 시작했기 때문에 인공지능과 인공지능 아닌 것을 구별하는 의미가 점점 모호해지는 것도 혼란의 이유가 될 수 있다.
넷째, 앞서 인공지능은 컴퓨터라고 했지만, 많은 사람들은 인공지능을 사람의 형체를 한 로봇, 즉 휴머노이드 로봇으로 생각한다.

영화나 소설에서 대개 인공지능이 그렇게 등장하기 때문이다.

다섯째, 인공지능보다 조금 먼저 만들어진 연구 분야인 사이버네틱스(인공두뇌학)는 특히 초기에 인공지능과 겹치는 부분이 있어 혼동을 일으키기도 했다. 여섯째, 인공지능은 컴퓨터과학의 한 분야이지만 인지과학이나 신경과학에서도 다루므로 마치 컴퓨터과학의 인공지능이 있고 인지과학이나 신경과학의 인공지능이 있는 듯 생각할 수 있다. 마지막으로 일곱째, 가장 중요하고 어려운 주제인데, "지능"의 정의가 어렵기 때문이다. 무엇을 지능으로 보는 지는 사람에 따라 다르다. 또 높은 지능의 인공지능보다 낮은 지능의 인공지능을 만들기가 더 어렵다는 사실은 우리가 보통 생각하는 지능의 의미가 불완전하다는 것을 시사한다.

다음은 각각에 대한 간단한 설명이다.

첫째, 인공지능을 의미하는 단어가 여럿이 있다. 인공지능(AI)은 당연히 전체를 포괄하는 이름이다. 쉽게 말하면 지능을 가진 기계를 말하며, 그에 대해 연구하는 분야를 가리킨다. 지능을 가진 기계란 사람처럼 지각, 행동, 언어, 학습, 추론, 감정, 범용 능력이 가능한 기계를 말한다. 그런 인공지능은 제한인공지능(ANI), 범용인공지능(AGI), 초인공지능(ASI)으로 나뉜다. ANI는 바둑, 체스, 퀴즈, 이미지 인식, 자율주행, 가상 비서, 기계 번역처럼 좁고 제한된 특정 분야에 한해 구현한 인공지능이고, AGI는 모든 분야에서 범용적으로 구현한 인공지능이며, ASI는 모든 분야에서 가장 높은 지능의 인간보다도 훨씬 더 높은 지능을 가진 인공지능이다. AGI도 그렇지만 ASI는 더욱더 가상의 상태이며 불확실한 부분이 많지만, 1장에서 언급한 특이점이나 지능 폭발과 관련된 인공지능으로 보면 된다.

이외에도 다양한 이름들이 혼용되는데 대부분 위 세 분류 중 하나에 속한다. 예를 들어 "약한 인공지능"과 "강한 인공지능"은 ANI와 AGI에 대응한다. 강한 인공지능은 주로 의식 있는 인공지능을 의미한다고 하지만 AGI도 대개 의식 있는 인공지능을 포함하기 때문에 강한 인공지능을 AGI라고 해도 무리가 없다. "인간 수준 인공지능"도 AGI와 같다. 초인공지능(ASI)은 단순히 초지능이라고도 한다. 이런 여러 용어들은 각기 사용되기 시작한 분야와 시기가 다르고 또 자기들의 용어를 잘 포기하지 않으며, 엄밀히 따지면 의미가 동일하지 않거나 때로는 부분적으로 충돌하기도 해 비슷하지만 다른 용어들이 계속 사용되고 있다. 그러나 크게 나눠 보면 ANI, AGI, ASI 세 분류로 구분할 수 있다.

여기에서 중요한 점은 현재 ANI는 개발된 사례들이 많이 있고 계속 늘어나고 있지만, AGI와 ASI는 개발된 사례가 없고, 개념과 구조적 제안만 존재한다는 사실이다. 1장에서는 AGI를 의식을 가진 인공지능으로 가정했고, ASI는 AGI가 지능 폭발을 거쳐 나타나는 것으로 소개한 바 있다.

둘째, 인공지능과 인공지능을 구현하는 방법이나 기술의 이름이 섞여서 사용된다. 인공지능은 그것을 실제 구현하는 방법들이 있다. 검색 알고리즘, 논리 알고리즘, 확률 기법 등 여러 방법이 있으며 기계학습(머신러닝)이 대표적이다. 기계학습은 인공지능을 만드는 방법 중 하나라고 보면 된다. 그리고 기계학습에도 여러 기법이 있는데 인공신경망(ANN)은 그중 하나이다. 인공신경망 외에도 의사결정 트리, 베이지안 네트워크ᄀ, 연관규칙학습ᄂ, 서포트 벡터 머신ᄃ, 클러스터링과 같은 다양한 기법 또는 알고리즘이 있다. 인공신경망을 구현하는 중요한 기술이 딥러닝이다.

이렇게 인공지능, 기계학습, 인공신경망, 딥러닝은 마치 시간을 년 월 일 분으로 작은 단위로 내려가며 구분하는 것처럼 큰 단위에서 작은 단위로 내려가는 관계라고 보면 된다. 물론 기계학습은 인공지능 밖의 데이터 마이닝이나 통계학과 밀접한 관계가 있기 때문에 때로는 인공지능과 대등하게 보기도 하고, 또 인공신경망 전문가들은 기계학습과 같은 수준에서 인공신경망을 분류하기도 한다. 딥러닝은 인공신경망과 사실상 같은 의미이다. 이런 이유로 인공지능, 기계학습, 인공신경망, 딥러닝의 도식적인 종속 관계를 부정하는 경우가 있지만, 그렇다 해도 앞의 구분이 큰 줄기를 이해하는데 쉽고, 일반적으로 받아들여지기도 한다.

---

ᄀ Bayesian Network
ᄂ Association rules learning
ᄃ Support vector machine

딥러닝이 특별히 많이 언급되는 이유는 이세돌을 이긴 알파고의 영향이 크다. 최근 인공지능의 주가를 올리는데 딥러닝이 큰 기여를 하고 있는 것도 사실이다. 그러나 인공지능의 역사를 살펴보면 딥러닝으로 대표되는 연결주의[ㄱ]는 고전적인 계산주의[ㄴ]와 함께 두 개의 큰 흐름 가운데 하나이며, 이에 대해서는 다음에 다시 알아본다.

　앞에서 언급한 인공지능과 기계학습의 일부 기법은 3.3 능력절에서 간략히 소개한다. 더 상세한 내용을 원하는 독자는 전문 도서를 참조하기 바란다.

　셋째, 인공지능과 인공지능이 아닌 것의 구분이 모호해지고 있다. 인공지능의 활용이 빠르게 확산하고 있으며, 이제는 활용 범위가 교육, 건강, 의료, 금융, 산업, 농업, 정부, 군사, 쉼, 오락, 일상생활까지 우리 삶의 모든 분야로 확대되고 있다. 이것은 인공지능이 우리에게 미치는 영향이 점점 더 커지는 것을 의미한다. 그런데 일반 사용자가 보면 인공지능의 존재와 효과가 분명하지 않은 경우가 많다. 예를 들어 여러 인터넷 웹사이트가 추천 기능을 제공하며 거기에는 인공지능이 사용되지만 우리는 그것을 잘 실감하지 못한다. 의료 기술도 금융도 게임이나 교육도 인공지능이 들어있

---

ㄱ  connectionism
ㄴ  computationalism

는 소프트웨어를 사용하지만 우리는 들어서 알 뿐이지 인공지능의 역할을 따로 실감하거나 특별히 느낄 수 있는 경우가 많지 않다. 즉 인공지능은 점차 숨은 존재가 되고 있다.

물론 모든 과학 기술의 산물이 문화 속에 정착하면 존재와 가치가 당연시되는 것은 늘 그래 왔다. 예를 들어 TV, 세탁기, 냉장고가 모두 당연한 물건들이 되었다. 그러나 인공지능이 이것들과 다른 점이 있다. 인공지능은 삶과 생활의 거의 모든 부분에 존재하지만, 소프트웨어인 인공지능은 눈에 잘 띄지도 않고 기능까지 익숙해지면 어쩌면 일부는 인공지능의 범위에서 사라질 수도 있다.

넷째, 인공지능과 로봇의 관계가 모호하다. 인공지능과 로봇의 관계 또는 둘 간의 경계에 대한 의문은 오래 전부터 있어왔다. 인공지능의 초기인 1950년대부터[124] 미국에서는 여러 영화에 인공지능 로봇이 등장했고, 지금도 그렇다. 그것이 사람들에게 각인되었다. 또 인공지능이 통이나 병 속의 두뇌로 등장하기도 했다. 인공지능과 사람의 두뇌를 동일하게 보는 경우이다. 몸을 가진 인공지능, 두뇌만으로 된 인공지능으로 등장한 것이다. 이런 픽션 영화에서 보는 현상은 인공지능 연구의 역사에서도 그대로 있어왔으며 현재도 계속되고 있다. 즉 육신을 가진(체화) 인공지능과 육신과 분리된(비 체화) 인공지능이 그것이다.

현재까지는 주로 육신과 분리된 AI, 즉 컴퓨터 소프트웨어만으로 구현되는 인공지능에 대한 연구가 주를 이루었다. 그러나 완전한 인공지능에는 몸, 즉 육신이 반드시 필요하다는 주장이 있다. 최근 챗GPT 등 생성형 AI가 텍스트, 이미지, 비디오까지 만들어내게 되면서 곧 욕구, 믿음, 희망, 의도, 사랑과 같은 인간의 마음 속을 따라할 가능성까지 거론되고 있다. 그러나 진정한 지능은 지각과 몸이 병행돼야만 한다는 체화 인지를 주장하는 사람들은 그 가능성을 부인한다. 만일 체화 인지가 아니면서 높은 지능이 작동한다면 잘못된 판단을 할 수 있고 심지어 위험할 수도 있다고 한다.[125] 아직 체화 인지가 발달하지 않은 어린아이가 목숨이 위태로운 일을 서슴없이 할 수 있는 것처럼 몸과 분리된 지능은 위험하거나 아예 불가능하다는 것이다. 이런 시각에서 보면 미래에는 소프트웨어만으로 가동되는 인공지능은 사람들의 시야에서 사라지고 로봇에 탑재된 인공지능만 남게 될 수도 있다.

다섯째, 인공지능도 있고 사이버네틱스(인공두뇌학)도 있다. 사이버네틱스는 1940년대 수학, 신경과학, 심리학 등 여러 분야가 교류하는 가운데 시작되었다. 초기에 사이버네틱스와 인공지능은 지능 있는 기계를 만들려고 시도한다는 점에서 중복되었다. 결과적으로 사이버네틱스는 이후에 생겨나는 컴퓨터, 인공지능, 인지과학, 복잡계, 그리고 로봇 연구의 전조 역할을 했다. 사이버네틱스의 핵심 개념은 순환 인과 관계이며 기술, 생물, 생태, 인지, 사회의 모든 시스템이 연구 대상이 되었다. 사이버네틱스는 인공지능 초기 개념에는 기여했으나, 나중에 이 둘은 각기 완전히 다른 연구 분야로 발전했다.

여섯째, 인지과학도 신경과학도 인공지능을 연구한다. 인지과학과 신경과학에서 연구하는 인공지능과 컴퓨터 과학의 인공지능이 다르지 않다. 이들은 서로 공유하고 협업하며 인공지능을 만드는데 기여하고 있다. 인지과학이나 신경과학은 지능 모형을 개발하며 이것을 인공지능 연구자들이 돕는가 하면 인공지능 연구자들은 개발된 모형을 컴퓨터 하드웨어와 소프트웨어를 통해 구현하려고 시도한다.

일곱째, 지능의 정의가 어렵다. 인공지능을 정의하려면 먼저 지능을 정의해야 한다. 그러나 지능의 정의가 그렇게 단순하지 않다. 지능을 말하면 먼저 생각나는 것이 지능지수(IQ)인데, 그렇다면 지능의 정의가 어렵다는 것을 의아해할 수 있다. IQ는 지능을 측정하는 방법이므로 당연히 지능이 무엇인지를 전제하고 평가한다. IQ는 학습 능력을 평가하고 과제 수행 능력을 평가하는 용도이므로 그 용도와 상관관계가 있는 능력, 예를 들어 언어 능력, 유추, 이미지 조작, 추론과 같은 분야를 측정한다. 그러나 위키피디아에서 지능의 정의를 찾아보자. 여기서 지능이란 추상화, 논리력, 이해력, 자기 인식, 학습, 감성지식, 추론, 계획수립, 창의력, 비판적 사고, 문제 해결 능력을 모두 포함한다. 거의 모든 마음의 활동을 포함하는 것이 지능이다. IQ보다 훨씬 범위가 넓고 깊다.

또한 IQ는 개인 간의 상대 평가가 목적이기 때문에 지능이 생기는 과정이나 작용 기제에는 무관심하며, 지능이 무엇이며 어떻게 이뤄지는 지까지 포함해 지능 전체를 다루지 않는다. 또 우리가 지능을 이해하지 못하는 증거의 예를 들면, 게임이나 바둑처럼 지능과 관련 있다고 생각되는 분야에서는 인간보다 탁월한 수준을 보여주는 인공지능이 다른 능력, 예를 들어 여러 동물이나 사물을 구분하는 능력은 서너 살 아이의 지능을 따라가지 못하는 것이다. 우리가 아직 인간의 지능을 잘 이해하지 못한다는 증거이다.

여기에서 인공지능 연구 역사에서 지능에 대한 혼란을 말해주는 세 가지 논쟁을 소개한다.

1) 앨런 튜링의 "튜링 테스트"와 존 서얼의 "중국어 방" 사이의 논쟁이다. 튜링은 사람의 지능을 판단할 때 지능이 있는지 없는지를 대화를 통해 판단할 수밖에 없는 것처럼, 컴퓨터의 지능을 판단할 때도 컴퓨터와 대화를 통해 판단하면 된다고 하였다. 그러나 존 서얼은 사고 실험을 통해 반박한다. 그는 중국어를 모르는 사람을 방 안에 혼자 두고 밖에서 틈새를 통해 중국어로 쓰여진 질문을 전달했을 때 방 안의 사람은 갖고 있는 변환표(알고리즘)에서 그 질문에 해당하는 중국어로 된 대답을 찾아 그 틈새로 내놓으면, 과연 방 안의 사람이 중국어를 안다고 할 수 있느냐고 반문한다. 지능도 마찬가지라는 것이다. 겉으로 지능이 있는 행위를 했더라도 실제 속에서 의식 없이 반응하는 것이라면 지능이 아니라고 서얼은 주장한다.

2) 지능(인공지능)을 위해 몸(형체)이 필요한지 아니면 필요 없는지에 대한 논쟁이다. 앞의 인공지능과 로봇의 관계에 해당한다. 우리가 주로 듣고 접하는 인공지능 기능, 예를 들어 기계 번역 프로그램, 추천 알고리즘, 금융 사기 감지 알고리즘 등은 몸(형체)이 없다. 컴퓨터를 해온 사람들이 일견 당연하게 생각하는 이 현상의 배경에는 프랑스 철학자 르네 데카르트의 마음-몸 이원론이 존재한다. 이에 따르면 인식(마음, 사고)과 몸은 별개이다. 데카르트의 이 생각은 서양 철학과 과학에서 인간의 의식, 지능, 사고와 같은 능력은 몸과 관계없이 마음에 의해 이뤄진다는 사고로 이어져 왔다.

이런 마음-몸 이원론의 시각에서 몸과 관계없는 지능을 보여주는 예가 병이나 통 속에 있는 두뇌가 생각하고 말하며 지능을 보여주는 영상이다. 챗GPT의 경우 몸이 없는 지능의 예가 될 수 있다.

최근 사용되는 디지털 가상 비서를 보면 지시를 받는(입력) 마이크와 답을 내놓는(출력) 스피커가 내장되어 일체로 되어 있다. 이런 경우는 몸(형체)이 있는 인공지능이라고 할 수 없지만, 카메라와 각종 센서를 통해 필요한 데이터를 실시간으로 입력 받아 인공지능 알고리즘을 거쳐 방향과 속도를 조절하며 운행하는 자율 차량은 인공지능이 탑재된 로봇이라고 말해도 무방하다. 그렇지만 가상 비서이든 자율 차량이든 감지→사고→행동의 일방향으로 처리가 진행되며, 입력/출력 장치는 지능 작용을 위한 단지 입출력 기능을 할 뿐이다.

그에 비해 앞에서도 말했지만 몸(형체)을 가진 인공지능에 대한 요구가 있고, 관련 연구가 진행되고 있다. 이는 사람의 지능이 두뇌만으로 완성되는 것이 아니라 시각, 청각, 촉각, 후각, 미각의 모든 감각 기관과 두뇌가 협업을 함으로써 지능이 구현된다는 가정에 근거한다. 몸을 가진 인공지능의 의미는 감각기관과 두뇌 간의 양방향 상호 작용을 통해 구현되는 지능을 의미한다.

3) 기호식 인공지능ᄀ과 인공신경망ᄂ 사이의 논쟁이다. 이는 다른 말로 하면 계산주의와 연결주의 사이의 대립이다. 계산주의는 인공지능에는 기호, 지식의 표현이 필요하며, 논리를 규정해야 한다는 주장인 반면 연결주의는 두뇌에 대한 신경과학의 연구를 통해 알게 된 두뇌의 작동 기제를 모방하면 기호, 지식의 표현과 논리의 규정이 없이도 경험(학습)을 통해 지능을 구현할 수 있다는 주장이다. 3.2 구조 절에서 좀더 자세히 알아본다.

지금까지 인공지능을 정의하는데 존재하는 혼란에 대해 알아보았다. 그러나 이 설명이 다시 혼란이나 의문을 일으킬 수도 있다고 생각한다. 설명이 누락되었기 때문이다. 그중에서도 몸과 마음의 관계, 계산주의와 연결주의의 대립은 더 큰 맥락에서 이해할 필요가 있다. 그리고 이 부분을 이해함으로써 인공지능의 미래에 대

---

ᄀ  symbolic artificial intelligence
ᄂ  artificial neural networks

한 주관적 시각을 가질 수도 있다.

　이는 20세기에 본격적으로 이뤄진 컴퓨터와 인공지능의 등장과 발전이 그 시기에 국한된 사건이 아니라 그보다 훨씬 오래된 대립과 갈등, 조화와 상보의 구조 속 사건이라는 데서 드러난다. 짧게 말하면 물질주의적 접근ᄀ과 비물질주의적 접근ᄂ의 관계인데, 이를 살펴보는 것이 인공지능의 미래를 더 넓은 시각에서 보는 계기가 될 수 있을 것이다. 그 가운데 신앙과 이성, 사상과 철학, 과학과 기술이 인류의 발전에 크게 기여했지만 동시에 참담한 비극과 파멸의 원인이 되기도 했다는 점을 상기하다 보면, 인공지능도 잔인하고 처참한 파괴의 도구나 원인이 되어 큰 실패와 희생을 또다시 부르는 것은 아닌지 하는 경각심을 가질 수 있다.

### 역사

　앞에서 인공지능의 출발을 튜링 테스트(1950년)와 다트머스 여름 워크숍(1956년)으로 언급했으나, 철학 관점에서 보면 사실

---

ᄀ　materialism; 물질주의와 물리주의(physicalism)는 서로 바꿔 사용할 수 있는 개념이며, 이 두 개념은 결정론(determinism)을 지지한다. 만물이 물리적이라는 물리주의는 관찰과 실험에 의한 과학의 바탕을 제공한다. 이성(reason)과 논리(logic)는 이 관찰과 실험을 이해하는 수단이다.

ᄂ　immaterialism; 비물질주의와 주관적 관념론(subjective idealism)은 물질만 독립적 존재라는 물질주의에 반대하는 개념이며 존재의 본질은 마음과 영, 또는 관념과 인식이라고 한다. 이 두 개념은 자연 법칙이나 인과관계뿐 아니라 자유의지(free will)의 존재를 인정한다. 또한 불확실성(uncertainty)과 신앙(faith)에 보다 더 열려 있다.

그보다 훨씬 전인 17세기의 토마스 홉스, 르네 데카르트, 고트프리드 라이프니츠로 거슬러 올라간다.[126] 물론 이들은 다시 서양 문화의 원류에서 이어져온 신앙과 사상, 그리고 과학의 흐름에 영향을 받았다.

그래서 짧게 쓴 서양 역사이다.

서양 문화의 두 축은 이성ㄱ과 신앙ㄴ이다. 전자의 기원은 고대 그리스/로마 문화이며 후자는 기독교 신앙이다. 헬레니즘과 헤브라이즘으로 대별된다. 그리스 로마는 서양 철학과 문화 그리고 법과 건축 등 학문과 기술의 뿌리이며, 기독교는 당연히 서양을 신앙적으로 특징짓는다. 이 두 축은 서로 상대방의 요소를 지니고 있었다. 고대 그리스 로마에도 많은 신들이 있었으며, 기독교 신앙의 경전인 성경에는 이성과 불가분의 관계인 지혜(222회), 지식(162회), 진리(134회)와 같은 단어들이 빈번히 등장한다. 그럼에도 이 두 축은 마치 물과 기름, 또는 물과 불처럼 섞일 수 없는 관계로 여겨져 왔다. 오랜 기간 서로를 배척하거나, 긴장 관계를 유지해왔으며 그것은 지금도 그렇다. 그러나 속을 드려다 보고 길게 보면 그리스 로마의 이성과 기독교의 신앙(믿음)은 상대를 완전히 배제하지 않았고 오히려 서로를 보완해 왔으며 그로 인해 만들어진 결과가 지금

---

ㄱ  reason
ㄴ  faith

까지 이어져온 서양 문명의 궤적이고 지금의 서양 문명이다.

저자는 성경 사도행전에서 그 두 축이 처음 만나는 모습을 볼 수 있다고 생각한다. 사도행전 17장 23절에는 기원 1세기 아테네에 간 사도 바울이 "내가 두루 다니며 너희가 위하는 것들을 보다가 '알지 못하는 신에게' 라고 새긴 제단을 보았으나 … 그것을 내가 너희에게 알게 하리라"라는 구절이 있다. 인간의 이성으로 신을 이해하려 애쓴 결과 얻어진 알지 못하는 신이라는 불가지론을 보고 바울은 그것이 신을 만드는 행위라는 것을 지적했다고 생각한다. 그런 인간이 만든 신이 아닌, 반대로 인간과 만물을 만드신 창조주에 대한 신앙을 바울이 전파한 것이다. 그럼에도 이후 2,000년 동안 이 이성과 신앙의 관계는 때로는 대립하고 때로는 조화하며 다양한 모습으로 관계를 유지해왔다.

서로마 제국의 몰락과 함께 고대 유럽이 끝나는 무렵인 5세기 성 아우구스티누스ㄱ는 고대 그리스 철학과 원시 기독교를 접목하였다. 이는 기독교의 믿음과 그리스 철학의 이성이 대립과 충돌의 관계가 아닌 균형과 조화의 관계로 들어서는 토대가 되었다.[127] 이러한 믿음과 이성의 관계는 중세 스콜라 철학 속에 자리 잡았고, 중세 말기인 13세기 토마스 아퀴나스ㄴ의 신학대전 안에 집대성되

---

ㄱ   St. Augustinus
ㄴ   Thomas Aquinas

었다.[128] 약 800년 전 기록된 신학대전은 지금 쓰였다 하더라도 이상할 것 없는 신앙과 이성에 대한 주제들을 정의하고 있다. 그 요점 중 일부를 보면 신학은 이성을 초월하는 주제이며 모든 과학 중 가장 확실하다, 사물의 원인과 결과를 아는 것은 지성의 완성을 위해 필요하다, 인간의 이성만으로 하나님의 존재를 증명할 수 있다고 했다.

유럽의 중세(5세기~15세기)를 소위 암흑 시대라고 부른다. 이유는 문화와 예술의 결핍, 열악한 경제와 생활 조건, 상대적으로 미진한 기술과 과학의 진보를 든다. 그러나 이러한 17~18세기 계몽주의자들의 평가와는 반대로 일부에서는 이 소위 암흑기 동안 과학과 교육(대학), 동력(수력과 풍차), 건축(고딕 양식 건축), 농업(작물 회전, 쟁기, 말 고리), 군사력(대포, 중장갑 기병), 음악(악보 표기법) 등의 중요한 진보와 발전이 이뤄진 때임을 들어 암흑 시대라는 주장을 부정하기도 한다. 그럼에도 중세를 암흑기로 말하는 근거는 르네상스(14세기~17세기)와 종교개혁(16세기 또는 1500년~1650년)이 이뤄낸 거대한 변화에서 찾을 수 있다. 이 변화를 이끌어낸 결정적인 사건이 1440~1450년 만들어진 구텐베르그 활판 인쇄술의 등장이었다.

인쇄술은 정보와 지식을 대중화하였고 과학과 기술을 발전시켰으며, 대중이 성경을 읽기 시작하게 했다. 인쇄술은 종교개혁의 기폭제가 되었고 종교개혁은 연이은 전쟁들, 즉 16세기부터 18세기 초까지 오랜 기간 수많은 인명을 희생시킨 유럽의 종교 전쟁이 일어나는 배경이 되었다. 그 시작인 30년 전쟁 동안에만 전투, 기근, 질병으로 800만 명까지 추정되는 사망자를 낳았다. 인간의 어리석음이 낳은 값비싼 희생이었으며, 인류가 저지른 큰 실패가 아닐 수 없었다.

그렇게 뼈아픈 결과를 초래했음에도 정치화되고 세속화되어 버린 가톨릭교회에 대한 도전은 불가피했었고 그 결과가 종교개혁이라는 시대적 요구였다. 면죄부를 파는 교회, 성경과 다른 교황의 권위는 오직 믿음[129]으로 돌아가자는 신앙의 복원을 부를 수밖에는 없었다. 결국 인쇄술의 발명도, 지식의 전파도, 종교개혁도 문제가 아니었다. 문제는 신앙의 타락과 세속화에 있었다. 그것은 인간의 문제였다.

한편 중세 말엽인 16세기 니콜라스 코페르니쿠스(1473~1543)는 지동설을 제시하여 우주관을 바꾸고 사고의 혁신적 변화를 이끌었다. 가톨릭 사제였던 코페르니쿠스는 신앙적 입장을 바꾼 적이 없었으며, 자신의 지동설이 담긴 저서를 교황에게 보내기도 했다. 그의 저서는 금서로 취급되지도 않았다.[130] 그러나 개신교의 루터와 칼빈은 지동설을 불경하다고 판단하였다. 그후 갈릴레오는 코페르니쿠스의 주장을 옹호하면서 이것이 성경과 배치되지 않는다고 했는데, 성경은 역사나 설명의 책이 아니라 시와 노래의 책이기 때문이라는 것이었다. 그럼에도 1616년 교황청은 갈릴레오의 주장을 막았고 지동설까지 금지시켰다. 갈릴레오는 그래도 지구는 돈다는 말을 남겼다고 한다. 지동설은 1758년에 이르러서야 해금된다.

학문과 예술의 부활과 재생의 시대인 르네상스, 그 말기를 살았고 가장 위대한 과학자 중 한 사람인 아이작 뉴턴(1642~1727)은 수학자, 물리학자, 천문학자, 그리고 신학자이기도 했다. 그는 고전 물리학이라는 과학사의 획기적인 이정표를 만든다. 중력의 법칙과 함께 자연은 정확한 인과관계에 의해 작동한다는 힘의 법칙을 발견하고, 결정론의 기초를 만들었다. 결정론(결정주의)은 1 더하기 1은 2가 되는 식으로 모든 자연 현상은 현재 작용 요소들의 총합으로 다음 단계가 결정된다는 주장이다. 뉴턴 물리학의 산물인 "당구 공" 가설은 우주의 초기 조건이 있으면, 우주의 나머지 역사는 필연적으로 따라온다는 주장이다.[131] 사실 지금도 물리학은 기본적으로 이런 세계관으로 구성되고 움직인다고 할 수 있다.

결정론은 논리적 사고를 전제로 한다고 할 수 있다.[132] 그리고 요소들이 정확하고 확실해야 한다. 기본적으로 결정론은 인간의 자유의지를 배척한다. 그러나 시작하는 조건이 동일하더라도 인간의 의지에 의한 선택으로 결과가 달라질 수 있기 위해서는 자유의지가 존재하고 인정되어야 한다. 자유의지가 없다면 책임의 소재도 불분명해지고, 사람과 사람 사이의 모든 작용과 관계를 결정론이 설명할 수 있어야 한다. 두 사람만의 관계도 단순하지 않지만 세 사람 네 사람이 개입되고 다양한 환경이나 조건이 얽힌 관계를 결정하는 변수의 수는 기하급수로 늘어나는 것이 일상이다. 그런 복잡한 관계들이 수도 없이 모여 사회를 이룬다. 이를 결정론이 설명할 수 있는가, 설명할 수 없다면 그런 결정론이 무슨 의미가 있는가? 자유의지의 존재가 좋은 결론이든 나쁜 결론이든 완전한 설명이든 부족한 설명이든 상황을 감당할 수 있게 하는 것이 아닌가? 결정론은 감당하지 못하는 무책임한 짓에 그럴 듯하게 부친 미명에 지나지 않는다. 저자가 보는 결정론은 하나님을 거역하며 선악을 아는 과일을 따먹은 아담과 이브의 후예임을 인간 스스로 고백하는 것이다.

지동설과 뒤 이은 합리와 과학을 표방하는 사고가 기독교 교리에 도전하는 시대인 르네상스는 이성의 시대로 불리게 된다. 그 이성의 시대를 살다 간 철학자 가운데는 뉴턴보다 조금 앞서거나 비슷한 시대를 산 세 사람이 있다. 그들은 토마스 홉스, 고트프리드 라이프니츠, 르네 데카르트이다.

초기 사회계약이론의 예를 제시한 저서 '리바이어던'과 "만인의 만인에 대한 투쟁"이라는 구절로 잘 알려져 있고 정치철학의 창시자이기도 한 홉스(1588~1679)는 "추론은 계산이다[ㄱ]"라는 말을 한 것으로도 유명하다.[133] 그는 중세 스콜라 철학이 추구했던

---

[ㄱ] Ratiocination is computation

이성과 신앙의 조화를 거스를 수 있는 가능성을 수학과 과학에서 보았다. 그는 세계가 물리(물질)적으로만 이루어졌다고 주장하는 물리주의자였으며 마음과 초자연적 존재를 부인했다. 인간을 포함한 모든 동물은 살과 피로 된 기계에 지나지 않는다고 했으며, 과학이 이루지 못할 한계는 없다는 당시 사상가들의 생각을 공유했다.[134] 어떤 면에서 홉스는 이미 기계적 인공지능을 예언했었다. 홉스에 대해 저자의 촌평을 더한다면 기계로 치환된 인간의 이성이 얼마나 무모할 수 있는지 이 물리주의자를 통해 이해할 수 있다는 것이다.

뉴턴과는 별도로 수학의 미적분학을 창안하였고, 매우 박식했으며 수학과 철학의 역사에서 가장 중요한 인물 중 한 사람인 라이프니츠(1646~1716)는 라틴어, 불어, 독어, 영어, 이탈리아어, 네델란드어로 쓰여진 수많은 잡지 기고, 서한 그리고 출판되지 않은 원고들을 남겼다. 그는 기계식 계산기 분야의 창시자 중 한 사람이며, 2진수 체계 정리에도 기여해서 컴퓨터 과학의 창시자로 불려왔다. 그는 스콜라 전통과 융화하면서 동시에 현대 논리학을 예견하기도 했다.[135] 이성과 신앙 사이의 조화를 이어갔다고 할까?

라이프니츠의 시각이 드러나는 대목 중에는 그가 세상의 진실은 두 가지가 존재하는데 하나는 추론의 진실이고 다른 하나는 사실의 진실이라고 한 것이다. 그가 말하는 사실의 진실은 인간의 합리적 이성과 추론은 한계가 있기 때문에 결국 경험에 의존할 수밖에 없는 진실을 말한다.[136] 라이프니츠는 이성과 신앙이 모두 "하나님의 선물"이라고 하였다.[137] 그러므로 그가 말하는 경험은 신앙적 체험을 포함한다고 보아야 한다. 사실의 진실에서 사실이란 경험을 통해서만 도달할 수 있는데 그 경험에는 신앙적 체험도 포함된다고 한 것이다. 그런 라이프니츠는 모든 분쟁과 논란을 암기 계산으로 해결할 수 있는, 마치 지금의 인터넷과 인공지능을 연상시키는 "보편적 계산법"을 꿈꾸었다고 한다.[138]

"나는 생각한다, 고로 존재한다"의 르네 데카르트(1596~1650)는 앞에서 언급한 것처럼 마음-몸 이원론을 제기하였다. 데카르트의 마음-몸 이원론은 데카르트 이원론이라는 이름으로 지금도 마음-몸 문제(심신 관계 문제)의 중심에 자리하고 있다. 마음-몸 문제란 인간의 마음 속 사고와 의식이 몸의 일부인 두뇌와 어떤 관계인지를 다루며, 전제는 마음과 몸이 본질에서 근본적으로 다르다는 데서 시작한다. 이 전제를 제공한 것이 데카르트의 마음-몸 이원론이다. 그는 마음과 몸은 뚜렷이 구별되지만 동시에 밀접히 연결된다고 하였다.

이 데카르트의 마음-몸 이원론은 일원론의 대표 격인 물질주의와 상반되며, 물질주의의 반대 개념이 되었다.[139] 인간을 몸과 마음과 영혼으로 되어있다고 말하는 기독교[140] 쪽에 기운다고 할 수 있다. 모든 것이 물질로 환원할 수 있다는 물질주의가 한쪽 끝에 있다면, 그 반대편 끝에는 정신과 영혼이 영원한 생명을 유지하는 기독교 신앙이 자리하고, 그 사이 어딘가 신앙에 가까운 쪽이든 또는 보기에 따라서 물질주의에 가까운 쪽이든 데카르트의 마음-몸 이원론이 위치한다고 할 수 있다.

데카르트는 "현대 철학의 아버지"이며, 현대 합리주의의 선두주자로 불린다. 합리주의는 이성을 지식의 주된 원천으로 삼으며, 논리학, 수학, 윤리학을 제1원칙으로 준용한다. 그와 함께 그는 비물질적인 마음이 물질적인 몸과 다르다는 사실을 우리의 직관에 의해 알 수 있고 의심할 수 없다고 하였다. 바로 거기에서 "나는 생각한다. 고로 '존재'한다"라는 결론을 도출하였다. 마음에서 나오는 생각이 존재라는 것이다. 데카르트의 마음-몸 이원론은 신학과 물리학의 영향을 받았다고 한다.[141]

튜링보다 300년 전에 살았던 데카르트는 이미 튜링 테스트와 유사한 주장을 하였다. 만일 우리의 몸과 행동을 그대로 따라서 할 수 있는 기계가 있다면 우리는 항상 두 테스트를 해야만 한다고 했다. 테스트의 목적은 그 기계가 진짜 인간인지를 확인하는 것이었다. 첫째 테스트는 우리가 자기 생각을 남에게 전하는 것처럼 그 기계도 언어나 신호를 사용할 수 있는지 여부였다. 둘째는 그 기계가 어떤 일을 인간보다 잘한다면 다른 일에도 그런 지를 확인하는 것이었다. 그러나 데카르트는 그런 일이 일어날 가능성은 거의 없다고 했다.[142]

17, 18세기는 계몽주의 시대였다. 계몽주의는 경험론의 프랜시

스 베이컨, 합리론의 데카르트라는 양대 축으로 구성되는 인식론ᄀ의 발흥기를 거쳐서 배태되었고, 시기적으로는 1687년 뉴턴의 수학원리ᄂ에서 시작되어 임마누엘 칸트가 사망한 1804년, 즉 19세기가 시작하는 무렵까지 지속된다.

계몽주의는 이성이라는 수단(합리론)과 감각이라는 증거(경험론)에 의해 얻어진 지식, 또 자유, 진보, 관용, 박애, 입헌 정부 그리고 인간의 행복과 같은 이상을 중심에 둔 여러 사상들을 포함한다. 계몽주의의 핵심 신조는 절대 왕정과 독단적 신앙의 교회에 반대하며 내세운 개인의 자유와 종교적 관용이었다. 르네상스와 계몽주의는 고대 그리스 인본주의[143]의 부활을 가져왔고 계몽주의와 뒤이은 산업혁명은 과학과 기술의 비약적인 발전을 알리는 출발 신호였다.

그중에서 과학 발전의 속으로 조금 더 들어가 보자. 이 무렵의 분위기는 뉴턴의 고전 역학과 결정론이 인간으로 하여금 이성의 우산 아래 합리적 추론이든 감각적 경험이든 세상 만물에 대한 지식과 논리를 획득하게 할 것이며, 결국은 그 모든 것이 정확하고 확실하게 밝혀져 인간의 손 안에 들어오게 될 것이라고 확신하는 그런 분위기였다.

---

ᄀ epistemology, 지식의 이론을 연구하는 철학의 한 분야
ᄂ Principia Mathematica

그런데 거기에 변수가 생겼다. 잔잔한 수면에 돌 던지기, 또는 고양이 목에 방울 달기 같은 일이 벌어졌다. 물리학자이면서 열역학 제2법칙을 통계로 설명한 루트비히 볼츠만(1844~1906)이 뉴턴 물리학과는 다른 수학적 정리를 제시한 것이다. 뉴턴 이후 그 당시까지 물리학은 확실성만을 다루었으나 볼츠만은 불확실성을 다루는 확률과 통계로 물리학을 설명했던 것이다.[144] 볼츠만의 이 수학적 정리는 통계 역학의 기초가 되어 오늘날 많은 분야에서 활용되고 있다.

사실 열역학은 우리 인간과 아주 밀접한 자연 현상을 다룬다. 열, 온도, 에너지, 일이 그것이다. 열역학 제1법칙이 에너지 보존 법칙이고, 제2법칙은 열과 에너지 사이의 변환에 대한 법칙이다. 제2법칙의 핵심이 엔트로피이다. 엔트로피는 불분명한 부분에 부친 이름이라서 개념의 정의가 시간이 가면서 추가되고 변화해 왔다. 고전적으로는 미세한 열과 순간 온도 사이의 비율로 정의되었으나(루돌프 클라우지우스, 1850년대 초), 19세기 말 볼츠만은 지금도 엔트로피의 정의로 주로 사용하는 한 시스템 내 미세상태의 확률적 분포로 보는 수식을 제시했다(1870년대). 그리고 끝으로 클로데 섀넌은 그의 정보 이론에서 정보의 불확실성을 측정하는 단위로 엔트로피를 사용한다(1948년). 종합하면 엔트로피는 무질서, 임의성, 불확실성 상태를 의미한다.

불확실성을 다루는 확률은 객관주의적 빈도주의 확률과 주관주의적 베이지안 확률로 분류된다. 빈도주의는 확률을 "많은 시도를 통해 얻을 수 있는, 특정 사건이 발생하는 상대적 빈도"라고 정의한다면, 베이지안은 "지식 상태를 표현하거나 개인 신념을 정량화한 합리적인 기대치"로 해석한다. 빈도주의가 객관성을 지향한다면 베이지안은 주관적 판단에 기초한다. 빈도주의는 확률이 불확실성을 다루기 위한 수단임에도 불구하고 빈도주의가 요구하는 조건 때문에 불확실성을 다루는데 오히려 제한되는 반면, 베이지안 확률은 그런 제약에서 자유로워 차라리 불확실성을 다루는데 유리하다. 원래 베이지안 확률의 창시자는 18세기의 토마스 베이즈이지만 실제 주목을 받기 시작한 것은 최근이며, 인공지능의 주요 기법으로 사용되고 있다.

그리고 20세기 가장 중요한 과학적 발견 가운데 하나인 양자역학이다. 1927년 베르너 하이젠베르그의 불확실성 원리가 등장한다. 양자 역학에서 불확실성 원리는 입자에 대한 물리적 양의 쌍이 어떤 값을 가질지는 초기 조건을 가지고 예측하기에 근본적인 한계가 있다는 원리이다. 그 물리적 양의 예가 입자의 위치와 운동량(속도)이다. 즉 입자의 위치를 알면 그 입자의 운동량(속도)이 불확실하고, 반대로 운동량(속도)을 알면 위치가 불확실하다는 것이다.

그런데 "신은 우주를 가지고 주사위 놀이를 하지 않는다"라고 한 인류 최고의 천재라는 아인슈타인은 스스로 자신의 한계를 드러낸다. 그는 불확실성을 인정할 수 없었다. 우리가 아직 발견하지 못했을 뿐 세상은 잘 정의된 물리 법칙에 의해 움직이며, 비록 지금은 아니지만 위치와 속도를 함께 알 수 있는 법칙을 언젠가 인간이 찾아낼 것이라고 "믿었다". 고대 그리스의 **알지 못한다고 알았던** 신이 아인슈타인의 **불확실하게 확실한** 신으로 다시 등장한 것이었다. 그의 사후 발견된 완성하지 못한 마지막 논문의 제목은 "만물의 법칙"이었다. 그는 그의 신앙으로 신앙을 부인했다.

이성과 과학의 19세기 유럽 대륙은 다음 세기 두 차례의 피비린내 나는 세계대전을 향해 나아간다. 1차 세계대전(1914년~1918년)의 희생자는 사망자 900만명 부상자 2,100만여명이며, 2차 세계대전(1939년~1945년)은 사망자 수만 4,000만명에서 5,000만명에 이른다고 추산한다. 인류 역사에서 또 하나의 큰 실패였으며, 르네상스에서 계몽주의를 이어온 인간의 이성이 드러낸 한계, 아니 배신이 아니면 무엇이겠는가?

이렇듯 신앙이 타락하고 세속화해서 생긴 큰 실패가 있었고(유럽 종교전쟁), 이성이 한계를 드러내고 배신해서 생긴 큰 실패가 있었다(1,2차 세계대전). 15세기의 인쇄술에 인한 사상과 철학, 과학과 기술의 발전은 이성이 신앙을 과학기술이 종교성을 그리고 결정론이 자유의지를 압도하는 듯했다면, 19세기 후반부터는 이성과 과학과 결정론이 불확실성이라는 복병을 만나 주춤거리는 상황에 놓여있다. 여기까지 오는 과정에서 이성과 신앙이 때로는 서로 화합하고 때로는 서로를 밀쳐내는 역사가 2000년 서양 역사의 요약이라면 지나친 단순화일까?

그리고 20세기 컴퓨터와 인공지능의 시대가 전개되었다. 계산주의와 연결주의에 대해서는 3.2 구조 절에서 조금 더 다룬다.

### 정의

인공지능에 대한 저자의 정의는 이렇다.[145]

**인공지능은 사람이 하는 지능적 행동을 동일하게 하거나 더 잘하는 기계이며, 그에 대해 연구하는 분야이다.**

여기서 말하는 지능적 행동의 정의는 열려 있다. 다시 말해 무엇을 지능적 행동이라고 정의하든 최대한 수용한다는 뜻이다. 아주 단순한 행동, 예를 들어 인공지능 베스트셀러 저자인 스튜어트 러셀이 예로 든 것처럼 온도가 낮으면 히터를 돌려주고 온도가 높으면 에어컨을 켜주는 자동온도조절기의 기능도 지능적 행동이다.[146] 또 우리가 지금은 경험하지 못하는 지능적 행동, 예를 들어 과학 분야에 쌓여 있는 의문과 미해결 과제, 그리고 현재는 문제로 인식조차 못하는 문제까지 풀어주는 지능도 포함한다. 또한 갓난아이도 가지고 있는 감성이나 인지 능력부터 자의식, 의식, 감성, 자율성, 자존심, 소멸 공포, 자유의지, 자기 개선 능력까지 모두를 포함한다. 외부에 드러나는 행동뿐만 아니라 의식, 사고, 감정, 판단과 관련한 내부 작용도 포함하는 것이다.

인간은 누구나 다재다능 하다. 그래도 개인에 따라 어느 분야의 재능이 더 좋은지는 다르다. 인공지능은 어떠할까? 한 가지를 잘하는 것도 쉽지 않다. 하물며 한 인공지능이 두 분야 이상을 잘하는 건 더 어렵다. 이렇게 여러 분야, 여러 성격의 지능을 복합적으로 모두 잘하면 인공지능의 마지막 단계인 범용인공지능(AGI)이 된다. 그러나 그런 차이가 있더라도 인공지능이라는 데는 차이가 없다.

그러나 현실적인 지능적 행동의 범위는 사람의 두뇌(몸 포함)가 가진 능력을 요구하면서, 정보 처리와 같은 기존 컴퓨팅 기술로는 해결되지 않는 하나 이상의 과제를 해결하는 능력이다.[147] 그것을 넘어 모든 과제를 사람과 같거나 사람보다 우월한 능력, 기능, 행동을 보여주는 인공지능은 현재로서는 연구 중이며 실제 만들어지기까지는 얼마일지 모르지만, 시간이 소요될 것이다.

폭넓게 정의한 지능적 행동에는 기존 컴퓨팅과 통신 기술의 응용에 의한 효과도 포함된다. 그러나 지금은 인공지능이라고 보는 지능적 행동도 시간이 경과함에 따라 인공지능이 아닌 것으로 바뀔 수도 있다. 무엇을 인공지능으로 인지하는지의 범위도 결국 기술의 성숙과 사용하는 사람의 인식 변화에 따라 바뀐다고 보아야 한다.

# 3.2 구조

　인공지능의 구조는 컴퓨터를 흉내내서 만든 방식과 사람의 두뇌를 흉내내서 만든 방식이 있다. 전자를 계산주의라고 하며, 후자는 연결주의라고 한다. 철학과 인지과학에서 사용하는 용어들이다. 컴퓨터 과학에서는 전자를 기호식 인공지능, 후자는 인공신경망 또는 신경망이라고 한다.

　이 두 구조 유형은 서로 자기 방식이 우월하다고 주장하며 상대방 방식의 가치를 부정해왔다. 그에 대한 지금까지의 역사적 평가는 이렇다.

　처음에는 계산주의(기호식 인공지능)가 승리하는 듯했다. 그러나 이 기간은 10여년 지속했을 뿐, 1960년대 말부터 침체기가 시작되었다. 계산주의가 주도했던 인공지능의 약속은 지켜지지 않았고 한계만 드러냈다. 투자는 끊기고 대중의 주목도 사라졌다. 그렇게 10년의 시간이 흘렀다.[ㄱ] 1980년대 초 계산주의가 다시 힘을 내는 듯했다. 전문가 시스템[ㄴ]이 주목을 끌었다. 그러나 그 현상이 오래 지속하지는 못했다. 다시 자금이 줄어들었고 침체기가 찾아왔

---

[ㄱ] 1967-1977년, 첫 번째 인공지능 겨울이라고 한다.
[ㄴ] expert system

다.ᄀ 한편 1940년대 태동되었던 연결주의(인공신경망)는 오랜 잠복기를 지내다가 1980년대 중반 기지개를 켜듯 가능성을 드러내기 시작했다. 2000년대에 들어서자 드디어 연결주의는 계산주의를 뛰어넘는 성과를 보여주기 시작했고, 2016년 알파고의 등장이라는 서울에서의 세계적 이벤트를 통해 인공신경망(딥러닝)이 인공지능 무대의 중앙을 차지하게 되었다.

그러나 연결주의 방식의 인공지능에도 계산주의 기법이 함께 사용되며,ᄂ 이 두 방법은 서로 보완 관계이기 때문에 이들의 다툼에 끼여들 필요는 없다. 또한 계산주의도 연결주의도 아닌 제3의 방법도 있고, 지금은 드러나지 않은 새로운 방식이 어느 날 중심을 차지할 수도 있다.

흥미로운 사실은 앞의 서구 역사에서 본 철학 사조를 따라가 보면 계산주의는 이성과 논리에서 지식을 얻는 합리주의에 가깝고, 연결주의는 경험과 실험에서 지식을 도출하는 경험주의에 가깝다는 것이다. 이 두 주의는 지식에 대한 이론을 연구하는 철학의 한 분야인 인식론의 다른 두 극단이다. 인식론 안에서 합리론과 경험론은 이미 수 세기 동안 대립해 온 역사가 있다. 이것이 21세기 인공지능에서 계산주의(합리론)와 연결주의(경험론)라는 새로운 이

---

ᄀ 1988-1993년, 두 번째 인공지능 겨울이라고 한다.
ᄂ 딥러닝으로 만들었다는 알파고에도 기호식 인공지능 기법인 몬테카를로 검색 트리가 사용되었다.

름으로 대립하고 있다고 볼 수 있다.

각각의 경우를 보자.

**컴퓨터 방식**

계산주의 또는 마음의 계산 이론이라고 하는 기호식 인공지능은 컴퓨터를 본뜬 방식이라고 하지만, 마음이 소프트웨어와 하드웨어로 만든 컴퓨터라는 의미는 아니다. 더 단순하다. 현대 컴퓨터의 모태인 튜링 머신과 같은 처리, 즉 계산으로 인공지능이 가능하다는 뜻이다. 튜링 머신이란 입력된 기호, 그리고 기계 내부의 데이터 상태와 주어진 규칙에 따라 움직이는 기계를 말한다. 튜링 머신의 탁월함은 이 단순한 조건과 기능으로 모든 계산 알고리즘을 구현할 수 있다는데 있으며, 실제 현대 컴퓨터가 그대로 만들어졌다는 사실은 앞 장에서 언급한 바 있다.

계산주의는 그런 '단순한' 계산 처리로 마음의 모든 현상을 설명할 수 있다는 것이다. 컴퓨터의 계산으로 마음을 구현할 수 있다는 주장이기도 하다. 이를 지지하는 가설이 1976년 뉴웰과 사이먼이 발표한 물리적 기호시스템 가설(PSSH)[ㄱ]이다. 그들은 물리적 기호시스템이 일반적인 지능 행동에 필요 충분한 수단이라고 하였다.[148]

---

[ㄱ] PSSH, physical symbol system hypothesis

더 부연하면, PSSH와 계산주의는 기호와 규칙을 사용하는 계산 과정에 의해 마음의 모든 현상과 기능이 일어날 수 있다고 본다. 이때 기호는 표현이고 지식이며 규칙은 논리이다. 따라서 마음이라는 능력을 보여주기 위해서는 그에 필요한 표현과 지식 그리고 그 표현과 지식을 다루는 논리가 있어야 한다.

컴퓨터 프로그램을 해본 사람에게 이것은 익숙한 과제이기 때문에 인공지능이 특별히 다르지 않다고 생각할 수도 있다. 그렇지만 기호식 인공지능의 구현에는 다양한 검색 알고리즘, 지식표현 및 추론 방법, 계획수립 자동화, 자연어 처리 등 새로운 기법과 방법을 요구한다.

계산주의를 사용하는 인공지능의 장점은 문제 해결을 의도에 따라 정확히 해내는 것이며, 해결 과정이 투명하다는 것이다. 반면에 단점은 적용할 수 있는 문제가 제한되어 있고, 또 적용했더라도 문제 영역의 지식과 논리에 변화가 생기면 대응이 쉽지 않다는 점이다.

계산주의의 결정적인 한계는 구현하려는 인공지능 기능에 필요한 지식과 표현 그리고 논리가 먼저 세세히 정해지고 기술되어야 한다는 점이다. 그런데 그렇게 할 수 있는 경우가 많지 않다. 예를 들어 고양이 이미지를 인지할 수 있으려면 고양이의 다양한 종류와 이미지를 자세히 규정할 수 있어야 하는데 이는 거의 불가능하며, 가능하더라도 규정한 내용과 조금만 다른 고양이 이미지는 고양이가 아닌 다른 이미지로 인지하거나 아예 인지하지 못한다.

**두뇌 방식**

연결주의라고 하는 인공신경망 - "인공" 빼고 신경망이라고도 한다 - 은 동물의 두뇌 등 신경조직을 구성하는 생물 신경세포회로를 모방한 방식이다.

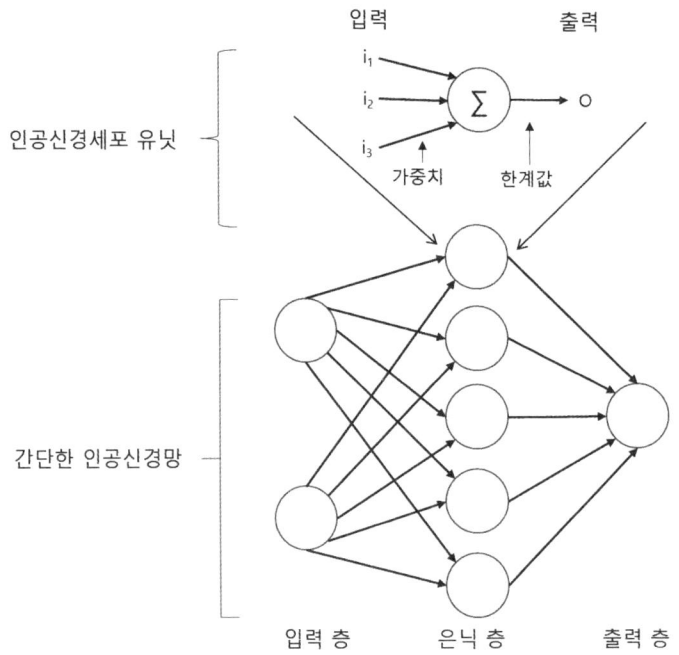

그림 3. 인공신경망 개념도: 인공신경망을 구성하는 단위인 인공신경세포 유닛과 간단한 인공신경망을 도식화한 그림이다. 위에는 하나의 인공신경세포를 구성하는 입력, 가중치, 합산($\Sigma$), 한계값, 출력을 보여주며 아래 간단한 인공신경망은 위 인공신경세포들로 이뤄진 망의 형태로 입력층, 은닉층, 출력층으로 구성된다.

생물 신경세포는 생물 체내 신경조직의 주된 구성요소이며, 전기 반응 세포로서 시냅스(신경 접합부)를 거쳐 다른 세포들과 연락한다. 우리 두뇌 안은 약 860억 개 신경세포들이 정보를 보내고 받은 정보를 처리하도록 연결된 망, 즉 신경망으로 되어 있다.

연결주의, 다시 말해 인공신경망은 1943년 신경과학자인 워렌 맥컬록과 당시 학부생이었던 논리학자 월터 피츠가 발표한 논문에서 출발하였다. 그들은 신경세포를 아주 단순하게 모형화한 맥컬록-피츠 유닛(그림 3 윗부분에 보는 인공신경세포 유닛)을 제시하였고 이 단순한 유닛(단위)들의 네트워크(망)를 가지고 모든 부울 연산(AND, OR, NOT)이 가능하며, 따라서 모든 계산이 가능하다는 것을 보여주었다. 1958년에는 프랭크 로젠브랏트가 인공신경망의 초기 형태이며 기초가 된 퍼셉트론을 제시하였다. 맥컬록-피츠 유닛이 2진수 입력만을 전제한 데 비해 퍼셉트론은 그런 제한을 없앴고, 보다 유연한 가중치를 부여할 수 있게 하였다. 그러나 퍼셉트론은 1969년 마빈 민스키와 세이모 패퍼트가 지적한 한계로 인해 세간의 주목을 잃게 되었고 몇 년간 지체되었으나 결국 그 문제가 해결되어 인공신경망이라는 성과를 낳는 토대가 되었다.

1986년은 연결주의에 있어서 중요한 해였다. 인공신경망의 발전에 결정적 역할을 한 데이비드 러멜하트, 지오프리 힌튼 등의 백프로퍼게이션(오차역전파법)[ㄱ]과 제임스 맥클랜드, 데이비드 러멜하트의 병렬분산처리(PDP)[ㄴ]가 발표된 해였기 때문이다.

그림 3의 아랫부분(간단한 인공신경망)에서 보는 것처럼 인공신경망은 입력층, 은닉층, 출력층으로 구성된다. 입력층과 출력층은 각각 한 층씩이지만 은닉층은 여러 층으로 구성될 수 있다. 이 망의 각각의 원은 인공신경세포 유닛(그림 3 윗부분)이며 네트워크를 구성하므로 하나하나를 노드라고 부를 수 있다. 이 노드 하나가 말하자면 생물의 신경세포(뉴론) 하나와 같다. 그러나 하는 역할은 단순하다. 입력받은 여러 값(여러 노드에서 입력이 가능하므로)의 각각에 해당하는 가중치를 반영해 합산을 내고 그 값과 한계값을 비교하여 그에 따른 결과를 다른 노드에 전달하는 것이 전부이다.

이런 노드들로 구성된 인공신경망은 학습 과정을 통해 인공지능 기능을 하게 된다. 학습과정의 단순한 예를 보면 다음과 같다.

한 인공신경망은 처음에 입력층 노드 수, 은닉층 수, 각 은닉층의 노드 수 그리고 출력층으로 설계되고 구성된다. 그리고 각 노드마다 가중치의 초기 값이 부여된다. 이 상태에서 학습이 시작되고 훈련 데이터를 입력하면 출력 값이 나오고 그러면 실제 값과 비교해서 피드백(백프로퍼게이션)ㄱ한다. 이때 가중치가 수정된다. 이런 학습을 반복하다 보면 점차 출력 값이 실제 값과 일치하는 빈도가

---

ㄱ  backpropagation
ㄴ  PDP, parallel distributed processing

늘어나고 그 빈도가 어느 수준까지 되면, 즉 정확도가 충분히 높아지면 그 신경망(각 노드 구성과 가중치들)은 학습된 모형이 되는 것이다.

이러한 과정을 거쳐서 언어를 학습하면 언어를 인지하고 이미지를 학습하면 이미지를 인식하는 인공지능 모형이 개발되는 것이다.

연결주의 및 인공신경망의 이해를 돕기 위해 설명을 추가하면, 우리가 무엇인가를 기억해낸다는 것은 관련된 사람, 장소, 시기, 물건 등의 이름에 해당하는 단어를 떠올리는 것이다. 만일 이런 우리 두뇌의 기억 과정이 두뇌 속에 그 이름들을 저장하고 있다가 기억할 때 찾아내는(검색하는) 방식이라면 그것은 계산주의, 즉 컴퓨터와 같은 방식이다. 그러나 만일 우리 두뇌 속에 우리가 기억해내는 그런 단어가 저장되는 것이 아니라 다른 형태로 저장되었다가 기억할 때 그 단어를 새로이 형성해 내는 방식이라면 그것은 연결주의, 즉 인공신경망에 가깝다. 현재까지 신경과학자들이 찾아낸 우리 두뇌의 방식은 후자에 가깝다는 것이다.[149] 계산주의는 컴퓨터 방식을 따라 이름과 단어를 일일이 저장하고 검색해 기억해내며 따라서 그 자체로 기억 과정이 완결되지만, 연결주의는 그런 이름을 저장하지 않은 채 학습으로 형성되는 패턴으로 기억을 되살리는 방식이기 때문에 훈련(학습) 과정이 따로 필요한 방식이다.

연결주의가 이렇게 이름이나 규칙을 미리 저장하지 않음에도 학습을 통해 규칙을 저장해 놓은 듯한 효과를 내는 가능성을 보여주었던 예 가운데에는 1990년 J. I. 엘만이 간단한 신경망으로 언어 문법을 부분적으로 찾아낸 사례가 있다. 그리고 1993년 리스토 미쿨라이넨은 미리 알려 주지 않았어도 신경망이 자연어 이해에 필요한 문장 구조와 어의, 문장 형태의 일부를 학습할 수 있다는 것을 보여주었다.[150]

인간의 추론이나 문제 해결은 통찰이나 직관에 의해 이뤄지는 경우가 많이 있는데, 이런 직관이나 통찰은 미리 잡아내고 규정할 수 없기 때문에 이런 경우에 계산주의는 적용이 어렵다. 연결주의는 이 미묘한 현상을 학습을 통해 포착할 수 있으므로 연결주의만의 가능성이 있는 경우이다.

이렇게 연결주의의 장점은 우리가 명시적으로 방법을 지시할 수 없는 경우에도 학습을 통해 지능적인 능력을 획득하고 행동으로 보여주는 점이다. 그리고 그 학습된 능력에 오류가 발생하더라도 전체가 급격히 오류로 빠지지는 않는 것도 장점이다(우아한 성능저하ㄱ). 그에 비해 연결주의의 단점은 해법이 나왔을 때 도출되는 과정과 근거가 불투명하고 해법의 이유나 배경을 알 수 없다는 점이다. 또한 컴퓨팅 파워를 많이 소비하고, 많은 훈련 데이터를 요구하는 것도 단점이다.

---

ㄱ  graceful degradation

### 혼합 방식 또는 제3의 방식

그렇다면 과연 계산주의, 즉 기호식 인공지능은 역할이 끝난 것일까? 그렇게 단순하지 않다. 지금도 기호식 인공지능은 계속 사용되고 있다. 그중 하나인 전문가 시스템은 1980년대 초부터 여러 분야 – 기업, 산업, 정부, 교육, 의료, 군사 – 에서 개발되어왔고 지금도 사용 중이며, 그 밖에도 자연어 처리, 지식 표현, 계획 수립 분야 인공지능에서는 여전히 기호식 인공지능 기법들이 사용되고 있다. 우리가 흔히 접하는 인터넷 검색 엔진 안에도, 콜센터 근무자가 사용하는 고객 응대 소프트웨어 안에도 이런 고전적 인공지능 기법이 들어 있다. 그럼에도 계산주의 인공지능이 사라진 것처럼 생각하는 이유는 그 기능들이 눈에 잘 보이지 않기 때문이다.[151]

계산주의와 연결주의를 다시 비교해서 요약하면 전자는 입력과 출력 사이의 관계를 미리 알고 지정하는 방식이라면 후자는 그 관계를 학습할 수 있도록 망(네트워크)을 만들어 학습시키는 방식이다. 여기에서 도출되는 중요한 차이는 전자의 경우 지능 과정에 인간의 언어가 사용되지만, 후자의 경우에는 인간의 언어나 기호가 아닌 다른 신호(또는 표현)가 사용된다는 데 있다.

그럼에도 불구하고 연결주의도 인간의 언어가 필요한 이유가 있다. 연결주의가 학습을 통한 모형만으로 인지하고 예측하는 지능적 판단을 한다고 하더라도 대표적인 신경망 학습 방법인 지도

학습ᄀ의 경우에 훈련 데이터가 인간의 언어이며, 결과를 인간과 소통하기 위해서도 인간의 언어가 필요하다. 인공신경망도 기호식 표현을 사용해야 본연의 기능을 할 수 있다.¹⁵²

연결주의와 계산주의를 혼용하는 혼합 방식의 필요성을 주장하는 사람들이 생겨난 것은 어쩌면 자연스러운 현상이었다. 이들의 주장을 한 마디로 줄이면, "맞는 일에 맞는 도구를 사용하자"이다. 예를 들면, 인간의 인지 과정에서 학습의 대상인 지식은 형식적 지식(형식지)과 암묵적 지식(암묵지)으로 나뉜다. 앞의 형식지는 계산주의, 즉 기호식 인공지능이 맞고 뒤의 암묵지는 연결주의, 즉 인공신경망이 맞다는 것이다.¹⁵³ 그러므로 현재로서는 어느 한 방식으로는 완전하고 효율적인 해답을 얻기 어렵다는 생각이다.

다른 한편에서는 계산주의도 연결주의도 아닌 제3의 방식이 1980년대 중반 이후 연구되기 시작했다. 이 새로운 연구의 틀은 아직 통일된 이름이 없으나 구성요소와 맥락의 이름을 모아 영문 첫 문자로 줄여서 SED 프레임워크ᄂ로 부르기도 한다.¹⁵⁴

SED 프레임워크를 간략히 알아보면,¹⁵⁵ 먼저 직면은 연결주의나 계산주의가 간과하는 지능 행위의 세 가지 특성을 말한다. 먼저 지능 행위의 요체인 의식은 구체적 행동이라는 결과로 이어지며,

---

ᄀ supervised learning
ᄂ S(situated, 직면) E(embodied, 체화) D(dynamic, 동적) framework

둘째, 다음 절에서 언급하지만 인공지능의 다른 이름인 지능형 대리인[ㄱ](지능을 행하는 매체)은 환경과 맥락에 직면해야 하고, 셋째, 매순간 환경과 상호작용하며 즉응한다. 이 세 가지를 요약하면 직면성이다. 그리고 추론의 형태이든 행위의 형태이든 지능은 물리적, 생물적, 개념적, 체화와 밀접하게 관련이 있다. 물리적 체화는 몸과 환경의 물질적 속성이 행위에서 핵심 역할을 하며, 물질적으로 구체화된 인공지능만이 진정으로 지능적인 행위를 보여준다는 것이다. 생물적 체화는 물리적 체화를 유기체로 연장하는 것이다. 개념적 체화는 예를 들면 우리 몸의 세부 체화 상태가 인간이 추론하는 구조의 토대이며 따라서 여러 추상적 개념들이 감각운동의 일부를 비유한 것이라고 한다. 예를 들면 수상하다는 추상적 개념을 냄새가 난다(stink)는 감각으로 표현하거나, 적합하다를 딱맞다(fit)로, 이해하다를 잡다(grasp)로, 부분을 조각(pieces)으로 표현하는 것이다. 끝으로 동적 특성은 계산주의가 평면적인 입력, 출력, 그리고 변환(입력을 출력으로)을 대상으로 하는 것에 비해 여기서는 상태들이 시간이 흐르면서 어떻게 변화해 가는지를 대상으로 한다는 것이 다르다. 또 연결주의는 신경망이 개별 신경세포 또는 소규모 회로(망)에만 초점을 두는 데 비해 이 프레임워크는 동적 시각으로 두뇌 전체를 함께 대상으로 한다는 점에서 구분된다.

---

ㄱ intelligent agent

이 세 가지 특성은 따로따로 개발되었으며, 각각 접근하더라도 다른 나머지가 반드시 필요한 것은 아니다. 서로 중복되는 부분도 있다. 그러나 함께 했을 때 상승 효과를 주는 측면이 있다. 그러므로 이들을 통합하려면 중복 부분은 제거하고 상승 효과 부분은 구체화하여 보여주는 틀이 필요한데 이를 위해서 제기되는 것이 직면-체화-동적(SED) 프레임워크를 마음-몸-환경 프레임워크로 재정의할 필요가 있다는 것이다. 거기에서는 마음과 몸의 사이, 또 몸과 환경의 사이에 나타나는 상호 작용이 강조된다.

계산주의나 연결주의에 비해 제3의 방식은 1985~1995년에 등장해서 연구 역사가 짧고 연구자의 수도 적고, 여기에서 간략히 소개한 SED 프레임워크는 그중 일부이지만, 인지과학, 인공지능, 로봇공학, 신경과학, 발달심리학, 심리철학 등 여러 분야에 영향을 미치고 있다.[156] 부족한 설명이나마 이 부분을 소개한 이유는 대중에 주목받는 인공지능 방법만 있는 것이 아니라는 것을 전하려는 의도이다.

## 3.3 능력

저자는 인공지능을 소개하는 끝 부분에서 자율주행차, 알파고, 네이버 클로바와 같은 인공지능의 응용을 다루려고도 했으나 생각을 바꾸었다. 이유는 이렇다. 먼저, 응용은 매일 새롭게 나타나고 변화하기 때문에 지금 소개해도 얼마 지나지 않아 낡은 내용이 될 가능성이 크다. 또한 앞에서도 언급했지만 인공지능은 모든 분야에 적용되고 활용될 수 있는데, 응용을 인공지능 위주로 강조하다 보면 마치 인공지능이 앞에 있고 응용 분야는 뒤인 것처럼 착시가 생길 수 있다. 또 인공지능이 활용되는 응용 분야가 따로 있는 것처럼 보일 수가 있다. 무엇보다 기술(인공지능)은 어디까지나 응용 도구에 지나지 않는데 마치 기술이 목적인 것처럼 비쳐서도 안 된다. 건강 진단에 인공지능이 활용되었다면 당연히 건강 진단 기술, 즉 의료 기술이 앞이고 중심이며 인공지능은 거기에 활용되는 도구와 수단이 되는 것이다.

그렇더라도 인공지능이 구체적으로 무엇을 하는 것인가에 대한 대답은 필요하다. 그래서 인공지능은 무엇을 할 수 있는가, 즉 어떤 능력을 가졌는가를 비교적 최신 상태로 소개하려고 한다. 응용 사례처럼 빠르게 변화하지는 않지만 이것도 역시 꾸준히 새로운 기술과 능력이 개발되기 때문에 시간이 가면서 진부해질 가능성이 크지만 응용에 비해서는 상대적으로 변화에 안정적이라고 생각한다.

저자는 인공지능을 이렇게 정의하였다. "인공지능은 사람이 하는 지능적 행동을 동일하게 하거나 더 잘하는 기계이며, 그것을 연구하는 분야이다." 결국 인공지능의 능력은 사람이 하는 지능적 행동을 동일하게 하거나 더 잘하는 것이다.

저자는 사람의 지능적 행동을 다음과 같이 일곱 가지 능력으로 나누어 구분하였다. 물론 저자 혼자의 판단은 아니고 케임브리지 대학 출판사의 인공지능 핸드북과 위키피디아의 인공지능 항목을 참고하였다.[157] 지각, 행동, 언어, 학습, 추론, 감정, 범용 능력이 그것들이다. 이외에도 의사결정, 계획수립, 문제해결, 예측 등을 고려할 수도 있으나 앞의 일곱가지에 포함되는 것으로 보았다. 이제 이들 각각을 인공지능 능력으로 치환하여 실제 연구되고 구현되는 내용을 소개한다. 그리고 이 모든 능력에 반드시 필요하고 기본적인 능력이 기억 능력인데, 사실 가장 어려운 부분이지만 2.4 기능절에서 "저장" 기능을 소개한 바 있고, 이미 기능적으로는 컴퓨터가 잘 구현하기 때문에 이에 대한 별도 언급은 생략한다.

위 일곱 능력을 소개하는 기준은 이렇다. 먼저 이 일곱가지 분야를 하나씩 자세히 설명하기에는 저자의 능력도 부족하고 지면과 시간이라는 물리적 한계도 존재한다. 내용도 너무 방대하다. 예를 들어 지각 능력만 해도 인간의 모든 지각 능력에 대한 연구와 지식의 양이 얼마나 많을지 추정해보면 된다. 그러므로 여기에서는 인공지능 측면에서 요약하고 다시 요약해 소개한다. 그러나 가급적 중요한 핵심 최신 기술은 전달하도록 노력하였다.

끝으로 인공지능 기술은 **빠른** 속도로 발전하며 변화하고 있다. 그러나 어떤 깜짝 놀랄 만큼 새로운 기술이 등장하더라도, 외부나 대중에게 드러나지 않았을 뿐 사실은 개발 현장이나 연구실에서 오랜 시간 연구되고 축적된 기술 그리고 학문적 이론이나 기법 위에 만들어지는 기술이기 때문에 별안간 등장하는 기술은 없다고 해도 과언이 아니다. 여기서는 그렇게 개발되고 축적된 기술과 개념들을 모두는 아니더라도 전달하려고 노력하였다.

이 책의 뒷부분을 써가는 무렵 GPT-3(3.5) 기반의 챗GPT가 발표되었고, 불과 3개월여 후 더 개선된 GPT-4가 발표되었다. 챗GPT도 업그레이드되었다. 이 챗GPT에 많은 사람들이 놀라며 기대와 우려를 함께 보내고 있다. 우선 챗GPT는 다음에 설명하는 인공지능의 언어, 학습, 그리고 약간의 추론 능력을 모아 개발된 응용 소프트웨어이다. 범용인공지능에 가까워졌다는 일부 평가도 있으나 언어 능력이 대부분이며 지금도 보완 중에 있는 최신 인공지능 사례이다. 좀더 자세한 내용은 뒤에 다시 알아본다.

이제 인공지능의 각각의 능력에 대해 알아보자.

**지각**

사전을 보면 지각이란 감각 기관을 통해 대상을 인식하는 것이다. 흔히 오감이라고 하는 감각 기관은 시각, 청각, 후각, 미각, 촉각을 말한다. 오감 외에도 육감이 있으나 이는 직감이나 직관과 비슷한 의미이며 여기에서는 제외한다.

이 오감의 지각 기능은 각각 관련 분야 기술과 컴퓨터 및 인공지능 기술의 발전이 결합하여 다양한 분야에서 활용되고 있으며 연구개발을 통해 기능성이 확대되고 있다. 각각의 분야를 보면 이렇다.

시각과 관련된 분야는 컴퓨터 비전 또는 기계 비전이며, 청각은 음성 인식, 기계 청각, 또는 컴퓨터 오디션이다. 후각은 기계 후각이라고 하고, 미각은 전자 혀, 촉각은 기계 접촉/촉각이라고 한다. 각각에 대해 간략히 살펴보자.

시각의 역할을 기계적으로 구현하는 기술 분야가 컴퓨터 비전과 기계 비전이다. 컴퓨터 비전은 컴퓨터 과학(인공지능)에서 출발했고 기계 비전은 시스템 엔지니어링의 하나로 개발되어 산업 현장에서 자동 검사, 공정 제어, 로봇 유도를 위해 사용되고 있다. 이렇게 컴퓨터 비전과 기계 비전은 시작과 응용이 다르지만 이미지 처리를 통한 시각 기능의 자동화라는 데는 다르지 않다. 여기서는 컴퓨터 비전을 위주로 살펴본다.

컴퓨터 비전은 인공지능 초기부터 등장했는데 그 예의 하나는 셰이키⁻(1969년)라는 이름의 이동 로봇이며, 거리 측정계와 카메라가 달렸고, 소수의 물체가 있는 방안에서 행동하는 방법을 추론(생각)할 수 있었다. 다른 하나는 프레디ᴸ(1970년)라는 이름의 고정 로봇으로서, 두 눈의 시각 시스템을 가지고 두 손가락의 손을 움직일 수 있었다.¹⁵⁸

컴퓨터 비전은 두 주요 수단으로 완성되는데, 이미지 처리와 패턴 인식이다.¹⁵⁹ 현대의 이미지 처리는 디지털 이미지 처리를 말하며 이는 과거의 아날로그 이미지 처리에 비해 노이즈나 왜곡을 상당히 차단하여 이미지 품질을 높이는 장점이 있다. 뿐만 아니라 디지털 이미지는 컴퓨터를 이용해 필요한 용도에 맞게 이미지를 가공하고 처리할 수 있다. 디지털 이미지는 화소로 구성되며ᴰ 이 각 화소는 위치(행과 열), 색과 세기 정보를 수로 표시하여 저장한다. 즉 컴퓨터 내부에서 디지털 이미지는 수, 즉 2진수로 바뀌어 저장 처리되며 화면에 표시될 때는 다시 이미지로 복원되어 표시되는 것이다. 이 화소 값들의 용도는 다양한 알고리즘으로 분류, 특징 추출, 다중 신호 분석, 패턴 인식, 투사와 같은 분석과 처리를 가능하게 하는 것이다. 디지털 이미지 처리는 컴퓨터와 이산 수학의 발

---

ㄱ Shakey
ㄴ Freddy
ㄷ 해상도 1920 X 1080 화면은 가로 1,920개 세로 1,080개 모두 2,073,600개의 화소가 한 화면을 구성한다.

전으로 가능하게 되었으나 환경, 농업, 군사, 산업, 의학 등 광범위한 분야에서의 응용 필요성도 발전의 원동력이 되었다. 필요가 발명의 어머니라 했던가?

컴퓨터 비전은 보이는 실제 세계 속의 물체와 움직임을 인지하는 것이며, 그러므로 당연히 동일한 사람 또는 물체가 여러 이미지에 나타날 때 모두가 동일한 사람 또는 물체임을 인지할 수 있어야 한다. 그러나 그 이미지들은 구도, 밝기, 각도, 그늘짐, 또는 일부가 가려짐에 따라 동일한 물체가 서로 다르게 보인다. 이를 해결하는 방법이 패턴 인식이다. 기본적으로 패턴 인식은 데이터 안의 패턴이나 규칙성을 인식하는 것이다. 패턴 인식 기법을 통해 한 물체의 다른 이미지를 같은 물체로 인식할 수 있게 된다. 그리고 기계학습의 지도학습 기법을 통해 인식된 이미지가 무엇인지를 학습하게 된다. 예를 들면, 다양한 고양이 사진을 보더라도 모두 다 고양이라는 것을 학습하게 되는 것이다. 그리고 거기에서 더 나아가면 안면 인식 기법을 통해 개개인을 식별할 수 있게 되는 것이다.

컴퓨터 비전의 구체적인 주제를 보면 이렇다. 먼저 물체를 인식하고 유형화하는 것이다. 보이는 장면 안에서 물체의 정체와 위치를 결정하는 것을 말한다. 다음은 움직임을 추적하고 시각적으로 자동제어 하는 것이다. 이는 원격감시와 로봇에서 사용되는 기능이다. 로봇의 움직임은 피드백 제어를 통해 로봇과 환경의 움직임을 동시에 지속적으로 파악해야 하는데 여기에 시각적 자동제어가 사용된다. 자율주행차 주행과 공중항공체(aka. 드론) 유도가 처음으로 성공하는 데는 이 시각적 자동제어가 있었다.[160]

다음은 사람의 행위를 이해하는 것이다. 이는 시각적 원격 감시와 인간 기계 상호작용에서 사용된다. 시각적 원격 감시는 적정한 온도와 습도를 자동으로 맞춰주고 사람의 이동에 따라 조명을 조절하는 스마트 룸이나 침입자로부터 안전과 보안을 지키기 위한 기능에 사용된다. 컴퓨터 비전과 인간 기계 상호 작용의 결합은 비교적 단순한 시각적 관찰 기법에서 시작하여 컴퓨터 사용의 완전한 새 패러다임까지도 가져올 수도 있다. 즉, 간단한 손동작이나 시각(응시)이 입력 신호 역할을 하여 컴퓨터, 모니터, 키보드 등이 사라지는 컴퓨터 사용 환경, 즉 앞 장에서 언급한 주변내장 컴퓨터를 만들 수 있게 할 것이다. 끝으로 장면의 맥락을 이해하는 것이다. 이것이 필요한 이유는 컴퓨터 비전의 대다수 접근이 이미지 전체에 전부 집중하기보다 전경에 집중하고 후경은 무시하는 데서 비롯되었다. 전경만으로는 전경 물체의 도출이 어렵거나 정보가 충분하지 않은 경우가 있어 장면의 맥락을 분석해 이것을 보완하는 것이다.

아리스토텔레스가 오감 중 시각 다음으로 중요하다고 한 청각에 대해 알아보자.[161] 기계의 듣기 지각을 연구하는 분야인 음성 인식은 자동 언어 인식, 컴퓨터 언어 인식, 또는 언어 문장 변환이라고도 한다.

음성 인식은 컴퓨터 과학과 언어학이 함께 참여하는 과제이며 기계가 음성을 인식하여 텍스트(글)로 기록하는 기능이다. 역으로 텍스트(글)를 음성으로 전환하는 것은 음성 합성이다. 음성 인식의 가장 큰 효과는 음성 데이터를 검색 가능하게 한다는 점이다. 여러 동영상이나 음성 파일에서 어떤 키워드를 포함하는 영상이나 파일을 찾아낼 수 있다. 그 밖의 음성 인식 용도는 음성 사용자 인터페이스, 가전제품 제어, 단순 데이터 입력, 정형 문서 작성 등이 있다.

음성 인식의 대상은 주로 사람의 소리이다. 이에 비해 자연의 소리나 녹음(주로 음악)을 이해하고 처리하는 분야는 컴퓨터 오디션 또는 기계 청각이다.

컴퓨터 비전에서 이미지의 최소 단위가 화소(픽셀)인 것처럼 음성 인식에서는 음소이다. 음소가 모여 음절을 이루고 음절이 단어를 만든다. 현대 음성 인식에는 음향 모형ᄀ과 언어 모형ᄂ이 모두 중요한 역할을 한다. 음향 모형은 음성 안에서 음성 신호와 음소 또는 다른 언어적 단위 사이의 관계를 표현하는 모형이며, 녹음된 음성(소리)과 그것의 대본(글)을 가지고 학습한다. 이에 비해 언어 모형은 단어들의 순서에 대한 확률 분포이다.

1960년대부터 꾸준히 연구되어온 음성 인식은 화자 의존형이

---

ᄀ acoustic model
ᄂ language model

있고 화자 독립형이 있다. 전자는 특정한 사람의 음성을 인식하는 화자 인식인 반면, 후자는 어떤 사람의 음성이든 구분없이 인식한다. 음성 인식 기술은 여러 변화를 거쳐오다가 2010년을 전후해 딥러닝 기술을 사용하여 오류 빈도를 상당히 줄이는 성과를 거두었다. 여기에는 토론토 대학, 마이크로소프트, 구글, IBM의 협업이 기여했다고 한다.[162] 2017년 드디어 마이크로소프트에서 전문 필사자 수준의 정확도를 달성할 수 있었다.

다음은 후각이다. 기계 후각은 1982년 무렵부터 인간의 후각을 흉내내서 만든 전자 코의 형태로 연구되기 시작했다. 후각은 냄새를 감지하는 감각인데 우리는 그것을 음식, 위험, 이성의 끌림을 판단할 때 사용하고 맛을 음미할 때 미각과 함께 사용한다. 이러한 후각을 따라 만든 전자 코는 공중의 화학물질을 분석하는 로봇이며 자동화 시스템이다. 센서 배열과[163] 패턴 인식 시스템을 통해 후각과 유사한 감각을 재현한다.

기계 후각은 식품 가공의 품질 관리, 의료에서 감지와 진단, 마약 폭발물 및 기타 위험/불법 물질 탐지에 사용할 수 있다. 현재 기계 후각 개발은 초기 단계이며 아직은 전자 코가 반응하는 화학물질의 수가 제한되어 있다. 반면 실제 냄새는 잠재적으로 많은 수의 독특한 화합물에 의해 만들어진다.

냄새와 관련한 연구가 계속되는 이유가 있다. 예를 들면, 우리가 온라인으로 시각 정보와 청각 정보, 그리고 촉각 정보는 저장하고 전송하고 처리할 수 있는데 반해 후각 정보와 미각 정보는 그렇지 못하다. 이에 대해 1999년 아이스멜이라는 이름의 컴퓨터 주변 장치가 개발되었는데 사용자가 웹 사이트를 방문하거나, 이메일을 열었을 때 준비된 냄새를 맡게 하는 장치였다. 그러나 오래지 않아 이 회사는 문을 닫았다.[164] 그후에도 수많은 기업들이 세계 여러 곳에서 이와 유사하거나 냄새를 처리하는 제품을 개발하고 제품화했는데, 이를 통틀어 디지털 냄새 기술이라고 한다. 이 기술이 노리는 것은 냄새를 감지하고 전송하고 수신하게 하여 냄새와 디지털 미디어, 예를 들면 영화, 비디오 게임, 가상 현실, 확장 현실, 웹 페이지, 음악 등을 결합하려는 데 있다.

아직은 기술이 충분히 성숙하지 못했고 합성 냄새의 유해성과 관련한 문제 등 넘어서야 할 과제들이 있다.

미각에 대해 보면, 맛을 측정하고 비교할 수 있는 전자 혀라는 기구가 있다. 전자 혀는 사람의 미각 기관을 흉내 내서 만들었으며 전자 계기인 센서들로 맛을 감지한다. 이 과정에서 패턴 인식이 사용되는데, 센서들이 감지한 전기적 신호가 맛으로 바뀌어 인식되는 데는 패턴에 의한 식별이 있어야 하기 때문이다. 국제순수·응용화학연합(IUPAC)의 정의를 보면 전자 코는 센서들의 배열로 이뤄진 분석 계기인데 화학물질 감지와 패턴 인식으로 단일 또는 복합 성분의 용액을 구성하는 성분을 정성적 정량적으로 인식할 수 있다고 한다.[165]

전자 혀는 제약, 식음료 등 여러 산업 분야에서 다양한 응용 사례가 있다. 예를 들면, 음료(과일 주스, 알코올 음료 등)의 숙성한 맛을 분석해 내거나 약물 복용 형태인 정제, 시럽, 분말, 캡슐 등의 맛 은폐 효율을 계량화하는데 사용된다. 이 과정에서 음미 대상이 액상이면 바로 분석할 수 있으나 고형일 경우에는 먼저 용해가 필요하다.

디지털 미각(맛) 또는 가상 미각은 미각의 전자적 자극인데, 혀 표면을 전자적으로 자극하여 기본 맛(단맛, 신맛, 쓴맛, 짠맛)을 느끼게 하는 것이다. 2012년 싱가포르국립대학교의 한 팀이 디지털 막대사탕을 개발하였다. 이것을 다시 응용한 예를 보면 컵에 이 기술을 접목하여 실제 단맛보다 더 단맛을 느끼게 하여 설탕 섭취를 줄일 수 있게 하는 것이 있다.

전자 코와 맛 기술이 인공지능을 포함하는 컴퓨터 그리고 통신 기술과 결합하면 다양한 응용이 생길 수 있다. 예를 들면, 전자 상거래에서 구매할 물품의 맛을 미리 맛보고 구매할 수 있고, 또 게임이나 가상현실, 요즘 언급되는 메타버스가 현실감과 몰입감을 더할 것이다. 물론 그에 따른 분쟁과[166] 유해성 등의 문제는 해결되어야 할 과제이다.

마지막으로 촉각이다.[167] 촉각은 피부가 외부 물체와 접촉할 때 느끼는 감각이다. 촉각에 의해서 물체 표면의 형태와 성질, 즉 거칠고, 부드럽고, 뾰족하고, 동그랗고, 차고, 뜨거운 것 등을 느낄 수 있다.[168] 기계 촉각은 컴퓨터로 촉각 정보를 처리하는 기계 지각의 일부이다. 이 기계 촉각은 접촉 마찰의 성격과 강도를 측정할 수는 있으나, 통증과 같이 우리가 당연하게 생각하는 일부 촉각 경험은 측정하는 방법을 아직 찾지 못했다.[169]

컴퓨터와 촉각은 사실 이미 익숙하다. 터치스크린 또는 터치패널이 컴퓨터 모니터와 스마트폰 화면에서 두루 사용된 지 오래되었기 때문이다. 터치스크린은 두 가지를 조립한 것인데, 하나는 터치패널이고 또 하나는 화면이다. 화면과 터치패널을 붙여서 결합한 것이다. 터치패널은 입력 기능을 수행하고 화면은 출력 기능을 수행한다. 기술은 같지만 다른 형태인 터치패드도 있는데, 이는 커서의 위치 지정 장치이며, 패드에 접촉한 손가락의 위치와 움직임으로 커서를 작동한다. 즉 터치스크린은 마우스와 화면의 커서 모두를 대체하지만, 터치패드는 화면의 커서는 있어야 하고 마우스만 대체한다. 터치스크린(터치패널), 터치패드는 모두 입력 기능을 담당하며 출력 기능과는 관련 없다.

다시 기계 촉각으로 돌아와 보면 인체에서 촉각은 몸과 두뇌에 있는 신경 구조들의 네트워크인 몸 감각 계통ᄀ이 담당하는 기능의 일부이다. 몸 감각 계통은 촉각(촉감) 뿐만 아니라 온도감(차갑고 뜨거운 온도를 감지), 자기수용 감각(팔다리 위치, 방향, 운동을 감

---

ᄀ somatosensory system

지), 그리고 통증을 느끼고 깨닫는다.[170]

 이 가운데 피부 수용체에서 이루어지는 촉각(촉감)을 기계로 모사한 것이 촉각 센서이다. 즉 기계 촉각인 촉각 센서는 일반적으로 피부 접촉에서 느끼는 생물 감각을 흉내내서 만든다.[171] 촉각 센서는 로봇, 컴퓨터 하드웨어, 보안 시스템에서 사용된다. 터치 스크린, 엘리베이터 버튼, 조명 밝기 조절 터치 등도 그런 응용 사례들이다.

 그러나 로봇으로 가면 좀더 복잡하다. 물체와 상호 반응하도록 설계된 로봇은 마치 사람의 촉각 능력과 비슷하게 정확하고 민첩하며 의외의 환경과 물체에도 반응하는 능력이 있어야 한다. 물론 여기에는 시각이나 청각과 같은 다른 지각 능력도 함께 작동해야 할 것이다. 이러한 정교한 촉각 감지 기술은 다양한 응용 기회가 있는데, 예를 들면 촉각 능력을 가진 로봇, 소비재 제품의 촉각 품질 평가, 인조 피부 등이 있다.[172]

 이 촉각 센서 기술이 아직도 넘어야 하는 과제는 임의의 환경에서도 정확히 반응할 수 있는 다양한 양상의 감지 능력을 갖는 것이다.

 여기까지 지각 능력에 대해 알아보았다. 이러한 기계 지각의 미래는 어떠할까? 지금까지 오감의 지각 능력 각각을 따로 알아보았으나 사실 그 모두는 서로 연관되어 있고, 또 인공지능의 다른 능력, 예를 들어 다음에 설명할 행동, 언어, 학습 능력과도 분리해서 생각할 수가 없다. 나아가 우리 인간의 지각 능력을 생각할 때 시각, 청각, 후각, 미각, 촉각과 같은 지각 능력은 우리 두뇌의 인지 능력과 연결되어야만 실제 지각을 느낄 수 있다.

분명히 아직도 지각 전반에 넘어야 할 여러 장애가 있다. 예를 들면, 우리 인간이 가진 유사성이나 개연성만으로도 인지할 수 있는 능력이나 부분만을 보고 전체를 유추하는 능력을 기계에게 구현할 수 있는지, 또는 감각과 운동이 함께 인지를 형성하는 체화인지의[173] 문제 등이 그것이다.

### 행동

두 번째로 생각하는 인공지능의 능력은 행동이다. 행동의 사전적 의미는 "몸을 움직여 동작을 하거나 어떤 일을 하는 것"인데, 이때 움직임이나 동작은 로봇이라는 별도의 하드웨어와 깊은 관련이 있으므로 여기에서는 행동의 의미를 더 포괄적 의미인 "어떤 일을 하는 것"으로 한다. 영어 'action'의 의미도 "목표를 달성하기 위해 어떤 일을 하는 것"이다.

참고로, 인공지능은 1980년대 이후 다른 여러 학문 분야의 이론과 도구를 받아들였는데 그 가운데는 경제학의 효용 이론도 포함된다.[174] 거기에서 등장한 것이 인공지능을 "지능형 대리인[ㄱ]"으

---

[ㄱ] intelligent agent

로 보는 시각이다. 경제학의 "합리적 대리인ㄱ"에서 따온 이 지능형 대리인은 "목표를 달성하기 위해 환경을 지각하고 자율적으로 행동하며 학습을 통해 성능을 향상시키거나 지식을 사용할 수 있는 모든 개체"를 말한다.[175] 개체에는 당연히 사람과 기계가 포함된다.

저자의 시각에서 본다면, 앞에서 다룬 인공지능의 지각 능력과 지금 다루려는 행동 능력 그리고 다음에 다룰 학습 능력과 추론 능력을 결합하면 지능형 대리인이 된다. 그러므로 인공지능을 지능형 대리인으로 보는 시각은 우리가 정의하고 설명하는 인공지능과 크게 다를 바가 없다. 다만 인공지능의 정의를 지능형 대리인이라고 할 때의 장점은 앞의 3.1 정의 절의 "혼란"에서 언급한 튜링 테스트와 중국어 방 사이의 대립과 같은 혼란을 피할 수 있다는 점이다. 우리가 현실에서 만나는 법률 대리인(변호사), 부동산 대리인(중개인), 여행 대리인(여행사) 등 수없이 많은 모든 대리인이 그런 것처럼 지능형 대리인은 주어진 목표를 달성하는 정도로 성과, 즉 지능 수준을 평가하고 측정하기 때문에 지능 측정의 모호성을 피할 수 있다. 그러나 우리는 "사람이 하는 지능적 행동을 동일하게 하거나 더 잘하는 기계"가 인공지능이라는 우리의 정의를 그대로 유지한다. 왜냐하면 지능이라는 혼란을 주는 개념을 회피한다고

---

ㄱ rational agent

그것이 사라지는 것은 아니며, 오히려 저자가 생각하는 사람 기준의 열린 정의가 장기적으로 더 유효하다고 생각하기 때문이다.

그럼 본론으로 돌아와 행동 능력에 대해 알아보자. 과거 인공지능의 행동 능력은 미리 정해진 규칙에 따라 자동으로 행동하는 능력이었다. 그러나 점차 보다 더 자율적이고 유연하며 적응하는 능력으로 바뀔 필요가 생겼다. 실제 활용을 하려면 이러한 변화는 필연적으로 닥칠 일이었으며, 앞에서 언급한 인공지능의 구조가 컴퓨터 방식(계산주의)에서 두뇌 방식(연결주의)으로 옮겨간 이유와 그에 따른 변화이기도 했다.

앞의 3.2 구조 절에서 컴퓨터 방식을 설명하면서 언급한 것처럼 계산주의의 바탕은 물리적 기호 시스템 가설(PSSH)이다. 이 가설이 주장하는 바는 인공지능 시스템을 '행동'하게 하려면 행동 이론, 즉 시스템이 결정하고 행동하는 방법을 논리적으로 표현한 이론을 만들고, 그것을 정리 증명하듯 풀면, 다시 말해 수행하게 하면 그걸로 충분하다고[176] 하였다.

이 PSSH 방법은 행동 범위가 작고 모든 규칙을 미리 규정할 수 있는 경우에는 잘 작동하였다. 그러나 행동 범위가 넓어지고 복잡해지면서 한계를 드러냈다. 일어날 수 있는 모든 경우를 규정하기가 힘들기 때문이었다.

그와 함께 그러한 기존 방법으로는 충족할 수 없는 새로운 환경이 등장하였다. 바로 인터넷이다. 이 새로운 네트워크 컴퓨팅 환경은 작동을 멈추지 않았으며 누구나 쉽게 보고 사용하며 접할 수 있는 환경으로 모습을 드러냈다. 인터넷은 말 그대로 네트워크들의 네트워크이며 그 안에서 수많은 사용자들이 움직이고 끊임없이 작동하는 환경이다. 이것은 마치 미래의 자율적인 인공지능이 보여주게 될 멈추지 않고 항상 작동하는 물리적 환경과 사회적 모습을 앞서 보여주는 듯했다.

인터넷과 함께 봇이 생겨났다. 봇은 로봇의 줄임 말이며 인터넷 봇, 또는 웹 봇이라고도 한다. 인터넷 상에서 봇은 사용자나 다른 프로그램을 대신해서 작동하며 인간 활동을 흉내내는 컴퓨터 프로그램이고,[177] 주어진 지시 안에서 자동으로 움직이는 프로그램이다. 일단 기동하면 중단될 때까지 스스로 움직인다. 대표적인 예가 구글 검색 엔진에서 사용하는 웹 크롤러인데, 봇의 일종인 이것이 하는 일은 전 세계에서 매일 생겨나는 웹 사이트들의 정보를 수집한다. 이 일을 사람의 개입 없이 이 프로그램이 수행한다.

이외에도 봇은 여러 분야에서 활용되고 있다. 예를 들면, 인간과 문자나 음성으로 대화하는 챗봇, 미리 정한 기준에 따라 자동으로 주식을 매매하는 주식 거래 봇, 기업이 거래와 고객 응대에 사용하는 기업용 봇 등 다양하게 존재한다. 현재 인터넷 (트래픽) 사용의 반 이상이 봇에 의한 것[178]이라고 한다. 이 봇들 가운데는 유익한 봇뿐만 아니라 스팸 메일을 발송하는 등 악성 봇들도 무수히 많다.

중요한 점은 많은 봇들이 이미 인공지능을 활용하고 있다는 것이다. 챗봇들이 인공지능의 언어 능력 중 하나인 자연어 처리(NLP) 기술을 사용하며, 주식 거래 봇들은 기계학습과 고급 인공지능 알고리즘을 사용한다.

이제 인공지능의 행동 능력에 대해 알아보자. 이런 인터넷 봇을 프로토타입(시제품)으로 보고, 거기에서 더 나아가 지능형 대리인, 즉 목표를 달성하기 위해 환경을 지각하고 자율적으로 행동하며 학습을 통해 성능을 향상시키거나 지식을 사용할 수 있는 개체, 다시 말해 인공지능으로 발전시키려면, 어떤 행동 능력 요소들이 필요할까? 줄여서 말하면 자율적이며 동적 적응력을 가지고 사회적으로 행동하는 능력이다. 이를 세 요소로 나누어 알아보자.

먼저 자율 행동이다. 이것은 인공지능이 자신의 행동에 대한 의사결정을 스스로 하는 것이다. 무엇을 할지 어떻게 할지를 결정하는 것이다. 물론 결정의 기준은 인공지능 설계자가 부여한다. 기술 측면에서 볼 때 기존 소프트웨어 시스템은 하라고 세세히 지정한 행동을 그대로 행할 뿐이다. 인터넷을 예로 들면 당신이 어떤 웹 사이트를 조회하려고 요청하면, 즉 인터넷 주소를 입력하거나 링크를 클릭하면 그것을 받은 웹 사이트에서는 요청을 피동적으로 수행한다. 그러나 자율적으로 행동하는 웹 사이트는 그것을 수행할지 여부를 스스로 결정한다. 결정하는 기준은 주어진 목표를 달성하는 데 도움이 되는지이다.

다음은 적응 행동이다. 이것은 환경이나 상황에 맞춰 행동하는 능력이다. 사전에 환경과 상황의 변화를 알 수 없을 때 자율 행동을 하기 위해 필요한 능력이기도 하다. 예를 들어 수많은 봇들이 움직이는 인터넷과 같은 환경 - 다중 대리인 시스템[179] - 에서는 불확실성이 존재할 수밖에 없고 사전에 모든 것을 알 수 없기 때문에 동적 상황에 유연하게 대처하는 적응 능력이 요구된다. 기계학습의 한 기법인 강화학습[ㄱ]이 적응 능력을 학습하는데 사용된다.

사회 행동은 이렇다. 인터넷 봇이 다른 봇들과 상호 작용하는 것처럼 인공지능도 다른 인공지능 또는 인간과 상호 작용하게 된다. 사회적 존재가 될 수밖에 없다. 당연히 사회적 행동 능력이 있어야 한다. 사회적 환경에서는 다른 개체들과 협력도 하고 경쟁도 해야 한다. 쉽게 이해할 수 있는 예가 로보컵 대회이다.[180] FIFA 월드컵을 따라 만들었고 로봇들이 참가하는 축구 시합으로서 2년마다 열린다. 로봇들이 팀 플레이를 하며 상대 팀과 경합한다. 주최 측이 내건 목표는 21세기 중반까지 월드컵 우승팀과 겨뤄 승리하는 것이라고 한다.

로봇공학과 인공지능을 연구하는 한스 모라벡은 1988년 "컴퓨터가 … 성인 수준의 지능을 갖게 하는 것은 비교적 쉬운 일이지만, 한 살짜리 어린아이의 지각과 행동 또는 이동 능력을 갖게 하

---

ㄱ  reinforcement learning

는 것은 어렵거나 불가능하다"고 말했다.[181] 이에 대해 연구자들이 발견한 것은 퀴즈 풀이나 바둑과 같은 두뇌 게임에 필요한 컴퓨팅 파워(계산 능력)보다 어린 아이가 반사적으로 행하는 지각 능력이나 행동 능력을 컴퓨터로 흉내내는데 소요되는 컴퓨팅 파워가 훨씬 크다는 사실이었다. 이것을 요약하면 사람에게 어려운 것은 컴퓨터(AI)가 쉽게 할 수 있고, 사람에게 쉬운 것은 컴퓨터가 하기 어렵다가 된다. 이것이 모라벡의 역설이다.

이 모라벡의 역설은 21세기에도 여전히 유효할까? 앞의 로보컵[ㄱ] 주최자의 목표대로 2050년을 전후해서 로봇들이 월드컵 우승팀을 꺾는다면 그때는 이 역설이 사라지고 말 것이다. 실제 지난 수 십년 간에도 무어의 법칙이 구현된 컴퓨터 하드웨어 파워의 놀라운 확장과 딥러닝(심층학습) 같은 인공신경망 등 소프트웨어 알고리즘의 발전이 안면 인식과 같은 지각 능력과 로봇의 행동 능력이 **빠르게** 발전하는 업적을 이미 만들어 냈다.

**언어**

다음은 인공지능의 언어 능력이다. 언어는 인간을 다른 동물과 비교해 특출하게 만드는 요소이다. 다른 동물도 동료에게 위기를 알리거나 먹이를 함께 얻기 위해 자기들의 언어를 사용하는 것이

---

[ㄱ] RoboCup

확실하다. 또 앵무새, 돌고래, 개 등 어떤 동물들은 훈련을 통해 사람의 언어를 습득하기도 한다.[182] 그럼에도 인간만이 가진 언어 능력의 가치는 무엇인가?

언어는 우리로 하여금 생각을 만들고 추론하고 서로 소통할 수 있게 하며, 과거 현재 미래의 세상에 대한 복잡한 개념과 주장을 개발할 수 있게 하고, 후대에 전달할 수 있게 한다. 사실 우리 문화의 거의 모든 것이 언어가 없었다면 불가능했을 것이다. 언어는 인간 지능의 초석이다.[183] 우리가 생각하는 이론, 지식, 논리, 사실 등이 모두 언어로 이뤄지고 존재한다.

더 근본적인 것은 말과 글의 형태로 외부로 표출되기 전 단계의 생각이 대부분 우리 안에서 언어로 이뤄진다는 사실이다. 만일 우리에게 그런 언어 능력이 없었거나 동물의 언어 능력과 비슷한 수준이었다면 우리의 생각이나 의식은 어떤 식으로 일어나고 전개되었을까? 우리가 자신, 타인, 일, 대상, 사건, 사상, 개념, 감정 등 모든 것을 쉼 없이 지각하고, 지각을 전개하고, 다시 반복하는 생각, 느낌, 의식은 과연 어떤 식으로 이뤄졌을까? 이에 관해 분명히 말할 수 있는 것은 우리의 의식이 언어와 불가분의 밀접한 관계를 맺고 있다는 것이다. 나아가 언어가 의식에 미치는 영향은 우리가 지각하는 것 이상일 가능성이 있다. 성경은 이 세상이 하나님의 말씀으로 창조되었다고 기록하고 있다.[184]

인공지능은 출발부터 언어와 밀접한 관계를 갖고 시작되었다.

인공지능이 첫발을 떼게 된 튜링 테스트는 기계와의 대화가 사람과의 대화와 구분할 수 없다면 그 기계에게 지능이 있다고 결론을 내린다. 자연스럽게 초기 인공지능 연구의 상당 부분은 기계(컴퓨터)가 사람의 언어를 처리할 수 있게 하는데 집중되었고, 그런 시도는 초기 챗봇 사례라고 할 수 있는 1960년대의 엘리자(ELIZA)와 슈르들루(SHRDLU), 1970년대 패리(PARRY)를 만들었다. 최근 마치 사람과 대화하는 것과 같은 느낌을 주며 사람들을 놀라게 하고 있는 오픈AI의 챗GPT도 그 연장선에 있는 것이다.

그렇게 인공지능 초기인 1950년대부터 언어와 관련되어 시작된 연구 분야가 자연어 처리(NLP)와 컴퓨터 언어학(CL, 계산 언어학)이다. 컴퓨터와 언어를 다룬다는 공통점을 가진 이 두 분야 중 NLP는 기계 번역(MT)과 같은 실용적 주제들을 다루는 반면, CL은 컴퓨터를 통해 언어학의 과제들을 이론적으로 풀어보려는 접근이었다. 실용적인 NLP 과제는 MT 외에도 질의 응답, 정보 추출(IE), 문서 요약으로 확장되었고, 크게 나누면 음성 인식, 자연어 이해, 자연어 생성을 구현하려고 한다. 반면에 CL은 단어-의미 명확화, 품사 태깅, 구문 해석, 평행 텍스트 정렬 등 언어학 이론과 관련된 과제들을 다루면서, 음성 텍스트 처리 시스템과 인간 기계 상호작용의 구축을 목표로 하고 있다. 챗봇을 포함하는 대화형 대리인은 인간 기계 상호작용의 한 분야이다.

NLP와 CL은 컴퓨터의 등장과 함께 시작되었고, 인공지능의 일부가 되는 길을 같이 걸어왔다. 초기에 언어학으로부터 인정받지 못했던 것도 같았다. 여기에는 언어를 컴퓨터로 처리할 수 있는 데이터로 볼 수 있는지에 대한 생각의 차이가 있었다. 원래 언어학에서는 노암 촘스키 등의 영향으로 언어는 인간만이 가진 언어 역량에 의해 획득된다는[185] 주장이 주류를 차지하고 있었다. 그들의 주장은 이 언어 획득 역량이란 인간만이 진화에 의해 갖게 되었으며 동물에게 인간의 언어를 훈련과 경험을 통해 학습시키더라도 결코 동물은 인간과 같은 언어 능력을 가질 수 없다고 했다. 이에 반해 컴퓨터를 언어와 접목시키려는 NLP/CL 연구자들은 동물도 아닌 기계에게 학습을 통해 언어 능력을 갖게 하려고 하였으며, 이것을 언어학은 동의하기 어려웠을 것이다. 그러나 1990년에 이르렀을 때는 실제 문장(텍스트)으로 된 말뭉치ᄀ의 사용이 언어 관련 실험에서 강조되기 시작했고, 이 무렵 알려주지 않은 문법을 기계(컴퓨터)가 인공신경망을 통해 문장 데이터만으로 찾아내 주는 실험 결과도 나타났다. 이제는 웹에서 모은 말뭉치들이 NLP와 CL의 데이터로 사용되고 있다.[186] 최근 NLP와 CL의 경계가 다소 흐려지는 추세를 보이고 있으므로,[187] 이제 NLP/CL을 하나로 묶어 좀더 알아본다.

먼저 초기 NLP/CL을 보면, 무엇보다 컴퓨터 하드웨어의 저장 용량과 처리 능력이 급격하게 증가한 것이 NLP/CL 연구에서 실험

---

ᄀ corpora

가능성을 크게 늘려주었다. 예를 들어 어떤 질문에 가장 적합한 내용의 문서를 찾기 위해서는 질문 속 단어들이 많이 포함된 문서를 찾아야 하는데 이를 위해서는 방대한 양의 문서를 처리할 수 있는 대단히 큰 컴퓨터 저장 공간과 빠른 처리가 요구되었다. 일찍이 1972년 카렌 스페르크 존스가 이러한 목적의 통계 기법인 역 문서 빈도(IDF) 개념을 발표했으나 실제 적용은 컴퓨터 하드웨어가 상당히 발전한 후에나 가능해져 빛을 보기 시작했으며 지금은 대다수 검색 엔진이 이 개념을 응용해 사용하고 있다.

초기에 언어 능력을 구현한 대표적인 세 사례는 1964~1966년 만들어진 엘리자, 1968~1970년 개발된 슈르들루, 그리고 1972년의 패리가 있다. 엘리자는 자연어 이해 컴퓨터 프로그램으로 만들어졌으며, 컴퓨터가 사용자와 문장을 주고받으면서 마치 사용자와 대화하는 듯한 형식을 띠었다. 기술적으로 엘리자는 패턴 매칭 방법으로 구현되었고, 내용은 1940년대 개발된 인간 중심 요법ㄱ으로 심리 건강 문제를 치료하는 것이었다. 이 요법은 치료 방법을 제안하고 지시하는 것이 아니라 사용자(환자)의 말을 단순히 지지함으로써 사용자 스스로 해법을 찾게 하는 치료 방법이었다. 이 프로그램을 만든 MIT 인공지능 연구소의 조셉 와이젠바움이 부인했음에도 불구하고 많은 초기 사용자들은 엘리자가 지능이 있다고

---

ㄱ  Rogerian therapy

확신하기도 했었다.[188]

역시 MIT에서 테리 위노그라드가 개발한 슈르들루도 초기 자연어 이해 컴퓨터 프로그램이다. 한 자판기의 문자열에서 이름을 따온 이 프로그램은 나중에 실물로 만들어지기는 했지만 조그맣고 단순한 한 가상 세계(블록 세계ᄀ)에 대해 대화하고 물체를 옮기고 이름을 부여하고 상태를 파악하는 일을 할 수 있게 되어있다. 이 블록 세계는 인공지능의 한 분야인 자동 계획 및 일정 수립의 연구를 위한 가상 또는 실물 세계인데, 구성은 테이블 위에 놓인 블록, 공, 원뿔과 같은 다양한 형태와 색깔의 나무 블록(물체)들, 그리고 이 물체를 담고 나를 수 있는 상자와 기중기가 이 세계 안의 전부이다. 아주 단순화한 세상이기 때문에 존재하는 물체의 수(빨간 블록, 노란 공 등)와 일어날 수 있는 동작의 수(옮기다, 쌓다, 등)가 많지 않고 매우 제한되어 있다. 슈르들루는 그 세계에서 일어날 수 있는 일에 대해 대화하며 변화를 만들 수 있다.

스탠포드 대학교의 정신과 의사 케네스 콜비가 만든 패리는 편집조현병을 가진 사람을 흉내내는 프로그램이었으나 앞의 엘리자와 슈르들루보다 대화 기능에서 더 우수하다는 평가를 받는다. 33명의 정신과 의사들이 실제 환자들과 패리가 들어있는 컴퓨터 속 가상의 환자들을 진단했을 때 사람인 환자를 식별하는 비율이

---

ᄀ  blocks world

48%였다고 한다.[189] 패리는 약 6,000개의 입력과 매칭할 수 있는 표를 갖고 있어 빠른 응답도 가능했다고 한다.[190]

　인공지능의 언어 능력이 새로운 모습으로 다시 대중 앞에 나타난 것은 음성 비서, 또는 지능형 가상 어시스턴트이다. 2011년에 애플사는 자사 스마트폰인 아이폰에 최초로 현대적 디지털 가상 어시스턴트인 시리[ㄱ]를 내놓았다. 이후 아마존, 구글 그리고 국내 네이버에서도 유사한 제품들이 출시되었다. 이 음성 비서에 대한 평가는 기능의 한계, 부정확한 대답, 필터 버블[ㄴ] 등으로 사용 가치에 회의적인 반응이 생기고 결과적으로 큰 호응으로 이어지지는 못했다.

　최근 오픈AI의 챗GPT가 인공지능의 언어 능력을 넘어 일부에서는 마치 범용인공지능(AGI)이 나타난 것 같다는 반응까지 하고 있다. 챗GPT의 핵심 기능은 인간의 대화를 흉내 내는 것이며 대화 내용과 주제의 범위가 거의 제한이 없다. 또 다재다능하다. 예를 들면, 컴퓨터 프로그램을 작성하고 오류를 찾아주며, 음악을 작곡하고, 연극 극본을 써주며, 학생의 에세이 과제를 해내고, 시와 노래 가사를 써준다. 그러면서도 유사한 과거 프로그램에 비해 윤리적으로 유해하거나 오염된 반응은 많이 줄었다. 미국에서 의사 국가시험,[191] 변호사 시험,[192] 와튼 스쿨 MBA 기말시험[193]에 모두 통과

---

[ㄱ] Siri
[ㄴ] Filter bubble; 선호하는 정보와 유사한 정보를 주로 보여주는 현상.

했다는 보도도 나왔다.

2022년 11월 30일 발표 후 시간이 지나면서 부정확한 사실을 말하기도 하는 등 결함도 지적되고 있으나 오픈AI에 투자한 마이크로소프트는 축배를 드는 분위기이며, 경쟁사들에게는 위협이 되고 있다. 특히 구글은 내부에 위기 경고를 내렸다고 알려졌다. 2023년 3월 구글은 경쟁 챗봇 제품인 바드[ㄱ]를 내놓았다.

챗GPT의 작동 모습을 간략히 스케치하면 이것은 오픈AI가 만든 딥러닝 기반의 거대언어모형[ㄴ] GPT-3.5를 기반으로 만들어졌다. 언어 모형은 문장의 구성과 단어의 활용에 대한 통계적 확률 분포를 가진다. 그것을 만드는 원천 데이터는 인터넷(웹)에 있는 엄청난 양의 문서들에 담긴 어마어마한 양의 텍스트(글)들이며, 그 원천 데이터가 알고리즘과 수작업을 거쳐서 언어 모형을 채우게 된다. 이때 그 언어 모형이 갖는 값들의 종류가 매개변수인데, 언어 모형의 정확도를 올리기 위해 매개변수의 수를 늘리고 있다. (매개변수를 늘리면 계속 더 정확해지는지는 확실하지 않으나 현재까지는 그런 상관관계를 보였다고 한다.) GPT 시리즈는 2019년 2월 발표된 GPT-2 경우 매개변수 수가 15억 개였는데, 2020년 5월 발표된 GPT-3는 1,750억 개로 늘었다. 올해 발표된 GPT-4는

---

[ㄱ] Bard
[ㄴ] large language model

매개 변수가 100조 개라는 소문이 돌았으나 오픈AI 측에서는 이에 대해 공개하지 않고 있다.[194]

이 언어 모형이 만드는 대답을 인공지능의 지도학습과 강화학습 기법을 통해 추가 미세조정하여 성능을 향상시킨 것이 챗GPT이다.

이런 대화형 인공지능 외에 언어 능력에서 괄목할 만한 성과를 보이는 것이 기계 번역이다. 불과 10년도 안되는 얼마 전까지도 구글의 영어/한글 번역의 품질은 사용하기 어려울 정도였다. 그러나 최근 한 자료에 따르면 최대 94%의 정확도를 보여주었으며, 또 엄격한 정확성을 요구하는 의학 문서에 대한 2019년 조사에서는 영문을 한글로 번역한 구글 번역의 정확도가 82.5%라고 한다. 영문 자료를 거의 붙들고 사는 저자의 경우 이제는 저자의 능력으로 번역이 잘되지 않는 문장을 구글 번역에 넣었을 때 오히려 만족하게 되는 경우를 종종 경험하고 있다.

여기까지 언어 능력 사례들의 변화를 소개했는데, 그렇다면 언어 능력 가운데 특히 음성 인식, 자연어 이해, 그리고 자연어 생성을 기술적으로 가능하게 하는 방법이 역사적으로 어떻게 변화해 왔는지를 간략히 소개하고 다음 능력으로 넘어간다.

먼저 1950년대부터 1990년대 초까지 거의 반 세기 동안은 기호 방식 자연어 처리(NLP) 시대였다. 이 방식은 단순하게 표현하면 규칙에 의한 방식이다. 예컨대 엘리자는 사용자의 질문이 들어오면 그 질문의 키워드들을 찾아서 가장 중요한 키워드를 중심으로 대답을 만들어 내보낸다. 사전에 준비해 놓은 규칙이 이 과정에 사용된다. 엘리자는 인간 중심 요법에 의해 사용자(환자)의 말을 지지함으로써 사용자가 해법을 찾게 하는 방식을 실험적으로 구현한 것이므로 엘리자 프로그램 안에는 어느 정도 그것을 충족할 만한 규칙들이 있고 이를 통해 기계가 마치 사람의 말을 이해하고 대답하는 느낌을 주었다. 예를 들어 사용자가 "머리가 아파요" 하면 엘리자는 "어떻게 머리가 아프나요?"라는 질문으로 대답하는 식이다.[195] 이렇게 규칙 기반 기호 방식이 초기 NLP를 구현하는 기술이었다. 그러나 앞에서 기호식 인공지능 또는 계산주의의 실패에서 언급한 것처럼 이 기간 중 NLP 연구에서도 결과를 낙관했던 시도들이 실패로 끝나는 일이 되풀이되었다. 예를 들어 1950년대 한 저자는 기계 번역이 3~5년 안에 완성된다고 예상했으나 실패로 끝났고, 1966년 미국 정부 보고서는 10년 동안의 기계 번역 노력이 완전히 실패했다고 보고했다.

그리고 1990년대부터 2010년대까지는 통계 방식 자연어 처리(NLP) 시대였다. 1980년대 말부터 NLP에 기계학습 알고리즘이 도입되는 변화가 일어났다. 기계학습과 통계는 밀접한 분야이다. 이러한 변화의 배경에는 정통 언어학의 족쇄에서 벗어나 현실에 존재하는 수많은 문서들과 문장(텍스트)들을 데이터로 보게 되는 관점의 변화, 그리고 그 방대한 데이터를 처리할 수 있는 컴퓨터 처리 능력의 비약적인 발전이 있었다. 그 데이터를 말뭉치(커퍼스ᄀ⁾라고 하며, 인터넷 웹 상에 있는 수많은 일반 문장에 문장 구성 요소에 대한 주석을 달아 컴퓨터로 통계 분석을 할 수 있게 함으로써 기계 번역 등 NLP 연구와 응용에 사용하는 것이었다. 앞의 규칙 기반 방식에 비해 통계 방식은 규칙을 일일이 정의해야 하는 수고를 덜어주는 장점이 있는 반면 기계 번역에 사용하는 경우 어순이 상이한 언어 간에는 번역 정확성이 낮은 문제가 있었다.

2010년대 이후 현재는 신경 방식 자연어 처리(NLP) 시대이다. 이 방식은 이름이 말하는 것처럼 인공신경망의 발전을 배경으로 특히 2010년대 딥러닝의 성공과 함께 문을 열었다. 앞의 통계 방식에서 도입된 기계학습이 말뭉치 데이터를 통계로 처리하는 방식이었다면, 신경 방식은 문장 데이터를 가지고 언어 모형을 만들어 문장의 구절과 단어마다 연관된 확률을 부여하며 기계 번역 등 NLP에 사용하게 된 것이다. 2016년 발표한 구글의 신경 방식 기계 번역인 구글 번역은 앞서 언급한 것처럼 정확성에서 큰 발전을 보여주었다.

위에 언급한 챗GPT는 기본적으로 사람과 대화하는 챗봇이며, 인공지능 초기 대화형 프로그램의 최신 버전이다. 기술적인 구성도 신경 방식 NLP의 첨단 제품이다.

챗GPT의 부상을 계기로 생성 인공지능이나 생성 웹이라고도 하는 소위 생성 테크 분야가 등장하였다. 이를 일부에서는 과거 인

---

ᄀ corpora의 복수형 corpus

터넷의 등장에 비견되는 혁신을 일으킬 것처럼 말하기도 한다. 텍스트, 이미지, 소리의 형태로 된 높은 품질의 글, 그림, 음악, 디자인, 컴퓨터 프로그램, 비디오 영상을 싸고 빠르고 누구나 만들 수 있게 된다는 의미에서 그렇다는 것이다. 컴퓨터나 스마트폰만 가지고 있으면 이런 일을 하는 조수를 데리고 다니는 듯한 효과를 누리게 된다는 것이 생성 테크 옹호자들의 주장이다. 저자는 상당히 동의한다. 그러나 그것이 실제로 우리에게 어떤 효용을 줄지는 또 다른 문제이며, 가짜 뉴스[ㄱ], 딥 페이크[ㄴ], 저작권과 표절 문제 등 부정적인 측면도 다루어야 한다.

그리고 무엇보다 사람의 일자리에 대한 영향을 고려하고 대처하는 것이 중요하다. 나아가 지식, 학습, 전문성 등 그동안 우리가 일상에서 당연시하고 고정관념 속에 두었던 영역과 개념에 대해 다시 숙고하고 변화를 모색하는 계기가 되어야 한다고 생각한다.

그러면 인공지능의 학습 능력에 대해 알아보자.

### 학습

여기까지의 인공지능 능력들을 보면 각 능력이 독립적이지 않고 밀접히 연결되어 있다는 것을 의식하게 된다. 우리 자신을 보면

---

[ㄱ] fake news
[ㄴ] deep fakes

알 수 있듯이 지각, 행동, 언어 능력이 따로 있는 것이 아니라 대개 함께 작동한다. 보고 듣고 만지고 맛보는 행동과 지각이 함께 이뤄지며 생각이 언어로 이뤄지는 것을 보면 지각, 행동, 언어를 따로 떼어 생각할 수 없다. 물론 앞으로 다룰 다른 능력들도 마찬가지이다. 이것은 우리가 인공지능의 모형으로 생각하는 인간의 능력을 임의로 나누었기 때문이라고 할 수 있다.

조직학습의 대가인 피터 센게는 그의 저서에서 기계와 생명체의 차이를 부분과 전체의 관계로 설명한다. 기계는 부품들의 조립으로 전체가 이뤄지며 고장이 생기면 부품을 수리하거나 교체한다. 그러나 생명체는 다르다. 생명체는 끊임없이 스스로를 만들고 전체와 부분이 함께 성장하고 변화한다.[196]

그러므로 인공지능에게 어떤 능력을 갖게 하는 것이 둘 이상의 능력을 동시에 가진 하나의 살아있는 시스템으로 만드는 것이라면, 부분 능력과 전체 능력을 단순한 조립 관계로 보아서는 안 된다. 그것은 그야말로 기계적인 방법일 뿐이다. 기계학습이 이것을 극복하고 인간의 능력을 구현해낼 수 있을까? 더욱이 보편적 학습 알고리즘은 존재하지 않는다고 한다.[197] 공짜 점심 부재 정리ㄱ라는 이름의 이 주장은 모든 분야에 사용할 수 있는 보편적 학습 알고리즘은 없다는 것이다. 일례로, 시각 능력을 학습하는 알고리즘은 그

---

ㄱ  no free lunch theorem

분야에만 사용될 뿐 다른 분야, 예를 들면 게임 능력은 학습할 수 없다는 것이다. 이는 현재 기계학습이 지닌 한계라고 할 수 있다.

더 근본적으로, 기계학습은 진정한 학습이 아니라는 주장도 있다.[198] 진정한 학습은 인식이 수반되어야 하는데 기계학습은 그렇지 않다는 것이다.

이러한 기계학습에 대한 부정적일 수 있는 분석과 평가가 있음에도 불구하고 기계학습은 인공지능의 대단히 중요한 분야가 되었고, 가장 크게 성과를 이룬 분야 중 하나가 되었다. 이에 결정적인 역할을 한 것이 연결주의, 즉 인공신경망의 등장과 발전이다.

그럼에도 모든 분야의 학습이 가능한 보편적 학습 모형과 알고리즘은 여전히 나타나지 않고 있다.

이러한 기계학습은 크게 세 종류로 분류한다. 지도학습ㄱ, 자율학습ㄴ, 강화학습ㄷ이다. 지도학습은 표지(이름)를 아는 사례 데이터가 있는 문제에 사용할 수 있는 기계학습 방법이다. 자율학습은 사례 데이터가 없거나 있더라도 사용하지 않고 패턴(분류)을 찾아내는 학습 알고리즘이다. 강화학습은 피드백을 사용하는 점에서 지도학습과 유사하지만 표지(이름) 데이터 대신 원하는 결과에 보상하는 피드백 과정을 반복함으로써 모형을 학습시키는 방법이다.

---

ㄱ supervised learning
ㄴ unsupervised learning
ㄷ reinforcement learning

이들 각각에 대해 한두 가지 기법들을 간략히 소개한다. 인공신경망 기반 기법에 앞서 먼저 기호식 인공지능 구조에서 개발된 방법과 기법들부터 알아본다. 골치 아픈 수학과 통계 수식들이 등장하는 부분이지만 여기서는 짧은 글로 소개하는데 그치기 때문에 관심 있는 독자는 별도의 자료와 과정을 이용하기 바란다.

지도학습의 경우 의사결정 트리와 서포트 벡터 머신을 보자. 의사결정 트리 기법은 변수들을 가지고 대상을 판단하거나 예측할 때 일반적으로 사용하는 기법이다. 기계학습에서 의사결정 트리는 훈련용 데이터를 가지고 트리 형태의 의사결정 모형을 만든다. 이 모형은 나무의 가지가 갈라지는 형태로 변수들이 지정되는데, 변수들이 어떤 순서와 기준으로 지정되는지는 훈련 데이터를 가지고 학습 알고리즘을 통해 결정한다. 이러한 학습 알고리즘에는 ID3, C4.5, CHAID 등 여러 가지가 있다. 여러 변수 중 어느 변수가 먼저 의사결정의 기준이 되어야 하며 분기하는 기준 값은 무엇으로 해야 하는지를 알고리즘이 결정한다. 예를 들어, ID3와 C4.5 알고리즘은 정보 엔트로피와 정보 획득 값을 계산해 사용한다. 의사결정 트리 기법은 지도학습 기법으로 많이 사용되지만, 자율학습에서도 클러스터링 등 기법과 함께 사용될 수 있다. 이 경우에 의사결정 트리가 대상을 결정하지 않고 변수들의 트리 구조를 만드는데 그친다.

서포트 벡터 머신은 많은 종류의 변수들을 분류하는데 사용하며, 그 분류하는 방법을 학습하는 알고리즘과 모형이다. 훈련 데이터를 가지고 알고리즘을 이용해 모형을 생성한다. 이 과정을 간단히 요약하면 이렇다. 서포트 벡터 머신은 많은 종류의 변수들을 분류할 수 있으나 간단하게 두 종류의 값을 분류한다고 가정하자. 예를 들면 키와 몸무게가 두 변수가 될 수 있다. 평면 위에 두 종류의 변수 값, 즉 키와 몸무게 값의 데이터포인트들이 섞여 있을 때 그 것들을 두 그룹으로 구분하는 경계는 여러 개가 있을 수 있는데 이 중 각 데이터포인트에서 떨어진 간격을 최대화하는 경계를 찾는다. 서포트 벡터는 이 경계에 가까운 변수 데이터포인트들을 말한다. 이 서포트 벡터를 제거할수록 더 정확한 분류 경계가 된다. 이 과정을 통해 얻어지는 가장 정확한 분류 경계가 서포트 벡터 머신 모형이다. 이렇게 학습된 모형은 새로운 데이터, 즉 키와 몸무게 값을 받으면 그것이 어떤 그룹에 속하는지를 알려주게 된다. 고려해야 하는 변수 - 기계학습 용어로 특성[ㄱ] - 수가 늘어나면 경계는 면이 된다. 즉 변수가 둘이면 1차원 선이고 변수가 셋이면 경계는 2차원 평면이 되는데, 이를 초평면이라고 한다. 분류할 변수의 수가 셋 이상으로 늘어나면, 역시 차원을 늘려간다. 동일한 방법으로 선형 문제에서 비선형 문제로 적용을 확장할 수 있다.

    자율학습은 클러스터링(소그룹화)과 연관규칙학습을 알아보

---

ㄱ feature

자. 클러스터링은 기계학습에서 자주 사용되는 방법 중 하나이다. 어떤 대상을 구성하는 요소들이 있을 때 그들을 유사한 성격끼리 묶어 몇 개의 소그룹으로 나누는 것을 말한다. 사전 훈련용 데이터는 필요하지 않고, 문제와 데이터의 성격에 맞는 클러스터링 알고리즘을 선택한다. 가장 많이 사용하는 알고리즘이 k-평균이다. K-평균 알고리즘은 클러스터(소그룹)의 수인 k값을 정하고 각 클러스터의 중심점을 임의로 선택한다. 그리고 모든 요소와 각 클러스터 중심점의 거리를 계산하여 가장 짧은(가까운) 중심점에 각 요소를 할당한다. 할당된 요소들의 평균 값을 구하여 그곳으로 중심점을 이동하고 다시 같은 방식으로 모든 요소를 새로이 가까워진 중심점에 할당한다. 이 과정을 반복하는데 더 이상 할당된 중심점이 바뀌지 않을 때까지 한다. 이 상태가 되면 클러스터링(소그룹화)이 된 것이다. 그러나 처음 결정한 k값이 타당한지, 그리고 클러스터링 결과가 의미 있는지를 평가하여 필요하면 k값 수정 등을 거쳐 합당한 클러스터링 결과가 얻어질 때까지 위 과정을 반복한다.

연관규칙학습은 마케팅 종사자에게는 익숙한 장바구니 분석을 떠올리면 된다. 고객 구매 패턴을 이해해 판매를 늘리려는 이것이 연관규칙학습의 대표적인 예인데, 그 밖에도 최대한 사용자를 붙잡기 위해 시도하는 웹페이지 사용 패턴 분석이나 생물정보학의 단백질이나 유전자염기서열 분석에도[199] 이 학습 방법이 사용된다. 고객의 구매 데이터, 즉 장바구니 데이터를 예로 들면, 어떤 장바구니에는 빵, 우유, 다른 장바구니에는 우유, 양파, 치즈, 또 다른 장바구니에는 빵, 우유, 양파가 들어있을 때, 고객의 구매 패턴을 찾아내는 것이 연관규칙학습이다. 미국 월마트가 찾아낸 유명한 사례가 맥주와 함께 아기 기저귀가 자주 팔린다는 사실이었다. 나중에 알았지만 육아에 힘든 부모들이 기저귀와 함께 맥주를 구매하는 것이었다. 맥주와 기저귀의 묶음 상품은 매출을 크게 신장시켰다고 한다. 이와 같이 연관규칙학습은 요소 데이터의 단순한 분류에 그치는 것이 아니라, 데이터 세트의 속성들 간에 있는 연관성을 찾아준다.

마지막으로 강화학습은 목표를 달성하도록 보상을 통해 학습하는 방법인데, 다양한 분야에서 적용되고 있으나 일찍부터 사용된 로봇 공학의 예를 가지고 알아보자. 로봇이 어떤 환경에서 움직임을 통해 어떤 목표(예, 장소 이동)를 달성하고자 할 때 상태1→행동→보상→상태2의 과정을 밟아 목표를 달성하도록 학습한다. 이 과정의 반복을 통해 보상이 최대화되도록 함으로써 로봇이 해야 하는 움직임이 학습되도록 한다. 여기에서 보상의 기준은 가치 기반, 정책 기반, 모형 기반의 방법이 있다. 가치 기반은 보상에 의해 누적된 가치 값이 기준이 되고, 정책 기반은 보상에 의해 정책이 선택되어 그 정책이 가리키는 과정을 따르게 하고, 모형 기반은 실제 환경을 모사한 모형을 학습하도록 한다.

이상 세 기계학습 방법의 주요 기법들을 소개했다. 이 밖에도 많은 기법과 알고리즘이 있지만 마지막으로 두 가지 주요 기계학습 기법을 소개한 뒤 다음 능력인 추론 능력으로 넘어간다.

먼저 베이지안 네트워크이다. 이것은 지도학습과 자율학습에 모두 사용할 수 있으며, 강화학습에도 보조 도구로 사용할 수 있다. 이 기법은 베이즈 정리에 기초하는데, 예를 들어 환자의 건강 상태를 평가할 때 나이를 감안하면 더 정확한 평가가 가능하듯이 어떤 사건의 확률을 평가할 때 그 사건과 관계된 조건에 대한 지식을 사전에 감안해야 한다는 정리이다. 앞의 3.1 정의 절 "역사"에서도 말했지만, 베이지안 확률은 주관적 판단이 개입되는 확률이지만 오히려 객관성을 주장하는 빈도주의 확률에 비해 활용도가 더 크다. 이렇게 베이즈 정리와 베이지안 확률을 기반으로 하는 베이지안 네트워크는 먼저 문제를 구성 요소들로 나누어 그 구성 요소들 사이의 관계를 파악한다. 이를 그래프 이론을 사용하여 구성 요소는 노드[ㄱ](원)로 관계는 에지[ㄴ](화살표)를 사용하여 그림으로 표현한다. 이 그림은 결국 네트워크(망) 형태가 된다. 그다음 각 관계에 대한 발생 확률을 주관적으로 부여한다. 그러나 아무 값이나 부여하는 것은 아니고 해당 영역의 전문가가 평가하는 값을 반영하도록 한다. 그 네트워크의 노드 간 선후 관계와 할당된 관계의

---

ㄱ node
ㄴ edge

확률 값을 가지고 원래 문제에 대해 제기되는 의문에 대한 해답(확률)을 계산한다.

끝으로 앞에서도 소개했고 기계학습의 대명사가 되다시피 한 인공신경망에 대해 설명을 추가한다.

먼저 앞에서 소개한 의사결정 트리부터 베이지언 네트워크까지 모든 기법들은 인공신경망과 대립적인 구조로 설명했던 기호식 인공지능에 속한다는 점이다. 모두가 숫자 또는 문자로 표현되는 규칙, 확률, 지식의 표현을 위해 기호를 사용하기 때문이다. 이것은 현재 기호식 인공지능이 여전히 활발히 사용되고 있다는 점과 함께 그럼에도 현재 일반에게 알려지는 인공지능의 대부분은 인공신경망이 차지하는 것을 보면 역설적으로 인공신경망의 비중이 얼마나 큰 지를 간접적으로 시사한다.

인공신경망은 지도학습, 자율학습, 강화학습에 모두 사용되며, 가장 주목을 받고 있는 기법인 딥러닝(심층학습)도 인공신경망의 하나이다.

그렇다면 인공신경망이 지식, 규칙, 표현이 없이 신경세포와 같은 노드들의 네트워크에서 신호의 연결 강도만으로 이미지 인식, 음성 인식, 자연어 처리, 게임, 의료 등 다양한 분야에서 기호식 인공지능보다 훨씬 탁월한 지능 행동을 보여주는 원리는 무엇인가? 말할 수 있는 것은 인공신경망의 기본 요소, 즉 퍼셉트론(단위 노드), 활성화 함수(가중치, 한계 값, 출력 신호), 다중 계층 구조(다수 은닉층과 노드들의 네트워크), 백프로퍼게이션(오차역전파법)에 의해 성과가 도출된다는 것이다. 그러나 이것이 어떻게 지능적 행동을 하는지는 블랙박스처럼 가려져 있다.

이 기본 구조에 학습 또는 사례 데이터를 이용한 훈련을 통해 모형이 만들어지고 그 모형이 지능적 행동을 한다는 것만 외형적으로 아는 것이다. 이 모형(구조)에는 전 방향 신경망[ㄱ], 합성 곱 신경망[ㄴ], 순환 신경망[ㄷ], 생성적 적대 신경망[ㄹ] 등 여러 가지가 있고 지금도 계속 만들어지고 있다. 2017년 발표된 트랜스포머[ㅁ]도 이러한 모형(구조)의 하나이며 이것이 최근 주목받는 챗GPT의 엔진인 GPT-3의 기반 모형이다. 따라서 인공신경망의 성과는 이 기본 구조의 요소들, 즉 은닉층의 수와 각 은닉층의 노드 수, 그들의 연결과 활성화 함수를 어떻게 설계하는가에 달려 있다. 이 설계 과정에 대한 정해진 규칙이나 방법은 없으나 여러 도구들 예를 들면 손실 함수, 최적화 알고리즘, 초 매개변수 등을 사용하고 계층과 노드의 숫자와 연결을 반복 시행하여 미세 조정을 거쳐 모형을 완성한다. 딥러닝의 경우 은닉층의 수는 다양하다. 보통 3~20개의 은닉층을 가지나 어떤 경우에는 100층을 넘기도 한다.

---

[ㄱ] feedforward neural network
[ㄴ] convolutional neural network
[ㄷ] recurrent neural network
[ㄹ] generative adversarial network
[ㅁ] transformer

**추론**

2.3 역사 절에서 언급한대로 이성은 신앙과 함께 서구 문화의 두 축 가운데 하나이며 그중에서도 이성은 서구 문화에 뿌리를 두고 성장한 과학의 중요한 요소이다. 이성ᄀ과 추론ᄂ은 같은 의미이며 차이는 이성이 명사형이라면 추론은 동사형이라는 것뿐이다. 이성이 행동으로 옮겨지는 것이 추론인 것이다. 영어로 이성이 reason인데 추론은 reasoning인 것이 그것을 보여준다. 이러한 배경은 추론 능력이 인공지능의 발전 과정에서 차지하는 비중을 암시한다.

추론의 정의를 보자. 국어사전에 따르면 추론이란 '(이치에 따라) 미루어 생각하여 논하는 능력'이다. 위키피디아의 reason(이성, 추론하다)[200]에 대한 설명을 고려해 요약하면 추론은 논리적으로 생각하고 인식하는 능력이다.

이런 사전의 의미로 보면 추론은 지능과 크게 다르지 않다. 국어사전에 따르면 지능은 어떤 사물이나 현상을 받아들이고 생각하는 능력이기 때문이다. 즉 인공지능은 인공추론과 유사한 개념일 수 있다. 사실 인공지능 초기의 첫번째 과제는 기계(컴퓨터)에게 논리적인 사고 능력을 갖게 하는데 있었다. 앨런 튜링은 우리 인간이 정보와 논리를 가지고 문제를 해결하고 의사결정을 하는데, 왜

---

ᄀ reason
ᄂ reasoning

기계는 그렇게 하지 못하느냐는 질문을 던졌고, 그의 유명한 1950년도 논문 '컴퓨팅 기계와 지능'은 "기계는 생각할 수 있는가?"라는 질문으로 시작한다. 그는 인공지능의 창시자가 되었다.

"인공지능"이란 이름이 탄생한 1956년 다트머스 여름 워크숍에서 발표된 최초의 인공지능 프로그램 역시 앨런 뉴웰, 클리프 쇼, 허버트 사이먼의 로직 시어리스트(LT)였다. LT는 추론의 자동화를 보여주려는 프로그램인데, 사람이 아닌 컴퓨터 프로그램이 수학의 정리를 증명하도록 하는 것이었다. 두 사람의 유명한 철학자이며 수학자인 버트란트 러셀과 알프레드 노스 화이트헤드의 수학원리에 나오는 52개의 수학 정리 중 38개를 증명해 보여주었다. 이 중 일부는 러셀과 화이트헤드가 수고해 증명한 방법보다 더 명쾌한 경로를 찾아 보여주기도 했다.

그 워크숍의 반응은 미적지근했다. 저자의 사견이지만 발표자나 청중이나 모두가 오만했기 때문이 아닌가 생각한다.[201] 발표자들은 당신들이 만들려고 하는 것을 우리는 이미 만들었다는 생각이었을 것이고, 당시 컴퓨터 분야의 천재들이 모였던 청중은 그런 정도는 기본이라는 생각이 아니었을까? 그들 대다수가 인공지능의 탄생과 그 후의 발전에 상당한 공헌을 한 것은 분명하지만 그들의 역할이 거기에 머물렀다는 것을 알 수 있는 것은 역사를 보는 후세가 갖는 혜택이라면 혜택이다.

앞의 3.2 구조 절 컴퓨터 방식에서 소개한 물리적 기호 시스템 가설(PSSH)은 LT의 개발자 뉴웰과 사이먼이 제시한 주장이었으며, 이 주장과 두뇌 방식의 대립적 관계는 설명한 바와 같다. 두뇌 방식, 즉 연결주의의 인공신경망이 여러 분야에서 기호식 인공지능을 넘어서는 성과를 보여주면서 자연히 인공지능의 가운데 자리는 인공신경망에게 넘어갔다. 물론 지금도 기호식 인공지능의 역할이 있고 중요하다는 것은 앞에서 말한 것과 같다.

그렇게 큰 반향을 얻지 못했음에도 LT는 인공지능 역사에 몇 가지 공헌을 남긴다.[202] 지금도 인공지능의 주요 기법으로 사용되는 검색 트리, 발견적 교수법, 그리고 인공지능 프로그램 언어 형식이 된 리스트 처리가 그것이다.

이제 인공지능의 추론 능력 속으로 조금 더 들어가 보자. 추론은 크게 네 가지로 나뉜다. 연역 추론ㄱ, 귀납 추론ㄴ, 귀추 추론ㄷ, 그리고 상식 추론ㄹ이다. 연역의 경우 수학의 공리와 같은 사실(진실)이나 전제에서 어떤 결론을 유도하며, 귀납은 개별 사실들 여럿의 관찰에서 일반적 또는 보다 포괄적인 예측을 유도하고, 귀추는 하나 또는 소수 사례의 관찰에서 확실하지는 않아도 가능성 있는 사실을 유추해 추론하며, 상식은 기본적으로 사람 – 평범한 7세 아

---

ㄱ   deductive reasoning
ㄴ   inductive reasoning
ㄷ   abductive reasoning
ㄹ   commonsense reasoning

이²⁰³ – 이라면 세상, 사람, 대상에 대해 일상적으로 알고 있는 사실에 근거한 추론을 말한다.

예를 들어 본다. 연역 추론은 "나무는 가지가 있다." "낙엽송은 나무다" 이 두 사실에서 "낙엽송은 가지가 있다."는 결론을 추론한다. 물론 단순한 삼단논법만 아니라 수학적 증명과 같이 여러 사실들을 고려해야 하는 추론도 있다. 귀납 추론은 빨간 사과를 많이 보고 "사과는 빨갛다"고 추론하는 것이다. 여론 조사의 결과도 일종의 귀납 추론이라고 할 수 있다. 귀납 추론의 결과는 맞을 가능성도 있으나 그렇다고 반드시 신뢰할 수 있는 것은 아니다. 귀추 추론은 맞벌이 부부가 있는데 아침에 늦게 일어난 아내가 부엌에 먹다 만 우유를 보고 남편이 출근을 서두르느라고 남긴 우유라고 추론하는 것처럼 어떤 사실을 보았을 때 그 사실 외의 상황과 환경을 감안하여 새 사실을 추론하는 것이다. 마지막으로 상식 추론은 책상 위 가장자리에 있는 물건을 건드리면 아래로 떨어질 수 있다고 추론하는 것, 신호등이 빨간 불이면 차들이 정지하리라고 추론하는 것, 사람이 문을 향해 걸어가면 문을 열고 들어갈 것이라고 추론하는 것과 같다.

그리고 추론과 함께 생각해야 하는 것이 지식이다. 지식은 추론과 불가분의 관계에 있다. 데이터, 정보, 지식 그리고 지혜의 관계에 대해 보자. 세상에 대한 숫자, 문자, 기호로 된 모든 값과 표현이 데이터라면 그중 가치 있는 데이터가 정보이다. 그 정보가 사실로서 축적, 가공, 인식, 이해, 그리고 기능이 되었을 때 지식이 된다. 지식이 무엇을 아는 것이라면 지혜는 언제 사용할 지를 아는 것이라고 한다. 지식은 추론의 결과물이며 추론에 사용되는 재료이다.

지식 표현과 추론(KRR)[ㄱ]은 인공지능의 한 분야이며, 세상에 대한 (지식이 될) 정보를 컴퓨터 시스템이 사용할 수 있는 형태로 표현하는 것을 연구하는 분야이다. 인공지능의 초기에 인공지능 문제를 해결하는 지배적 견해 중 하나는 대상이 되는 지식과 그에 대한 추론 방법을 명시적으로 표현하는 방법을 찾는 것이었다.[204] 1980년대 초 소위 첫번째 인공지능 겨울이 끝나는 중요한 계기가 된 전문가 시스템은 KRR의 성과였다. 비록 그 붐이 오래가지는 못했으나 오랜 시간이 지나도록 아직도 같은 맥락에서 진행되는 프로젝트가 있는데, 세상의 모든 상식 지식과 그것을 활용하는 추론 방법을 모으는 사이크[ㄴ]가 있고, 인터넷 웹 표준 규약을 만든 팀 버너스 리의 W3C가 추진 중이며 인터넷 상의 웹을 거대한 지식 베이스로 만들려는 시맨틱 웹[ㄷ](웹3.0, 웹3가 아님)이 있다.

끝으로 최근 사용되는 챗GPT와 같은 대화형 또는 생성형 인공지능과 추론 능력을 갖춘 추론형 인공지능의 차이를 간단히 설명

---

[ㄱ] KRR, KR&R, KR, knowledge representation and reasoning
[ㄴ] Cyc
[ㄷ] Semantic Web

한다. 비록 후자의 경우 아직 크게 주목받는 결과물이 없으나 앞으로 언젠가 괄목할 성과의 추론형 인공지능이 등장했다고 가정할 때 현재 대화형 인공지능이 가진 결함에서 둘의 차이를 알 수 있다. 거대언어모형이 중심인 챗GPT는 다양한 능력을 보여주며 사람과의 대화가 음성 비서들보다 훨씬 자연스럽고 추론 기능도 일부 보완했다고는 하지만 여전히 사실 아닌 내용을 사실처럼 말하는 현상이 있다.ᄀ 이러한 문제는 생성형 인공지능을 개선하고 발전시키더라도 완전히 제거하기는 어려울 것이다. 왜냐하면 이 인공지능에는 지식과 논리적인 추론이 들어있지 않고 언어 모형이 중심이기 때문이다. 물론 추론형 인공지능이 되더라도 언제나 정확한 사실을 말하지는 못할 것이다. 더욱이 추론형 인공지능이 넘지 못했던 한계, 즉 모든 발생 가능한 경우의 수를 규정하기 어려운 한계를 극복할 수 있는지는 여전히 의문이다. 그러나 어떤 식이든 그것을 넘어서는 추론형이 모습을 드러낼 경우에는 말하는 내용의 근거와 논리를 제시할 수 있고 역으로 추적할 수도 있을 것이다. 즉 뒤에서 설명하는 설명 가능한 인공지능이 되는 것이다. 언어모형에 의존하는 대화형이나 생성형처럼 거짓 여부와 참의 근거가 분명하지 않은 모호함이 크게 줄어들 것이다. 물론 추론형과 생성형 이 두 가지가 결합하는 경우의 시너지도 상상할 수 있다.

---

ᄀ hallucination(환각), confabulation(이야기 지어내기)

**감정**

인공지능의 감정 능력은 이미 1장에서 다루었고 다음에 나오는 범용 능력에서도 다룰 인공지능의 의식과 긴밀히 연결되어 있다. 인간의 경우 감정은 의식을 필요로 하고 의식이 있으면 감정이 생기는 것은 자연스럽다.

그러므로 기계가 감정을 가질 수 있는지는 의식을 가질 수 있는지와 함께 인공지능 초기부터 거론된 의문이며 주제였다. 그러나 그 의문의 답은 발견의 대상이라기보다는 결정의 대상으로 하자는 쪽이 공감을 얻게 된다.[205] 거기에는 두 사람의 역할이 있었는데 컴퓨터 과학(인공지능)의 앨런 튜링과 철학의 힐러리 퍼트넘이 그들이다. 그들이 그렇게 공감한 배경에는 유아론(唯我論)ᄀ이 있었다. 유아론은 실재하는 것은 자아뿐이고 다른 모든 것은 자아의 관념이거나 현상에 지나지 않는다는 입장이며, 극단적 형태의 주관적 관념론이다. 그것은 마치 자기가 아닌 다른 사람이 의식(마음)을 가졌는지는 그 사람이 되어봐야만 알 수 있는 것처럼 기계가 감정과 의식을 갖는지를 알기 위해서는 그 기계가 되어봐야만 알 수 있다는 것이었다. 그러나 다른 사람에게 의식이 있는지 확인하는 것이 불가능하더라도 우리는 다른 사람에게 의식이 있다고 결정한다. 마찬가지로 기계도 그런 판단을 할 수 있는 근거가 있다면, 의

---

ᄀ solipsism

식이 있다고 결정하기로 할 수 있다. 그 판단 방법으로 튜링 테스트가 나온 것은 이미 앞에서 언급한 바 있다. 퍼트넘은 마음-몸 문제의 해법으로 제시한 기능주의 이론으로 잘 알려져 있다. 데카르트 이래 철학 이론을 지배했던 마음에 대한 주관적 관점을 밀어내는 변화였다.

그러나 인공지능 초기의 연구는 사실과 이성의 영역, 즉 비감정적인 영역에 초점을 두고 발전해 왔으며, 감정에 대한 연구는 단지 산발적으로 이어져 왔을 뿐이었다. 그러던 중 1995년 MIT 미디어 랩의 로잘린드 피카드 교수가 발표한 감정인식 컴퓨팅은 감정 인공지능에 주목하는 계기가 되었다.[206] 2장에서 간략히 언급한 것처럼 감정인식 컴퓨터는 인간의 감정을 인식, 해석, 처리하는 컴퓨터의 한 응용이다. 또한 기계가 감정을 표현하는 것도 연구 대상이다.

이렇게 감정 인공지능이 부각된 이유는 컴퓨터가 대화와 소통에서 점점 더 많이 사용되면서, 사람과 사람의 대화와 달리 사람과 기계 사이에는 감정이 전달되지 않는다는 차이를 알게 되었기 때문이다. 사람 간에는 음성의 억양과 어조를 듣고, 대면의 경우 표정과 제스처를 보면서 대화 내용을 보완하며 소통한다. 그러나 기계와 사람 사이에는 문장이나 기계적인 반응만 오고 가기 때문에 문장과 반응이 표현하는 의미 이상은 알 수 없다. 그로 인해 소통은 불충분하고 또 불필요한 오해가 생길 수 있다. 메시지 송수신에 사용되는 이모티콘이 그것을 부분적으로 보완하는 수단이 되었지만 한계가 뚜렷하다. 기업의 마케팅과 광고, 콜센터 등에 활발히 쓰이는 인공지능 역시 감정 전달이 어렵다. 의료와 교육에서 인공지능을 활용할 때도 치료자와 환자, 또는 교사와 학생 사이에 감정의 소통을 고려해야 효과를 높일 수 있게 된다.

디지털 기기와 인공지능의 사용이 증가하면서 인간의 사회적 지능이 위축된다는 평가[207]에도 감정 인공지능 또는 감정인식 컴퓨팅은 대안이 될 수 있다. 이러한 감정 인공지능은 크게 인공지능(기계)이 사람의 감정을 파악하는 것과 인공지능(기계)이 사람의 감정을 흉내 내는 것으로 나뉜다.

전자의 경우를 보면, 글, 오디오, 비디오, 세 가지 형태가 있다. 글은 자연어 처리(NLP)와 기계학습 감정 감지를 사용하여 문장의 주된 감정이 긍정, 부정, 중립인지를 판단하며, 동일한 단어이더라도 문장의 맥락에 따라 다른 감정을 수반하는 점을 가려낼 수 있어야 한다. 오디오는 지각 능력 중 음성 인식을 사용하며, 억양과 어조, 높낮이, 속도, 간격으로 감정을 분석하는데, 고성이더라도 습관적 고성 또는 단순한 흥분인지 아니면 분노의 감정 표현인지를 가려야 한다. 비디오는 안면 인식과 컴퓨터 비전 기법을 사용하여 상대방의 감정을 분석할 수 있으며 정확한 이미지라면 육안으로 인식하지 못하는 미세한 표정의 변화도 잡아낼 수 있으나, 영상의 배경이나 빛, 또는 움직임으로 인해 정확한 이미지를 포착하기 어려운 경우가 있다.[208] 다중양식ᄀ 감정 분석은 글과 말, 이미지, 비디오를 감정 분석에 모두 함께 사용한다. 그만큼 감정을 정확히 포착할 수 있을 것이다.

인공지능(기계)이 사람의 감정을 흉내 내는 경우에 대해 현재 인공지능이나 신경과학 연구자들이 동의하는 것은 지금의 인공지능으로는 자기 감정을 가질 수 없다는 것이다. 다만 상대방의 감정에 대해 공감하는 감정을 모방하는 것은 가능하다고 본다.[209] 물론 인공지능이 사람의 글이나 말을 감정적으로 이해하고 공감을 표현했을 때, 감정 지능의 존재 여부에 관한 논쟁은 여전히 존재한다. 그러나 그것이 기계가 정말 감정을 "이해하는" 것이 아니라는 점에서 모방은 모방일 뿐이다.[210]

현재 인공지능(기계)이 사람의 감정을 포착하는 것이나 인공지능(기계)이 사람의 감정을 흉내 내는 것, 두 가지 모두 기술적으로 얼마나 완전하게 가능한 지와는 별개로, 반드시 넘어야 할 과제가 있다. 그것은 사람의 감정을 감지하는 것은 사람의 인격을 침범하는 것이 될 수 있고 프라이버시를 침해하는 것이 될 수 있다는 사실이다. 또 그런 문제를 해결하거나 피해가더라도 감정의 포착과 모방에는 많은 편견이 있을 수 있다. 본인이 인정하지 않는 감정, 또는 편향된 감정 모방을 무분별하게 인공지능으로 실행했을 때

---

ᄀ multimodal

폐해는 얼마나 클지 상상할 수 없다. 지금도 일부에서 나타나고 있는 이 프라이버시와 편견의 문제는 감정 인공지능이 주는 이점과 균형 있게 충분히 고려되어야 한다.

### 범용

이제 마지막으로 인공지능의 범용 능력을 보자. 범용 능력은 모든 분야가 가능한 능력이다. 지금까지 나열한 인공지능 능력들은 각각 제한된 특정한 능력만 가능한데 비해 범용 능력은 앞의 각 능력에 필요한 인지 능력을 포함해 모든 능력이 가능하다. 인간의 두뇌가 이 여섯 능력과 모든 인지 기능[211]을 가진 것과 같다. 이것을 범용인공지능(AGI)이라고 한다.

이 책의 1장 첫 절인 1.1 의식 절에서 범용인공지능이 가능한지에 대한 상반된 두 주장을 소개하였다. 이때 AGI는 "의식 있는" 인공지능이었다. 그리고 3장의 3.1 정의 절에서도 AGI를 언급했는데, 제한인공지능(ANI)의 반대 의미로서 범용인공지능(AGI)을 말했다. 이때 AGI는 지금 소개하는 모든 능력을 가진 인공지능이다.

이렇게 AGI에는 두 측면이 있다. 모든 것을 할 수 있는 AGI와 의식 있는 AGI가 그것이다. 쉽게 구분하기 위해 앞의 AGI를 범용 기계, 뒤의 AGI는 의식 기계라고 부르기로 하고, 각각에 대해 알아본다.

먼저 범용 기계를 주장하는 사람들은 의식은 없더라도 범용 기계가 가능하다고 한다. 범용은 의식과 관계없이 만들 수 있다는 것이다. 그에 비해 의식 기계 쪽은 의식이 없으면 범용 기계가 불가능하다고 한다.

현재 인공지능이 응용되는 예를 보면, 다양하고 많다. 전자상거래, 금융, 교육, 의료, 농업, 게임 등 일일이 거론하기 어려울 정도이다. 그럼 전자상거래에서 사용되는 인공지능 프로그램(알고리즘과 모형)을 다른 분야, 예를 들어 금융이나 교육에도 사용할 수 있는가? 그렇지 못하다. 각 분야 별로 데이터와 알고리즘이 다르고 모형이 다르기 때문이다. 학습 훈련에 사용되는 기법도 달라진다. 이런 것들을 하나로 묶기는 쉽지 않다.

그렇다면 범용 기계는 어떻게 하면 만들 수 있을까? 이에 대해 두 가지 주장이 있다. 각 분야 고유의 인공지능 프로그램들을 결합하여 마치 하나의 인공지능이 다양한 영역의 요구를 만족시키는 것처럼 효과를 낼 수 있다고 하는 주장이 있다. 로봇 전문가 로드니 브룩스의 주장이다. 반면에 범용 기계를 위한 하나의 마스터 알고리즘이 가능하다는 주장도 있다. 페드로 도밍고스 교수가 여기에 속한다.

의식 기계를 주장하는 쪽은 1장에서 언급된 데이비드 찰머스가 대표적이다. 그는 복잡한 문제를 해결하는 지능이 되려면 바탕에 경험이 있어야 하는데 그 경험이 곧 의식이라고 한다. 즉 주관적 경험인 의식이 없는 지능은 불가능하다는 것이다. 전역작업공간이론(GWT)을 주장하는 스태니스라스 드핸은 지능에는 의식적 접근이 수반된다고 한다.

현재까지 의식 기계이든 범용 기계이든 AGI에 대한 주장은 모두 이론적이거나 인지를 모사하는 수준에 그치며 어느 방안도 실제 전체를 구현해 보인 사례는 없다. 페드로 도밍고스는 이렇게 비유한다. 범용인공지능에 도달하기 위해 지금까지 1,000 마일을 왔다면 앞으로 남은 거리는 그 수천 배인 수백만 마일이 될 것이라고.

반면, 범용인공지능에 대한 연구는 2020년 현재 37개국에서 72개 연구개발 프로젝트가 진행되고 있고, 다양한 성과가 나타나는 것도 사실이다.

그 예로는 1장에서 언급한 GWT에 기초한 프로토타입인 지능형 분산 에이전트(IDA)와 그것을 업그레이드한 학습 지능형 분산 에이전트(LIDA)가 있다. IDA는 문제 상황 인식과 함께 지각, 행동 선택, 연합 기억, 감정, 메타 인지 기능을 포괄하는 모형을 만들었으며 LIDA는 거기에 다양한 학습 형태를 추가했다고 한다. LIDA는 이해 단계, 주의(의식) 단계, 행동 선택과 학습 단계, 이렇게 세 단계로 진행되는 주기가 반복되는데 두번째 주의(의식) 단계가 일어나는 곳이 앞의 GWT에서 말하는 작업 기억공간, 즉 어두운 극장 안에서 유일하게 밝은 곳인 "의식의 극장"이다. LIDA의 의식적 주의 단계이다.

LIDA는 범용인공지능이기보다 인공인지시스템(ACS)이라고 한다. ACS는 AGI와 상당히 중복되지만, 지능이란 개념이 빠진 것에 유의하면 된다. 즉 생물이 가진 인지 기능을 컴퓨터로 모방하여 구현한 시스템이다. 예를 들어 지각이나 행동에 필요한 인지 기능을 시뮬레이션하는 것이다. LIDA 외에도 인지 영역이나 범위에 따라 다양한 ACS가 있는데, 예를 들면, ACT-R, SOAR, CLARION이 있다.

범용인공지능에 대해서 상당히 많은 연구와 자료가 있지만, 이 책의 목적인 인공지능 소개로는 여기에서 그쳐도 무방하다고 생각하며, 이 책의 1장을 장식했던 인물인 레이 커즈웨일에 대한 이야기로 범용 능력을 마무리한다. 그의 저서 '특이점이 온다' 출간 15주년을 기념하며 2020년 초 그는 다음과 같이 약속한 바가 있다. '특이점이 가까워졌다'라는 신작을 2022년 공개하겠다는 것이었다. 그러나 2023년 현재 아마존의 출간 일자는 약 2년이 미뤄진 2024년 6월이다, 가까워졌다는 책의 공개가 늦어지고 있다.

기술적 특이점이 언제 올 것인지에 대한 사람들의 관심은 매우 크다. 커즈웨일이 말하는 2045년은 이제 불과 20여년 남았다. 2023년 2월에 나온 한 자료[212]의 특이점 시점에 대한 인공지능 전문가들의 예상은 2059년이다.

# 3.4 미래

앞 두 장에서도 미래를 다뤘다. 그리고 다시 미래이다. 이 세 미래가 다를 수 있겠는가? 더욱이 모두가 인공지능과 관련한 미래이니 더욱 그렇다. 1장 미래에서는 "의식 있는" 인공지능, 즉 AGI 또는 ASI가 출현하는 미래가 과연 가능한지에 대한 전망이 중심이었다면, 2장에서는 인공지능의 플랫폼인 컴퓨터의 미래에 대해 몇 가지 주제를 소개한 바 있다.

최근 대화형 인공지능, 또는 생성형 인공지능이라 부르는 제품들의 소개와 함께 언론과 여러 매체에서 새삼스레 인공지능에 대한 논의가 불꽃을 튀고 있으며, 경탄과 우려, 때로는 실망도 교차한다. 특이점의 도래까지 언급하기도 한다. 이 책의 마지막이며 세 번째로 다루는 인공지능의 미래 절에서는 이에 대한 저자의 의견과 전망을 제시하려고 한다. 다시 돌아온 AGI, 그리고 인공지능의 가까운 미래에 대해 보자.

### 다시 AGI

얼마 전 국내 한 조간 신문 시론의 제목은 'AI 특이점 시대'[213]로 시작하고 있었다. 이처럼 챗GPT의 등장을 계기로 범용인공지능(AGI)의 도래를 거론하는 것은 해외도 마찬가지였다. 그 며칠 후

해외 언론은 '모든 인공지능 연구소에게 적어도 6개월 동안 GPT-4보다 강력한 인공지능 시스템의 학습을 중단하자'는 생명의 미래 연구소ᄀ의 공개 요청이 있었고 이에 업계 전문가 1,280명이 서명했다는 보도가 있었다.[214] 요슈아 벤지오 몬트리올대 교수, 스튜어트 러셀 UC 버클리 대 교수, 일런 머스크 테슬라 CEO, 스티브 워즈니악 애플 공동창업자 등이 서명에 참가했다. 그리고 같은 날 인터넷에는 연내 GPT-5가 학습을 끝낼 계획이며 이것이 첫번째 AGI가 될 수도 있다는 전망까지 실렸다.[215] 이런 전망과 기대는 새삼스러운 것이 아니다. 챗GPT가 발표되기 전인 2022년 7월 포브스 지는 오픈AI의 GPT-3, 달리(2)ᄂ, 구글의 팜ᄃ, 그리고 스테이블 디퓨전ᄅ과 같은 생성형 인공지능 제품들이 출현한 현상에 대해 "'범용인공지능'과 AI의 지각능력에 대한 고찰"ᄆ이란 제목의 긴 기사를 게재한 바 있다. 이 기사는 AGI에 대해 주목할 만한 주제를 다루었다. 주제는 AGI의 도래, 그리고 AGI의 의미였다.

먼저 AGI의 도래에 대해 이 기사는 딥마인드가 2022년 5월 발표한 가토ᄇ를 언급한다. 그동안은 한 인공지능이 한 종류의 일(과

---

ᄀ Future of life institute
ᄂ DALL-E(2)
ᄃ PaLM
ᄅ Stable Diffusion
ᄆ Reflecting On 'Artificial General Intelligence' And AI Sentience
ᄇ Gato

제)만 할 수 있었으나 가토는 한 인공신경망 모형 - 하나의 네트워크 구조와 가중치 세트 - 으로 다양한 종류의 과제를 할 수 있다고 했다. 그야말로 "범용" 인공지능의 시대가 눈앞에 왔다는 발표였다. 그러나 이를 평가한 전문가들의 반응은 부정적이었다. 여러 과제를 할 수 있는 것은 맞지만, 그 일들의 수행이 지능적이라고 할 수 없다는 평가였다.[216]

그와 함께 범용인공지능이든 단순한 인공지능이든 우리가 만들려는 대상과 목적을 분명히 할 필요가 있다는 주장도 싣고 있다. AGI의 의미에 대한 전통적 개념에 의문을 던지는 것이었다.

비슷한 시기인 2022년 6월 구글 엔지니어인 블레이크 레모인은 대중 앞에서 자기 회사 챗봇 생성기인 람다에 생명이 있다고 공개적으로 발표했다. 물론 구글은 즉시 그의 말을 공식적으로 부인했고 작은 소동으로 지나가는 듯했다. 다시 2022년 11월 말 챗GPT가 발표되었다. 챗GPT는 불과 2달 만에 사용자가 1억명에 도달하는 공전의 히트를 치는데 성공했다. 얼마 후 뉴욕타임즈에는 GPT-3[ㄱ]에서 가동되는 마이크로소프트 사의 뉴빙[ㄴ]과 2시간에 걸친 대화를 소개하면서 그 챗봇이 사람이 되고 싶어했으며 기자에게 사랑을 구애했다는 대화 내용을 공개하였다. 거대언어모형이

---

[ㄱ] GPT-3가 GPT-4로 업그레이드되면서 뉴빙도 함께 GPT-4 기반으로 업그레이드되었다.
[ㄴ] New Bing

언어 처리 이상을 보여준다는 생각을 갖게 하는 사례였다.

3월14일에는 오픈AI가 GPT-4를 발표했고, 며칠 후인 3월 22일 마이크로소프트의 연구원들은 '범용인공지능의 불꽃 - GPT-4의 초기 실험'ᄀ이라는 논문을 발표했다. 그들은 이 논문에서 GPT-4 초기 버전의 능력을 평가했을 때 이미 나온 다른 AI 모형들보다 범용 지능을 더 잘 보여주는 것을 확인했으며 GPT-4 능력의 넓이와 깊이를 고려할 때 (아직 완전하지는 않지만) 이것을 범용인공지능의 초기 버전으로 볼 수 있다고 주장한다.

마이크로소프트 연구원들은 GPT-4와 챗GPT(GPT-3.5)의 비교를 통해, 각각의 일반 상식 수준과 둘 사이에 어떤 변화가 있는지 조사한 결과를 논문에 소개한다. 결론은 이렇다. 챗GPT가 거의 보여주지 못했던 일반 상식을 GPT-4는 일관되고 풍부하게 보여준다는 것이다. 예를 들면 "남쪽으로 1마일을 가고 거기서 동쪽으로 1마일 간 다음 다시 북쪽으로 1마일을 갔더니 출발했던 곳이었다. 그곳에 곰이 있어서 총을 쏴 잡았는데 그 곰은 무슨 색일까?"라고 물었을 때 챗GPT는 정보가 없다고 답했으나, GPT-4는 위치는 북극이며 북극에 사는 곰의 색은 흰색이라고, 기대했던 답을 정확히 맞혔다는 것이다.[217]

---

ᄀ  Sparks of artificial general intelligence - Early experiments with GPT-4

최근 벌어지는 일련의 이런 일들 모두는 이제 우리가 생명이 있고 의식이 있는 인공지능, 아니면 최소한 일반 상식이 있고 범용 능력이 있는 인공지능의 시대에 이미 가까워진 것은 아닌가 하는 생각을 갖게 한다.

앞의 포브스 기사는 또한 우리가 이미 갖고 있는 AGI의 의미를 다시 생각해 볼 것을 권한다. 그러한 계기가 되는 사건은 2020년 11월 딥마인드가 공개한 알파폴드[ㄱ]의 성과이다. 현대 과학에서 중요하지만 해결되지 않던 문제 중 하나라고 알려진 단백질 접힘 문제에 대한 해법을 알파폴드가 찾은 것이었다. 과학적으로 알려진 거의 모든 단백질 구조를 예측하는데 성공했으며 2억개가 넘는 단백질에 대한 데이터를 누구에게나 무료로 제공하게 되었다. 이로 인해 단백질이 인체에서 어떻게 작용하는지를 더 잘 이해할 수 있게 되었고, 신약 개발 가능성이 늘어나게 되었다고 한다. 여기에는 그동안 불가능했던 단백질의 3차원 구조 예측이 알파폴드로 인해 가능해진 배경이 있다. 사람은 할 수 없었던 복잡한 공간 지각과 고차원 추론을 알파폴드가 해낸 것이었다.

이를 근거로 유추할 수 있는 우리가 목표로 삼아야 할 인공지능의 의미와 가치는 예를 들면 기후변화 해결, 건강과 수명 연장, 우주에 대한 이해 확대와 같은 인류의 오랜 과제를 해결하고 더 나은

---

ㄱ  AlphaFold

세상을 만드는데 활용하는 것이어야 한다. 따라서 범용성보다 전문성이 더 필요하다. 범용성은 그것이 인류에 정말 필요한 능력인지도 불확실하고 만들 수 있는 가능성도 분명하지 않은데 거기에 매달리거나 좌우될 필요가 없다는 주장이다. 포브스 기사는 "AGI는 없다 … 인간도 전문화되어 있다"는 인공지능 전문가 얀 르쿤ᄀ의 말을 인용한다.

이제 다시 보는 AGI를 마무리하자. 아마도 인공지능으로 인한 이런 논쟁과 소동은 앞으로도 반복되리라고 생각한다. 그러는 가운데 어느 날 갑자기 의식 있는 인공지능(AGI)이 출현해 있는 날이 오는 것은 아닌지 하는 생각이 드는 것도 사실이다.

GPT-4 등 거대언어모형의 등장이 AGI의 출현을 말하는가에 대해서는 전문가 두 사람의 평가와 저자의 의견으로 가름한다.

저명한 컴퓨터 과학자 에릭 브린졸프슨 스탠포드 대학 교수는 2022년 6월 미국 방송사 CNBC와의 인터뷰에서 "앞으로 언젠가 50년 안에 감각 있는 인공지능이 아닌 데도 감각을 가졌다고 하는 일이 벌어질 것"이라고 했다. 뉴욕대의 심리학과 신경과학 교수이며 딥러닝(심층학습)의 근본적 회의론자인 개리 마커스는 GPT-3를 사용해본 뒤, 예상한대로 정확성은 여전히 미흡한 것을 확인했다고 하였다.[218] 딥러닝의 가능성에 대해서는 아무리 규모 연동 법

---

ᄀ Yann LeCun

칙ㄱ을 믿고 데이터와 변수를 늘리더라도 이미 거의 한계에 도달했다고 하는 회의론자들의 의견을 전한다. 심지어 구글 자체에서도 2022년 1월 자기들의 언어 모형인 람다를 발표하면서 모형의 규모로 언어의 유창함은 개선할 수 있으나, 안전성이나 신뢰성은 별로 개선되지 않는다[219]고 한 것을 인용한다. 마커스는 딥러닝만도 아니고 기호식만도 아닌 혼합 인공지능이 해결안이 될 수 있다고 제안한다.

위 마이크로소프트 연구원들은 그들이 비록 GPT-4가 AGI의 초기 버전이 될 수 있다고는 했으나, GPT-4가 AGI에 가깝다는 것을 의미하지는 않는다고 하였다. 그들은 GPT-4가 보여주는 전반적인 지능 패턴이 사람의 것과는 전혀 같지 않다고 말한다.

여기에서 저자의 판단은 이렇다. GPT-4와 같은 언어 모형 인공지능은 현재는 물론 앞으로도 AGI로 발전하기 어렵다는 것이다. 언어 모형은 결국 언어의 나열일 뿐이기 때문이다. 이것은 존 서얼의 중국어 방에서 설명한 것과 크게 다를 바 없다. 또한 언어와 의식의 관계를 보아도, 이 둘이 밀접한 관계가 있는 것은 부인할 수 없으나, 우리의 일시적 현상적 의식은 구태여 언어를 수반하지 않는다. 예를 들어 놀라거나 슬프거나 공포스러울 때 항상 "놀라워", "슬퍼", "무서워"와 같은 언어를 떠올리지 않고도 감정의

---

ㄱ scaling laws

의식이 이뤄지는 것을 보면 그렇다. 동물의 경우 언어가 없다고 의식도 없는 것이 아니지 않는가?

이렇게 언어 모형 인공지능이 AGI로 가는데 한계가 있다면 AGI로 가는 다른 길은 없는가? 1장에서 소개한 커즈웨일의 제안과 인공 의식부터 그 밖의 다양한 방법과 경로가 있을 수 있고 실제 많은 연구와 개발 노력이 진행되고 있다. 그 가운데 이 장에서 설명한 내용을 배경으로 저자가 한 가지 길을 제시한다면 줄여서 두 가지 과제가 이뤄져야 한다. 하나는 추론 능력에서 괄목할 만한 성과가 이뤄지고 또 하나는 범용 능력이 크게 발전하는 성과를 낸다면 AGI에 상당히 근접한 인공지능이 탄생할 것이라고 생각한다. 그러나 현재로서 이 두 가지 과제는 모두 쉽게 해결될 가능성이 크지 않다.

이런 부정적인 전망에도 불구하고 AGI가 출현할 가능성을 완전히 부인할 수는 없다. 그러나 어떤 방법으로 출현한다고 해도 이미 말한 "인간형 존재"[ㄱ] 이상은 "절대" 불가능하다고 저자는 생각한다.

1장에서도 언급했으나 저자의 이러한 주장의 바탕에는 의식의 한계, 불가피한 죽음, 그리고 우주의 시작과 끝에 대한 인식 부재를 포괄하는 "인간의 불완전성"이 있다. 다른 말로 하면 "존재의

---

ㄱ "human-type being"(인간형 존재), 저자의 용어이다.

불완전성"이다. 1장 의식, 죽음, 우주에서 여러 주제에 대해 알아본 것처럼 인간은 완전할 수가 없다. 과거부터 이러한 인간의 불완전성을 보완하기 위해 믿음이 존재했고 미래 어느 날에도 인간이 존재하는 한 믿음은 사라지지도 훼손되지도 않을 것이다. 나아가 보다 중요한 사실은 어떤 존재도, 즉 우주 전체가 완전할 수 없다는 사실이다. 인간이 인식할 수 있는 어떤 존재도 완전할 수가 없다.

그리고 여기에 한 번 더 중요한 반전이 있다. 하나님은 우리로 인해 존재하시지 않는다. 만일 그렇다면 하나님조차 불완전한 존재가 되기 때문이다. 그와 정반대로 하나님께서 우리를 창조하셨다. 그래서 하나님이시다. 모든 것이 인간에게서 기원하고 인간이 인식할 수 있고 인간에 의해 인식될 수밖에 없지만 **오직 하나님만은 우리 인간의 외부에 계시고 외부에서 오시는 분이다.** 우리를 창조하신 분이다. 이것을 깨닫고 인정하고 받아들일 때 이 땅에 참다운 유토피아가 올 것이다. 더 나은 세상을 향해 나아갈 수 있다. 이것이 저자의 믿음이다.

끝으로, 인공지능은 인간을 위한 과학기술이다. 거꾸로 과학기술(인공지능)이 목적과 목표가 될 수는 없다. 다시 말하면 인공지능은 인간을 위한 수단과 도구이어야 한다. 따라서 저자는 범용인공지능(AGI)이 반드시 인공지능의 최종 목표가 되어야 한다고 고집하지 않는다. 오히려 인류의 문제를 해결하는 수단으로 인공지능이 활용되는 것으로 충분하다면, 인공지능의 마지막 단계라는 AGI의 정의는 얼마든지 바뀔 수 있다고 생각한다.

**가까운 미래**

이제 인공지능의 미래를 단기(2~3년)와 중기(5~10년)로 나누어 전망해보자. 뉴빙과 구글을 통해 검색한 가장 최신 자료들과 최근 발간된 몇 권의 단행본을 참조했으나, 빠르게 변화하는 인공지능 분야의 미래는 사실 한두 달 앞을 예측하기도 쉬운 일이 아니다. 더욱이 저자의 주관적인 가치 판단이 개입될 수밖에 없으니, 단기나 중기나 반이라도 맞출 수 있기를 기대한다.

먼저 단기 전망은 네 가지 현상이 예상된다. 하나는 사람과 인공지능의 협업 증가, 둘은 생성형 인공지능 확대, 셋은 윤리적이며 설명 가능한 인공지능에 대한 요구, 넷은 인공지능의 민주화가 그것이다. 이 모두가 가능성과 필요성에서 저자가 가장 점수를 주고 싶은 추세들이다. 물론 이 밖에도 지속가능성을 위한 인공지능, 실시간 적응형 인공지능, 에지 컴퓨팅과 인공지능, 자율주행차, 메타버스와 인공지능, 보안, 프라이버시, 규제 등 여러 주제들이 현재도 진행 중에 있고, 앞으로도 다뤄지겠지만, 여기서는 위 네 가지를 간단히 살펴본다.

먼저 사람과 인공지능의 협업은 사실 새로운 현상이 아니다. 이미 컴퓨터는 기업 업무에서나 개인의 생활에서나 일상적으로 사용되고 있으며 일과 깊숙이 결합하여 있다. 그렇다면 인공지능이라서 달라지는 것은 무엇인가? 그야말로 기계(컴퓨터)의 역할이 더 지능적이 되는 것이다. 그동안 컴퓨터는 데이터를 계산, 집계, 정렬하며 정보를 가공, 저장, 전달하는 역할을 통해서 사람과 협업하였다면, 이제는 앞에서 말한 지각, 행동, 언어, 학습, 추론, 감정의 인공지능 능력이 더해져 사람과 협업하게 되는 것이다. 현재는 이 모든 능력이 완전하지 않지만 최신의 성과들이 협업에 활용되기 시작했고 효과를 보여주기 시작했다.

챗GPT를 보면 언어와 학습 능력 위주이며 부족한 부분이 있지만, 새로운 차원에서 사람과 인공지능의 협업 가능성을 가늠할 수 있게 하는 계기가 되었다. 2021년 3월 하버드 비즈니스 리뷰 지의 '인공지능은 인간 지능을 대체하지 말고 증대해야'[220]라는 제목의 기사는 미래의 일에서 인간과 인공지능의 관계는 한 쪽만 승자인 제로섬 게임 관계가 아니라고 했다. 인간이 잘하는 것과 인공지능이 잘하는 것이 같지 않기 때문이다. 인공지능이 속도와 정확성, 그리고 일관성에서 우월하더라도 사람이 가진 직관, 감정, 문화적 감각을 갖기는 어렵다고 본 것이다. 인간이 가진 이런 능력이 인간을 인간 답게 만든다는 것이다.

좀더 부연하면, 인공지능은 아무리 발전하더라도 주어진 데이터와 알고리즘 그리고 학습 모형에 제한될 수밖에 없지만, "인간은 변화하는 [외부] 상황을 상상하고, 예측하고, 느끼고, 판단할 수 있는 능력이 있고, 단기적인 문제에서 장기적인 문제로 전환할 수도 있다. 이것은 인간에게만 있는 고유한 능력"이라는 것이다.

챗GPT가 사용된 지 불과 수개월이 지난 지금 벌써 챗GPT의 대화 기능과 접속해서 제공하는 다양한 앱들이 늘어나고 있으며, 이런 앱들이 사용되는 방식이 기업과 일상에서 생산성과 가치를 향상하는 방향으로 자리 잡게 된다면 그것이 곧 인간과 인공지능의 협업이 될 것이다. 또 GPT-5가 나온다 하더라도, 어떤 일을 완전히 맡기기에는 여전히 오류 가능성이 있고 부족한 부분이 있을 수밖에 없기 때문에 앞으로도 상당 기간 이런 식의 인공지능은 사람의 일을 돕는 역할에 머물 수밖에 없다. 사람을 대체하기보다는 사람의 능력을 증대하는 쪽이 방향일 수밖에 없을 것이다.

그러나 이 과정에서도 필요한 인력 수요가 줄어들어 일자리를 잃는 사람들이 생겨날 수 있다. 바로 이에 대한 대처가 중요해지고 있으며 빠르게 대처해 가야 할 매우 중요한 사회적 과제이다.

다음으로 단일 또는 다중양식의 생성형 인공지능이 확대될 것이다. 생성형 인공지능은 텍스트, 이미지, 오디오, 등 다양한 양식(형태)의 콘텐트를 처리하고 생성할 수 있는 인공지능 기술이다. 챗GPT 외에도 다양한 제품들이 나와있고, 텍스트, 이미지, 오디오 중 한 양식을 생성하는 경우와 둘 이상의 양식을 생성하는 경우가 있다. 다중양식으로 갈수록 활용 가능성은 크게 늘어날 것이다. 그러나 용도에 따라 요구가 다를 수 있기 때문에 텍스트 같은 한 양식의 콘텐츠만 다루는 단일양식 생성형 인공지능도 계속 활용될 것이다.

다중양식의 경우, 음성과 글이 함께 인지되고 생성되는 인공지능 기술이 성숙하게 된다면, 대중은 또 한 번 인공지능이 제공하는 기능에 놀라게 될 것이다. 챗GPT는 환각과 편견 등의 일부 문제가 있지만 자연스러운 대화와 풍부한 콘텐츠 그리고 쉬운 사용법으로 인해 생성형 인공지능의 가능성을 대중으로 하여금 깨닫게 했고, 그로 인해 큰 주목을 끌었다. 그런데 지금과 같이 기계적이고 단순한 음성 안내 수준이 아니라 챗GPT와 소통하듯이 인공지능과 음성 대화가 가능해지면 얼마나 신기하고 놀라울 것인가? 활용도는 얼마나 많겠는가? 사람과 대화하듯이 아주 능력 있고 친절한 높은 품질의 음성 안내 또는 상담 서비스를 받는다고 상상해 보라.

그럼에도 불구하고 이런 생성형 인공지능은 가짜 뉴스와 딥 페이크의 온상이 된다. 틀린 정보ㄱ와 허위 정보ㄴ를 감쪽같이 만드는 일이 너무 쉽고, 또 그것을 대규모로 전파할 수 있다. 이로 인한 위험을 제어하지 않는다면 사회와 개인에게 얼마나 해로운 일들이 발생할지 이루 말할 수 없을 만큼 걱정스러운 일이다. 모두가 여기에 주목해야 한다.

다음은 윤리적ㄷ이며 설명 가능한 인공지능ㄹ에 대한 요구이다.

---

ㄱ misinformation
ㄴ disinformation
ㄷ ethical AI

여기에는 책임 있는 인공지능ㄱ도 포함된다. 이 모두를 한 마디로 줄여서 말하면 인간에게 이로운 인공지능이다. 왜 우리가 인간에게 해로운, 또는 조금이라도 해로울 가능성이 있는 인공지능을 만들어야 하는가? 그러나 현실의 인공지능은 인간에게 해를 끼칠 가능성을 상당히 많이 갖고 있다. 가짜 뉴스와 딥 페이크는 그 일부이며, 해를 끼치는 다른 일들도 이미 벌어지고 있다. 편향된 알고리즘의 세뇌, 프라이버시 침해, 감시 사회, 인공지능의 무기화 등이 나타나기 시작했으며 그 위해 가능성은 더욱 커질 것이다. 그런데도 우리가 인공지능을 연구하고 발전시키는 이유는 이것이 인류가 지닌 여러 과제, 즉 삶의 질을 개선할 뿐만 아니라 기아, 질병, 천재지변, 기후변화, 또 그 밖의 지구적 재난을 해결하고 극복할 수 있는 가능성을 보여주기 때문이다. 이 인공지능의 위험과 기회는 또 다른 단행본이 필요한 주제이다.

윤리적 인공지능은 개인의 권리와 정보를 보호하며, 차별하지 않고, 조작하지 않는 등의 기본 가치를 정의한 윤리적 지침을 준수하는 인공지능이다.[221] 책임 있는 인공지능은 특정 조직이 윤리적, 법적 관점에서 인공지능과 관련한 문제를 어떻게 다뤄야 하는지를 문서화한 지배구조(거버넌스) 틀을 말한다.[222] 그리고 설명 가능한

---

ㄹ  explainable AI (XAI)
ㄱ  responsible AI

인공지능(XAI)은 인공지능, 특히 기계학습 알고리즘이 생성한 결과와 출력을 인간 사용자가 이해하고 신뢰할 수 있게 하는 일련의 과정과 방법을 말한다.[223]

윤리적 AI가 인공지능에서 지켜야 할 지침을 규정한다면, 책임 있는 AI는 인공지능이 문제를 일으켰을 때 그 책임이 누구에게 있는지를 분명히 한다. 상호보완적이다.

설명 가능한 AI는 앞의 구조 절에서 설명한대로 기호식 인공지능보다 탁월한 성능을 보인 인공신경망의 가장 큰 단점인 블랙박스 문제를 보완하기 위한 방법이다. 즉 인공신경망에 의한 기계학습 인공지능이 내어놓은 해답은 왜 그런 해답이 나왔는지 이유나 배경을 알려주지 않는다. 설계자도 이유를 알지 못한다. 그러므로 예를 들면 환자에게 어떤 약을 처방하면서 그 약을 처방한 이유를 알려주지 않는 것과 같다. 인공지능이 어떤 예측을 했을 때 근거나 이유가 없다면 기업이 과연 그것을 채택할 수 있을까? 여기에서 설명 들을 권리[ㄱ]가 필요하게 되었고 설명 가능한 AI가 나타났다.

설명 가능한 인공지능은 투명성을 높이고, 편견이 있으면 드러내서 윤리적 가치와 비교할 수 있게 하므로 윤리적 인공지능과 책임 있는 인공지능을 가능하게 하는 바탕이 된다. 그렇지만 이러한 설명 가능한 인공지능에 대해서는 근본적인 한계가 있다는 지적도

---

[ㄱ] right to explain

있다. 예를 들어 투명성은 경쟁자에게 좋은 먹이감이 되며, 기술적 복잡성도 증가하고, 또 결과적으로 얻으려는 신뢰 향상에 효과가 크지 않다는 주장도 있다. 설명 가능한 인공지능을 만들려는 과정에서 정작 인공지능의 기능 자체는 떨어질 수 있다는 지적도 있다. 그렇지만 인공지능의 능력이 새롭게 드러날수록 윤리적이고 책임 있으며 설명 가능한 인공지능의 중요성은 더욱더 커질 것이다.

끝으로 인공지능의 민주화이다. 이것은 크게 두 가지로 나누어진다. 하나는 인공지능 앱을 개발하는 일이 더욱 일반화, 대중화되리라는 것이고, 다른 하나는 인공지능 앱을 사용하는 일이 더욱더 쉽고 편리해짐으로써 누구나 쉽게 사용하게 되리라는 것이다. 앞의 현상은 이미 챗GPT를 통해 드러난 것처럼 오픈AI가 제공하는 응용프로그램 인터페이스(API)[ㄱ]을 이용해서 제3자가 자기들의 과제를 수행하고, 제품이나 서비스를 공급하며, 콘텐트를 생성하고 있다. 이런 현상은 더 확대되어 전문가가 아니더라도 아이디어만 가지고 특정 인공지능 기능을 개발할 수 있는 환경이 도래할 것이다. 물론 한꺼번에 모든 과정이 단순하고 용이하게 되지는 않겠지만 점진적으로 그런 방향의 서비스나 기능이 나타날 것이다.

그리고 컴퓨터를 전혀 모르고 또 사용을 기피하는 일반인들도 점차 인공지능 기능을 사용할 수 있는 환경과 서비스가 제공될 것

---

[ㄱ] API, application program interface

이다. 특히 다중양식 자연어 처리 기능이 성숙된다면 그런 효과가 크게 나타날 것이다. 사람과 대화하듯이 인공지능 기능을 이용하게 되는 것이다.

여기까지가 단기 전망이다. 그러나 이러한 일들은 단기에 그치는 것이 아니라 계속해서 진행되고 발전해 갈 것이다. 중기 전망에서 언급하지 않더라도 당연히 계속해서 이뤄질 일들이다.

이제 중기 전망이다. 향후 5~10년 동안에 나타나리라고 예상되는 인공지능 분야의 변화들이다. 먼저 앞에서 소개한 인공지능의 능력 가운데, 지각, 행동, 추론, 감정 능력에서 발전이 이뤄질 것이다. 특히 추론 능력의 발전은 인공지능을 한 차원 높은 단계로 끌어올리는 계기가 될 것이다. 이 의미는 지금 챗GPT가 보여주는 검색과 언어에 기반해 보여주는 논리적 추론 능력을 뛰어 넘는 그 야말로 새로운 논문과 의미 있는 학문적 성과를 통해 새로운 지식을 찾아내는 수준에 이를 수 있다. 물론 그에 대한 검증이나 지식으로의 인정은 우리 인간의 권한이다.

다음은 인공지능의 여러 능력들이 연합하여 새롭고 가치 있는 일을 수행할 수 있게 될 것이다. 누군가 해야만 하는 위험한 벌목이나 석유 굴착과 같은 일들, 반복적이고 단순하고 임금이 낮은 일들, 필요한 일이지만 할 수 없었던 일들을 인공지능이 맡게 될 것이다.

그리고 인공지능은 실시간 적응형 인공지능과 에지 컴퓨팅 환경의 인공지능이 발전하여 활용 가능성을 확대할 것이다. 인공지능이 학습 단계와 실행 단계가 분리되어 있어서 생기는 용도의 한계를 보완하는 작업도 이뤄질 것이다. 인공지능의 활용 분야로서 점점 더 중요하게 부각될 분야는 계획 수립과 의사결정이 될 것이다. 여기에 가장 중요한 요소가 인공지능의 추론 능력을 기반으로 하는 예측 능력이다.

그와 함께 우리가 살아가는 많은 제도, 조직, 절차, 규정 등의 변화가 생길 것이다. 또한 지구적 과제인 지속가능성을 위해 인공지능을 추구하는 노력이 이뤄질 것이다. 이것은 선택의 문제가 아니라 반드시 해야 할 과제이다. 진행 중인 과제로서 자율주행차, 그리고 메타버스 속의 인공지능에 대한 연구가 계속될 것이며, 성과가 발표될 것이다. 마지막으로 인공지능과 관련한 보안, 프라이버시, 규제의 필요성은 아무리 강조해도 부족하며, 앞서 언급한 윤리적이고 책임 있는 인공지능이 현실에 피부로 느낄 수 있을 만큼 구체화되어 적용되고 시행될 것이다.

지금까지 미래에 대한 단기 전망과 중기 전망이었다. 이 지점에서 가장 중요하다고 생각하는 것은 인공지능이 아무리 좋은 약속을 하더라도 위험 요소를 관리하지 못한다면 앞에서 여러 차례 언급한 것처럼 인쇄술의 발명이 수많은 인명을 살상하고 참담한 비극을 초래한 것과 같은 일이 또다시 벌어지지 않는다고 할 수 없다는 것이다.

## 맺으며

현재 인공지능이 활용되고 응용되는 분야를 보면 앞에서 언급했던 전자상거래, 금융, 교육, 의료, 농업, 게임 외에도 정보기술, 사이버 보안, 정부, 법, 서비스, 미디어, 공공, 제조, 수송, 환경, 경영 등 거의 모든 분야에 걸쳐 있다.[224] 예를 들면, 정보기술 분야는 데이터 보안과 프로세스 자동화, 금융 분야는 자문 서비스와 트레이딩, 마케팅 분야는 고객 맞춤 영업과 고객 대응 개선, 의료 분야는 과제 자동화와 건강 추적 착용 컴퓨터, 수송 분야는 자율차량 서비스와 운송 서비스 사례가 있다. 이런 응용 사례의 범위는 더 넓어지고 종류와 형태는 더 다양해질 것이 틀림없다.

2018년 옥스퍼드 대학교 외 두 곳이 함께 발표한 '언제 인공지능이 인간의 능력을 능가할까? 인공지능 전문가들의 증언'[225]이라는 연구는 기계학습 연구자 352명의 응답자 평균에 근거해 2026년까지 기계가 학교 에세이를 작성할 수 있고, 2027년까지 자율주행 트럭이 운전자를 불필요하게 할 것이며, 2031년까지 AI가 소매 부문에서 인간을 능가한다고 예측하였다. 이제 보면 에세이 작성이 3년 정도 앞당겨진 것을 알 수 있다. 그렇다면 다른 예측도 앞당겨질 가능성이 있다.

이러한 변화가 의미하는 것은 현재의 많은 일자리가 사라진다는 우려가 먼저이지만, 거의 모든 전문가들이 동의하는 것은 새로운 일자리도 많이 나타나리라는 것이다. 인공지능의 기능을 보완하는 일자리가 새로 나타나기 때문이다. 다만 어떤 일이 사라지고 어떤 일이 생기는지, 그리고 그런 일이 얼마나 빠르게 진행될지, 그런 구체적인 변화 내용이 불분명한 것이 문제이다. 이를 어떻게 대처할지는 사회적으로 국가적으로 아주 중요한 의제이다.

또한 이에 못지않게 중요한 이슈는 인공지능이 만드는 거짓과 허위의 홍수이다. 거짓은 인공지능과 관계없이 개인적으로나 사회적으로 가장 해로운 요소이다. 거짓에 무감각하고 관대한 사회는 효율도 떨어지고 신뢰도 형성되지 않으며 갈등과 대립이 조장된다. 지금과 같이 인공지능의 발전에 대한 적절한 대처가 없으면, 무엇이 진실이고 무엇이 거짓인지 구별이 불가능한 세상이 될 것이다. 인공지능과 컴퓨터는 사실과 거짓 사이의 경계를 점점 더 흐릿하게 하기 때문이다. 정말 중요한 도전이고 해결해야 할 과제이다. 다양한 대처 방법이 있고 찾아서 실행해야 하지만, 그래도 저자가 생각하는 가장 근본적으로 해야 할 일은 거짓이나 가짜가 얼마나 잘못된 것인지에 대한 사회적 공감대를 형성해야 한다는 것이다.

이 책의 인공지능 소개만으로는 이런 위험 요소와 그 이상의 가능성을 지닌 기회 요소를 수반할 인공지능의 미래를 대비하는데 충분하지 않다고 생각한다. 그렇더라도 이 책의 소개를 시작으로 인공지능에는 위험 요소와 기회 요소가 함께 있다는 것을 염두에 두게 되고, 인공지능이라고 무조건 신뢰하거나 무조건 멀리하지 않으면서, 변화에 대처할 마음의 동기를 갖게만 된다면 저자는 충분한 의미와 보람을 얻을 수 있다.

## 끝맺는 말

인터워크의 사전 뜻은 '다른 아이디어와 방법을 연결하다'이다.[ㄱ] 저자는 기업의 전산화 업무를 해오면서 두 가지 다른 영역의 중간에서 그들을 연결하는 역할을 해왔다. 그때 두 영역은 경영과 정보기술(IT)이었다. 목적은 IT를 사용하여 기업의 경쟁력과 성과를 높이는 것이었다.

이제 그 영역이 신앙과 과학이 되었다. 목적은 더 나은 세상을 만드는 것이다. 더 안전하고 평화로운 세상을 만드는 것이다.

이 책을 시작으로 구상하는 "인터워크 인공지능 시리즈"의 목

---

[ㄱ] interwork: 정보 연결이 가능하다, 섞어 짜다 [네이버 영어사전], to operate together, to be able to connect and exchange information, to combine different ideas, methods, etc. [Cambridge Dictionary].

적이기도 하다. 인공지능은 인류의 삶을 크게 변화시킬 것이다. 거기에는 기회 요인과 위험 요인이 함께 있다. 위험을 줄이고 기회는 크게 만들어 보다 더 나은 세상을 향해 나아가는데 미력이나마 일조하기를 원한다.

이 변화에는 인공지능(기술)이 주인공이 아니라 인간이 주인이며 주인공이다. 인간은 주인공의 자세와 노력이 필요하다. 그러므로 기술이나 인공지능보다 더 넓은 시야로 세상을 보는 내용을 전하도록 노력할 것이다.

덧붙여 이 책에는 이런저런 이유로 결정적인 답을 내리지 않은 부분들이 있다. 예를 들면 AGI(범용인공지능)에 대해서가 그렇다. 그런 것에 대한 보다 확실한 규명을 찾아 나아가는 것도 계속되는 시리즈에서 해보려고 한다.

이 "인터워크 인공지능 시리즈"를 시작하게 해 주신 하나님께 영광을 올리며, 독자에게는 감사한 마음을 전한다.

# 참고문헌

닉 보스트롬 Nick Bostrom, Superintelligence – paths, dangers, strategies, 2014.

데이비드 아구스, 김영철 역, 질병의 종말, 2012.

레이 커즈웨일 Ray Kurzweil, How to create a mind – The secret of human thought revealed, 2012.

레이 커즈웨일 Ray Kurzweil, The singularity is near – When humans transcend biology, 2005.

리차드 뮬러 Richard Muller, Now – The physics of time, 2016.

마이클 울드리지 Michael Wooldridge, A Brief History of Artificial Intelligence – What It Is, Where We Are, and Where We Are Going, 2021.

맥스 테그마크 Max Tegmark, Life 3.0 – Being Human in the age of

artificial intelligent, 2017.

멜라니 미첼 Melanie Mitchell, Artificial intelligence – A guide for thinking humans, 2019.

브라이언 그린 Brian Greene, The elegant universe – superstrings, hidden dimensions, and the quest for the ultimate theory, 2003.

스탄니스라스 드핸 Stanislas Dehaene, Consciousness and the brain – Deciphering how the brain codes our thoughts, 2014.

스튜어트 러셀 Stuart Russell, Human compatible – Artificial intelligence and the problem of control, 2019.

에릭 라슨 The Myth of Artificial Intelligence – Why Computers Can't Think the Way We Do, 2021.

에비 로엡 Avi Loeb, Extraterrestrial – The First Sign of Intelligent Life Beyond Earth, 2021.

제이슨 벨 Jason Bell, Machine Learning: Hands-On for Developers and Technical Professionals, 2015.

제임스 글릭 James Gleick, The information – A theory, a history, a flood, 2011.

제임스 배럿 James Barrat, Our final invention – Artificial intelligence and the end of human era, 2013.

조지 길더 George Gilder, Gaming AI – Why AI Can't Think but Can Transform Jobs, 2020.

존 C. 레녹스 John C. Lennox, 2084 – Artificial Intelligence and the Future of Humanity, 2020.

찰스 사이프 Charles Seife, Decoding the Universe – How the New Science of Information Is Explaining Everything in the Cosmos, from Our Brains to Black Holes, 2006.

키스 프랭키시(편), 윌리엄 램지(편) Keith Frankish(ed.), William M. Ramsey(ed.) The Cambridge Handbook of Artificial Intelligence, 2014.

크리스 크로울리, 헨리 롯지, Chris Crowley, Henry Lodge, Younger next year, 2004,

폴 데이비스 외(편) Paul Davies, et al.(ed), Information and the Nature of Reality – From Physics to Metaphysics, 2014.

피터 센게 외 Peter Senge, et al., Presence: Human Purpose and the Field of the Future, 2004.

허버트 로이트블라트 Herbert Roitblat, Algorithms Are Not Enough – Creating General Artificial Intelligence, 2020.

DK, The philosophy book – Big ideas simply explained, 2011.

# 주석

1 일레인 리치 Elaine Rich, Artificial Intelligence, 1983, p1.
2 스티븐 호킹 박사는 2014년 BBC와 인터뷰에서 "완전한 인공지능의 개발은 인류의 종말을 가져올 수 있다"고 하였다: 세계경제포럼, 2019-07-18, 사미 마흠의 "How an AI utopia would work" 참고: 레이 커즈와일, 맥스 테그마크 등은 인공지능이 인류의 당면 문제들을 해결해 줄 수 있다고 한다: 제임스 배럿은 Our final invention이란 제목의 책을 냈고, 닉 보스트롬도 비슷한 주장을 하였다.
3 전체 AI 전문가 가운데는 소수이지만 그래도 꽤 많은 전문가들이 AGI를 연구한다. 레이 커즈와일, 벤 괘첼이 유명하고 기관으로는 딥마인드, 휴먼 브레인 프로젝트, 오픈AI가 있다.
4 범용인공지능, AGI, Artificial General Intelligence, 우리 말 번역은 인공일반지능. 일반인공지능 등이 사용되다가 범용인공지능으로 통일되고 있음: Wikipedia, Artificial general intelligence, 인간이 할 수 있는 모든 지적 작업을 잘 수행할 수 있는 기계 지능이다.
5 Wikipedia, Superintelligence, "초지능은 가장 영리하고 재능 있는 인간의 지능을 훨씬 능가하는 지능을 가진 가상의 에이전트이다." 2021-07-16 조회: 닉 보스트롬은 초지능을 "거의 모든 관심 영역에서 인간의 인지 능력을 크게 뛰어넘는 지능"이라고 정의한다.

6  Wikipedia, Consciousness, '의식'의 정의는 사전에 따라 상이하다. 요약하면, 웹스터 사전은 "내면의 심리적 또는 영적 사실에 대한 인식 또는 인지", 케임브리지 사전은 "무언가를 이해하고 깨닫는 상태", 옥스퍼드 생활 사전은 "주변 환경을 인식하고 반응하는 상태"라고 한다. 2023-04-04 조회.

7  Wikipedia, Death, "죽음은 살아있는 유기체를 유지하는 모든 생물학적 기능의 영구적인 중단이다" 2023-04-04 조회. 생물학적으로 생명이 끝나지 않는 생물들도 있지만, 거의 모든 생명체는 반드시 죽음에 이르는 "mortality" 속성을 지닌다. Wikipedia, Immortality.

8  Wikipedia, Universe, 물리적 우주는 모든 공간과 시간(통칭하여 시공간) 그리고 그 내용으로 정의된다.

9  의식(consciousness)은 빙하에 비유하여, 수면 위에 떠있어 인식되는 부분인 의식과 수면 바로 아래 잠겨 있어 기억이나 회상에 의해 인식될 수 있는 잠재의식(sub-consciousness), 그리고 수면 깊이 잠겨 있어 잘 인식되지 않는 무의식(unconsciousness)으로 구분한다. 그러나 이 전체를 의식으로 말하거나, 또는 마음으로 지칭할 수도 있다. 잠재 의식과 무의식은 동일하게 사용하기도 한다. 이 책에서는 전체를 지칭하는 의식을 사용한다.

10  Wikipedia, Consciousness, "It(consciousness) may be awareness, awareness of awareness, or self-awareness."

11  Max Tegmark. Life 3.0, p283.

12  Stanislas Dehaene, Consciousness and the brain, p8-9.

13  잠재의식(sub-consciousness), 무의식(unconsciousness), 자의식(self-consciousness), 자유의지(free will, volition) 등은 범용인공지능, 또는 강한 인공지능과 관련하여 중요한 주제이다: Wikipedia, Free will, 자유의지는 가능한 다양한 행동 중에서 선택할 수 있는 능력이다. … (데카르트 이원론에서) 자유의지 개념은 마음(의식, 기억, 판단력)과 몸(뇌, 신경계) 사이의 관계에 대한 표현이다.

14  Stanislas Dehaene, Consciousness and the brain, p7.

15  Wikipedia, Consciousness, "Sometimes, it(consciousness) is synonymous with the mind, and at other times, an aspect of it."

16  3장에서 다루지만, 저자가 말하는 범용인공지능은 의식 기계와 범용 기계 모두를 의미한다. 전자는 의식하면서 범용 능력이 있는 인공지능이며 후자는 의식은 없으나 범용 능력이 있는 인공지능이다. 여기서는 전자를 의미한다.

17  아마존 베스트셀러 전체 순위 25,152위, 바이오테크 분야 1위, 인공지능과 어의론 분야 38위 2023-02-28 조회.

18  Wikipedia, Black hole, 블랙홀은 중력이 너무 강해서 입자나 빛이 빠져나갈 수 없는 시공간 영역이다. 2016년 2월 처음으로 블랙홀 통합을 발견한 후 블랙홀과 관련한 현상들이 발견되었다는 보도가 나오고 있다. 블랙홀 통합은 둘 이상의 블랙홀이 합하여 한 블랙홀이 되는 현상이다. 2022-01-18 조회.

19  스튜어트 러셀, Stuart Russell, '인간 호환성 - 인공지능과 제어 문제 Human compatible - Artificial intelligence and the problem of control', p16,

20  멜라니 미첼 Melanie Mitchell, Artificial intelligence - A guide for thinking humans, p275.

21  조지 길더 George Gilder, Gaming AI - Why AI Can't Think but Can Transform Jobs, 2020.

22  허버트 로이트블라트 Algorithms Are Not Enough - Creating General Artificial Intelligence, 2020.

23  에릭 라슨 The Myth of Artificial Intelligence - Why Computers Can't Think the Way We Do, 2021.

24  MIT technology review, Artificial general intelligence: Are we close, and does it even make sense to try? Will Douglas Heaven, 2020년 10월.

25  MIT technology review, AI pioneer Geoff Hinton - Deep learning is going to be able to do everything, Karen Hao, 2020년 11월.

26  MIT technology review, Geoffrey Hinton has a hunch about what's next for AI, Siobhan Roberts, 2021년 4월.

27  존 C. 레녹스 John C. Lennox, 2084 - Artificial Intelligence and the Future of Humanity, 2020, p15.

28  Max Tegmark, Life 3.0, p283 "의식 = 주관적 경험"이라고 한다: Wikipedia, Consciousness, 또한 의식은 qualia라고 정의되기도 한다. qualia의 뜻은 "마음 상태의 주관이며 정성적인 속성"이다.

29  폴 데이비스 외(편) Paul Davies, et al.(ed), Information and the Nature of Reality - From Physics to Metaphysics, 2014, "From matter to materialism … and (almost) back", p15~44.

30  이들 외에도 많은 이들이 있지만, 드브로이, 막스 플랑크, 막스 보른, 그리고 양자 이론을 부인한 아인슈타인도 양자 이론의 형성에 기여했다.

31  Wikipedia, Emergence, 부분에는 없는 속성이 더 큰 전체에서 나타날 때 출현 emergence이 생긴다. 2021-10-04 조회.

32  네이버, 영한 사전, alien hand syndrome, 한 손이 자신의 의지와 상관없이 움직여 마치 손 자체가 의지를 가진 것처럼, 혹은 외부의 어떤 힘에 이끌리는 것처럼 느껴지는 상태.

33  Max Tegmark, Life 3.0, p305~308.

34  Francis Crick, 1953년 제임스 왓슨과 함께 최초로 DNA의 이중 나선 구조를 해독하였다.

35  MIT technology review, Christof Koch, The magic number, sept/oct, 2021, p82~83.

36  Wikipedia, Working memory, 작업 기억공간은 정보를 일시적으로 보유할 수 있는 제한된 용량의 인지 시스템을 말하며, 인지심리학, 신경심리학 및 신경과학의 중심에 있는 이론적 개념이다. 2022-05-23 조회.

37  박테리아, 히드라 등 생물학적으로는 불멸인 일부 종이 있다. 물론 이것도 환경 변화, 돌연변이 등으로 죽음을 맞이한다.

38  유드코프스키, 블로그, Seed AI, 엘리에저 유드코프스키가 만든 용어, 씨앗(종자) 인공지능은 사람의 개입 없이 자체 소스 코드를 반복적으로 다시 작성하여 스스로를 개선하는 범용인공지능이다.

39  그는 ultra-intelligent machine이라고 했으나 현재 의미로는 범용인공지능 artificial general intelligence에 해당한다

40  닉 보스트롬 Nick Bostrom, Superintelligence – paths, dangers, strategies, 2014, p63-64

41  제임스 배럿 James Barrat, Our final invention – Artificial intelligence and the end of human era, 2013, p117.

42  통상 말하는 평균 수명은 기대 수명을 말하며 그 시점 출생자의 기대 수명을 의미한다. 이와 달리 평균 여명은 연령별 남은 기대 수명 평균이며 통계청 사이트에서 생명표로 확인할 수 있다.

43  미국 국립보건원(NIH) 산하 기관 NCBI 보고서 "Living too long"에서 "Better

health care and hygiene, healthier life styles, sufficient food and improved medical care and reduced child mortality mean that we can now expect to live much longer than our ancestors just a few generations ago.", 2014-12-18, https://www.ncbi.nlm.nih.gov/pmc/articles/PMC4328740/

44 데이비드 아구스, 김영철 역, 질병의 종말, 2012, p51.

45 Chris Crowley, Henry Lodge, Younger next year, 2004, p31.

46 조선일보, 2021.09.08, '불로장생'에 꽂힌 제프 베이조스… 생명공학 스타트업에 수십억 투자.

47 MIT technology review, 2021-09-04, Meet Altos Labs, Silicon Valley's latest wild bet on living forever.

48 레이 커즈웨일 Ray Kurzweil, The singularity is near – When humans transcend biology, 2005, p300~310.

49 2022년 UN이 예측한 세계 인구 100억명이 되는 시기는 2050년이다. "World population prospects 2022"

50 Klaus Stiefel, Jay S. Coggan, A hard energy use limit of artificial superintelligence, 2022-11-29.

51 미국의 백만장자인 에드워드 배스는 작은 지구를 만들고 싶었다. 그는 미국 애리조나 주 남부 오라클의 사막지대에 1만 $2000m^2$의 거대한 유리 온실을 만들었다. "생물권 2"라고 이름 지어진(생물권 1은 지구) 이 인공지구 속에는 지구의 축소판인 바다, 습지, 열대우림, 사막, 초원, 농경지 등을 만들었다. … 2년 뒤 실험은 끝났지만 자급자족 생태계를 구성하려는 시도는 무참히 실패했다. https://www.hani.co.kr/arti/society/environment/379532.html#csidx 6ecff25 ceaf9356aec48754f959587d

52 Artificial Planet, 성간 우주여행의 중간 이정표로 제안되었다. 인공 행성은 거대한 건설 정거장으로 시작하여 점차 자급자족 우주 식민지로 변화해 갈 것이다. https://ui.adsabs.harvard.edu/abs/2013JBIS...66...43G/abstract

53 UAP, unidentified aerial phenomenon, UFO(Unidentified Flying Object)에서 UAP로 표현을 바꾼 것은 '비행 물체'에서 '공중 현상'으로 범위를 확대한 의미가 있다.

54 Office of The Director of National Intelligence, Preliminary Assessment: Unidentified Aerial Phenomena, 2021-06-25.

55 Scientific American, The First Alien – When did we start talking about life from elsewhere? 2019-11-23.

56 우주에는 우리 태양계가 속해 있는 것과 같은 은하계들이 또 1천억 개가 있다고 한다. 그것도 관측가능한 우주 안에서만 그렇다.

57 레이 커즈웨일 Ray Kurzweil, The singularity is near – When humans transcend biology, 2005, p342.

58 에비 로엡 Avi Loeb, Extraterrestrial – The First Sign of Intelligent Life Beyond Earth, 2021.

59 Ibid., p2-3, 그 흐린 이미지에 그들이 부친 이름인 오무아무아(Oumuamua)는 하와이 토착어로 '정찰병'을 의미한다.

60 Scientific American, Astronomer Avi Loeb Says Aliens Have Visited, and He's Not Kidding, 2021-02-01.

61 Wikipedia, Copernican principle, "lowest and filthiest parts" 2021-12-28 조회.

62 Wikipedia, Mediocrity principle, 2023-04-23 조회.

63 Wikipedia, Copernican principle, 2023-03-09 조회.

64 Wikipedia, Fine-tuned universe, 2022-01-02 조회.

65 Wikipedia, Anthropic principle, 2023-05-14 조회.

66 가장자리는 유한한지 무한한지와 반드시 일치하지는 않는다. 예를 들어 공이나 원환체(도넛 형태)와 같다면 유한하지만 가장자리를 규정하지 못할 수 있다. 우주의 유한과 무한보다 시작과 끝의 유무가 더 포괄적이며, 또 시공간을 고려하기 위해 시작과 끝으로 통일한다.

67 Wikipedia, Ultimate fate of universe, "Big Crunch", "Big Rip", "Big Freeze", "Big Chill", 2023-05-14 조회

68 Scientific American, Gabriele Veneziano, The Myth Of The Beginning Of Time, 2006-02-01, (Veneziano is a theoretical physicist at CERN, was the father of string theory in the late 1960s).

69 Wikipedia, Heat death of the universe, "The heat death of the universe (also known as the Big Chill or Big Freeze) is a hypothesis on the ultimate fate of the universe, which suggests the universe will evolve to a state of

70   Wikipedia, Entropy (statistical thermodynamics), "a measure of the number of possible microscopic states (microstates) of a system in thermodynamic equilibrium" 2023-03-10 조회

no thermodynamic free energy, and will therefore be unable to sustain processes that increase entropy." 2023-03-10 조회.

71   Wikipedia, Observable universe, 관찰가능한 우주는 현재 지구 또는 우주 기반 망원경 및 탐사 탐사선에서 관찰할 수 있는 모든 물질로 구성된 우주의 공 모양 영역.

72   가톨릭 예수회 수사였던 프랑스인 피에르 테야르 드 샤르댕Pierre Teilhard de Chardin(1881-1955)의 오메가 포인트Omega Point를 연상시킨다. 오메가 포인트는 인간의 약점을 극복한 미래에 로봇 후손들이 우주로 뻗어 나가 도달하는 문명의 극치로, 이때 모든 사건과 과거에 존재했던 모든 존재들마저 부활시킬 수 있다고 가정하며 샤르댕이 만든 용어이다. 네이버, 영한사전, Wikipedia, Omega Point.

73   Wikipedia, The hard problem of consciousness, Chalmers argues that experience is more than the sum of its parts. In other words, experience is irreducible.

74   뉴욕타임스, What's the longest humans can live? 115 years, new study says, Carl Zimmer, 2016-10-05, 인간의 최대 수명이 115세라는 연구 결과와 찬반 의견을 보도한다.

75   The longest a human has ever lived is 122 years, 5 months, and 14 days — a record set by Jeanne Calment in France in 1997.
https://www.businessinsider.com/human-life-span-limitless-maximum-age-debate-2021-10

76   Wikipedia, Charles Darwin, "The first review asked, 'If a monkey has become a man - what may not a man become?'" 2023-04-26 조회.

77   Charles Darwin & evolution 1809~2009, How Did The Victorian World Respond To Darwin?
https://darwin200.christs.cam.ac.uk/response-darwin

78   https://www.bbvaopenmind.com/en/science/leading-figures/two-clashing-giants- marxism-and-darwinism/

79  네이버, 표준국어대사전, 우생학, "유전 법칙을 응용해서 인간 종족의 개선을 연구하는 학문."
80  https://www.historyhit.com/social-darwinism-in-nazi-germany/
81  20세기 공산주의 정권들이 저지른 살육으로 희생된 사람이 수 천만 명에 이르며 나치 독일은 천만명이 넘게 희생시킨 홀로코스트를 자행했다.
82  Wikipedia, Electricity, In 1791, Luigi Galvani published his discovery of bioelectromagnetics, demonstrating that electricity was the medium by which neurons passed signals to the muscles.
83  물론 컴퓨터를 포함하여 대부분의 현대 전자 기기들은 전기 회로와 전자 회로를 모두 사용한다. 전기 회로는 모터 또는 엔진을 움직이게 하는 에너지 원을 공급하는 기능을 하며, 전자 회로는 기기 통제 패널에서 사용자가 선택한 기능을 필요한 기기에게 전달하는 기능을 수행하는 것이다. 컴퓨터의 경우에는 전기 회로보다 전자 회로가 훨씬 더 많이 사용되며 중요한 기능을 담당한다.
84  Wikipedia, Ludwig Boltzmann, Statistical mechanics is one of the pillars of modern physics.
85  MIT technology review, Embracing the promise of a compute-everywhere future, 2021-12-14.
86  Forbes, Paul Lipman, How quantum computing will transform cybersecurity, 2021-01-04.
87  Forbes, Skip Sanzeri, What the quantum computing cybersecurity preparedness act means for national security, 2023-01-25.
88  Wikipedia, Supercomputer, 데스크톱 PC가 100gigaFLOPS~ 10teraFLOPS이고, 슈퍼컴퓨터는 100petaFLOPS (즉 PC는 10의 11~13승이고 슈퍼컴퓨터는 10의 17승이므로 10의 4~6승차이)
89  중앙처리장치(CPU) 기능을 담은 집적회로(IC)이다.
90  Wikipedia, Embedded system, 2022-08-07 조회.
91  이 절은 Wikipedia의 Computer 항과 Mathematics 항 등을 주로 참조하였다.
92  Wikipedia, Blaise Pascal, "1642년 프랑스의 수학자이며 철학자인 파스칼은 기계식 계산기(calculator)를 처음 발명했다." 이 당시 계산을 돕는 도구를 가리키는 단어는 calculator가 사용된 것을 볼 수 있다. 2023-05-29 조회.

93 Wikipedia, Mathematics, 대부분의 수학적 활동은 (순수한 추론에 의해) 추상적인 대상의 속성을 발견하고 증명하는 것으로 구성된다. 이러한 대상은 자연수 또는 선 같은 자연의 추상화이거나 현대 수학에서 공리라고 하는 특정 속성이 규정된 추상 개체들이다. 2022-02-03 조회.

94 이산 수학에는 집합 이론, 조합 이론, 수학적 논리, 확률, 선형대수학 등이 포함된다.

95 과학, 공학, 산업, 기업과 관련해 실용적으로 수학 이론을 사용하는 수학 분야.

96 통계학은 수학과 별도 분야로 보기도 하지만 수학의 한 분야인 응용 수학의 일부로 간주하기도 하며, 또 통계학은 확률과 함께 수학을 상당히 사용한다. 통계학은 인공지능의 주요 부분인 기계학습의 바탕이며 데이터 마이닝과 많은 부분이 겹친다.

97 40자리 십진수 1,000개를 저장할 수 있도록 설계되었다.

98 The [electronics] industry traces its origins to the invention of the two-element electron tube (1904) by John Ambrose Flemming, and the three-element tube (1906) by Lee De Forest.
https://www.infoplease.com/encyclopedia/social-science/economy/business/electronics-industry

99 Used as on/off switches, vacuum tubes allowed the first computers to perform digital computations.
https://www.pcmag.com/encyclopedia/term/vacuum-tube

100 Wikipedia, ENIAC, 스위치를 켜면 ENIAC이 있던 필라델피아 시의 전등 불빛이 흐려진다는 소문이 돌았다고 한다.

101 Turing 자신은 Universal computing machine이라고 했으나, 후에 그의 이름을 따서 Universal Turing machine이라고 부르게 되었다.

102 Wikipedia, Computer, von Neumann acknowledged that the central concept of the modern computer was due to this (Turing's) paper.

103 전면은 영국 엘리자베스 2세 여왕의 초상이 그려져 있다.

104 Wikipedia, Alan Turing, 2023-05-05 조회.

105 Wikipedia, Computer, The Manchester Baby was the world's first stored-program computer. It was built at the University of Manchester in England … and ran its first program on 21 June 1948.

106  What is Computational Thinking and Why is it So Important? 2022-05-13: Reviewing Computational Thinking in Compulsory Education, Publications Office of the European Union, 2022-03-03

107  Ray Kurzweil, The singularity is near, "Information lasts only so long as someone cares about it." p329.

108  제임스 글릭 James Gleick, The information – A theory, a history, a flood, 아프리카의 사하라 사막 이남 지역에서는 북을 쳐서 몇 가지 간단한 신호를 전달 하였다, p13,14, 2011.

109  Wikipedia, Moore's law, 1965년 최초 예측할 때는 10년간 매년 두 배가 된다 고 예측했으나 1975년에는 2년마다 두 배가 된다고 수정하였다. 그후 2020년까 지 실제 2년마다 두 배가 된 것을 확인할 수 있다. 2022-07-29 조회.

110  The Economist, The quantified self, 2022년 5월 5-13일자 "2021년까지 전 세계적으로 290억 달러가 지출되었으며 이는 스포츠 용품에 지출된 금액의 절 반 이상이다."

111  Scientific American, Mark Weiser, The Computer for the 21st Century, 1991.

112  MMOG, Massively Multiplayer Online Game, 대표적인 다중 온라인 게임 중 하나가 다중 접속 온라인 역할 수행 게임Massively multiplayer online role-playing game(MMORPG)이다.

113  대표적인 다중 온라인 게임 중 하나가 다중 접속 온라인 역할 수행 게임 (MMORPG, Massively multiplayer online role-playing game)이다.

114  USA TODAY, Supporters of the metaverse envision its users working, playing and staying connected with friends through everything from concerts and conferences to virtual trips around to the world. 2021-11-10: CBS news, The metaverse is a 3D social network. 2022-03-03.

115  MIT technology review, Quantum computing has a hype problem, Sankar Das Sarma, 2022-03-28.

116  MIT technology review, What Can DNA-Based Computers Do? 2015-02-04.

117  멜라니 미첼 Melanie Mitchell, Artificial intelligence – A guide for thinking

humans, 심지어 그 당시 컴퓨터는 현재 스마트폰의 백만분의 1정도 밖에 안되었다. p18, 2019.

118 에릭 라슨 The Myth of Artificial Intelligence - Why Computers Can't Think the Way We Do, 2021, p51: 스튜어트 러셀 Stuart Russell, Human compatible - Artificial intelligence and the problem of control, 2019, p4-5.

119 멜라니 미첼 Melanie Mitchell, Artificial intelligence - A guide for thinking humans, 2019, p19, "The field itself is named, and its general goals were outlined"

120 Ibid., p19.

121 New York Times, "the embryo of an electronic computer that [the Navy] expects will be able to walk, talk, see, write, reproduce itself and be conscious of its existence." 1958-07-08.

122 휴버트 드레퓌스 Hubert Freyfus, "연금술과 인공지능 Alchemy and artificial intelligence".

123 사회과학의 불확실성과 과학기술의 불확실성은 구글 검색 양을 통해 확인할 수 있다. "uncertainty in social sciences" (3억3천만건), "uncertainty in sciences and technology" (2억7천만건) 2022-09-02 조회.

124 미국에서 1951년 The day the earth stood still, 1957년 The invisible boy 같은 영화에 각각 Gort와 Robby the robot이란 이름의 인공지능 로봇이 등장한다.

125 New York Times, "Can Intelligence Be Separated From the Body?", Oliver Whang, 2023-04-11.

126 키스 프랭키시(편), 윌리엄 램지(편) Keith Frankish(ed.), William M. Ramsey(ed.) The Cambridge Handbook of Artificial Intelligence, 2014, p40, 69.

127 네이버, 지식백과, 중세교부철학의 시작, 아우구스티누스.

128 Wikipedia, Summa Theologica, 2023-03-15 조회.

129 종교개혁의 다섯 오직: 오직 성경(말씀), 오직 믿음, 오직 은혜, 오직 그리스도, 오직 하나님께 영광; Five solae (solos): Sola scriptura (by Scripture alone), Sola fide (by faith alone), Sola gratis (by grace alone), Solus Christus (Christ alone), Soli Deo gloria (glory to God alone).

130 Wikipedia, Heliocentrism, 2022-10-23 조회.
131 Wikipedia, Determinism, 2022-10-23 조회.
132 자유의지는 논리적 사고와 관련이 없다는 뜻은 아니다. 자유의지에 비해 결정론이 논리적 사고에 더 의존한다는 의미이다.
133 키스 프랭키시(편), 윌리엄 램지(편) Keith Frankish(ed.), William M. Ramsey(ed.) The Cambridge Handbook of Artificial Intelligence, 2014, p40.
134 DK, The philosophy book - Big ideas simply explained, 2011, p112,113.
135 Wikipedia, Gottfried Wilhelm Leibniz, 2022-10-24 조회
136 DK, The philosophy book - Big ideas simply explained, 2011, p135.
137 Wikipedia, Gottfried Wilhelm Leibniz, Philosopher, 2022-11-07 조회.
138 키스 프랭키시(편), 윌리엄 램지(편) Keith Frankish(ed.), William M. Ramsey(ed.) The Cambridge Handbook of Artificial Intelligence, 2014, p40.
139 Wikipedia, Mind-body dualism, "Substance dualism is contrasted with all forms of materialism" 2022-10-24 조회
140 성경, 데살로니가전서 5장23절 "평강의 하나님이 친히 너희를 온전히 거룩하게 하시고 또 너희의 온 영과 혼과 몸이 우리 주 예수 그리스도께서 강림하실 때에 흠 없게 보전되기를 원하노라" 기독교에서 영은 마음에 가까우며 몸이 사라지는 대상이라면 영(마음)은 사라지지 않고 존재한다. 혼(spirit 영혼, Holy Spirit 성령)은 하나님과의 깊은 관계를 말하며 예수님으로부터 받는다.
141 Wikipedia, Rene Descartes, 2022-10-25 조회.
142 키스 프랭키시(편), 윌리엄 램지(편) Keith Frankish(ed.), William M. Ramsey(ed.) The Cambridge Handbook of Artificial Intelligence, 2014, p40.
143 인본주의humanism는 크고 무거운 주제이기 때문에 여기서는 생략한다. 저자 생각에 인본주의의 기반이라는 이성에는 과잉 요소 - 이성이 아닌 요소 - 가 있으며, 그로 인해 이성은 인류 역사에서 때로는 긍정적으로 때로는 부정적으로 작용한 것을 볼 수 있다고 생각한다. 다른 기회에 충분히 토론하고 싶은 주제이다.
144 찰스 사이프 Charles Seife, Decoding the Universe: How the New Science of Information Is Explaining Everything in the Cosmos, from Our Brains to

Black Holes, 2006, p41, "What made Boltzmann different from Newton and all his predecessors was that Boltzmann's work dealt with probabilities and statistics ⋯ whereas physics, from its very beginning, dealt only with certainties."

145  사전의 정의부터 인공지능 초창기의 정의, 그리고 최근 여러 저자들의 정의를 참고하였다.

146  World economic forum, What is AI? Top computer scientist Stuart Russell explains in this video interview, 2022-06-14.

147  마이클 울드리지 Michael Wooldridge, A Brief History of Artificial Intelligence - What It Is, Where We Are, and Where We Are Going, 2021, p2,3.

148  Wikipedia, Physical symbol system, "A physical symbol system has the necessary and sufficient means for general intelligent action." 2023-04-04 조회.

149  우리의 기억 방법에 대해서는 다음 두 자료를 참고하였다. How Do We... What was it... Remember Things? 2019-11-17, https://interestingengineering.com/science/how-do-we-what-was-it-remember-things, Human memory: How we make, remember, and forget memories, 2019-03-05, https://www.nationalgeographic.com/science/article/human-memory

150  키스 프랭키시(편), 윌리엄 램지(편) Keith Frankish(ed.), William M. Ramsey(ed.) The Cambridge Handbook of Artificial Intelligence, 2014, p118,119.

151  ibid., p101.

152  Symbolic Reasoning (Symbolic AI) and Machine Learning, "First of all, every deep neural net trained by supervised learning combines deep learning and symbolic manipulation, at least in a rudimentary sense." https://wiki.pathmind.com/symbolic-reasoning

153  키스 프랭키시(편), 윌리엄 램지(편) Keith Frankish(ed.), William M. Ramsey(ed.) The Cambridge Handbook of Artificial Intelligence, 2014, p119.

154 Ibid., p128.
155 Ibid., p128~135.
156 Ibid., p142.
157 Ibid.: Wikipedia, Artificial intelligence, 2019-11-07.
158 키스 프랭키시(편), 윌리엄 램지(편) Keith Frankish(ed.), William M. Ramsey(ed.) The Cambridge Handbook of Artificial Intelligence, 2014, p168.
159 Ibid., p168
160 Ibid., p178.
161 Discover magazine, Emma Yasinski, Which sense do humans rely on the most? 아리스토텔레스는 사람의 생존에 더 중요하다는 이유로 오감의 중요성 순서를 시각, 청각, 후각, 미각, 촉각으로 하였다. 2020-11-14 재인용.
162 Wikipedia, Speech recognition.
163 센서 배열sensor array은 센서 하나가 아닌 여러 개를 기하적 패턴으로 배치하여 감지할 수 있는 신호의 변수를 늘려 신호 예측 가능성을 높이고 신호 품질도 높이는 방법이다.
164 Wikipedia, Digital scent technology, 2022-12-01 조회.
165 Wikipedia, Electronic tongue, 2022-12-04 조회.
166 National library of medicine, Asif Ullah, et al., 최근 한 연구는 개인별로 맛을 느끼는 taste buds(미뢰 또는 맛봉오리)의 차이가 있고 나이가 들면서 미각의 품질이 떨어져 젊은 사람과 나이든 사람 사이에 느끼는 미각이 다를 수 있는 점을 지적한다. E-Taste: Taste Sensations and Flavors Based on Tongue's Electrical and Thermal Stimulation, 2022-06-30.
167 sense of touch, tactile sensation, touch sensation, somatosensory system, haptic perception 모두 촉각을 의미한다.
168 네이버, 영한사전, tactile sensation.
169 Wikipedia, Machine perception 〉 Machine touch, 2022-12-04 조회.
170 Wikipedia, Somatosensory system, 2022-12-06 조회.
171 Wikipedia, Tactile sensor, 2022-12-06 조회.
172 National library of medicine, Minhoon Park et al., Recent Advances in

173 Tactile Sensing Technology, 2018-06-25.
173 Wikipedia, Embodied cognition, "체화 인지는 인간이든 아니든 인지의 많은 특징이 유기체의 전체 신체 측면에 의해 형성된다는 이론이다. 감각 및 운동 시스템은 근본적으로 인지 처리와 통합된 것으로 간주한다." 2023-04-07 조회.
174 스튜어트 러셀 Stuart Russell, Human compatible – Artificial intelligence and the problem of control, 2019, p42.
175 Wikipedia, Intelligent agent, 2022-12-12 조회.
176 키스 프랭키시(편), 윌리엄 램지(편) Keith Frankish(ed.), William M. Ramsey(ed.) The Cambridge Handbook of Artificial Intelligence, 2014, p232.
177 https://www.techtarget.com/whatis/definition/bot-robot, 2022-12-18 조회.
178 Wikipedia, Internet bot, 2022-12-20 조회.
179 Wikipedia, Multiple-agent system, 상호 작용하는 지능형 대리인(인공지능)들로 구성된 컴퓨터 시스템, 2022-12-27 조회.
180 www.robocup.org
181 Wikipedia, Moravec's paradox, 2023-01-05 조회.
182 BBC, By Jason G Goldman, Is language unique to humans? 2012-10-17, https://www.bbc.com/future/article/20121016-is-language-unique-to-humans
183 Forbes, Rob Toews, Language Is The Next Great Frontier In AI, 2022-02-13, https://www.forbes.com/sites/robtoews/2022/02/13/language-is-the-next-great-frontier-in-ai/?sh=c189dad5c506
184 성경, 요한복음 1장1절 "태초에 말씀이 계시니라 이 말씀이 하나님과 함께 계셨으니 이 말씀은 곧 하나님이시니라". "말씀"의 헬라어 원문인 $\lambda \acute{o} \gamma o \varsigma$(로고스)는 말씀(word) 외에도 이성(reason), 원인(cause)의 의미를 갖고 있다.
185 노암 촘스키의 LAD(linguistic acquisition device)
186 키스 프랭키시(편), 윌리엄 램지(편) Keith Frankish(ed.), William M. Ramsey(ed.) The Cambridge Handbook of Artificial Intelligence, 2014, p214.

187　Wikipedia, Computational linguistics, "The term "computational linguistics" is nowadays (2020) taken to be a near-synonym of natural language processing (NLP) and language technology." 2023-01-12 조회.
188　Wikipedia, Eliza, 2023-01-20 조회.
189　Wikipedia, PARRY, 2023-01-20 조회
190　키스 프랭키시(편), 윌리엄 램지(편) Keith Frankish(ed.), William M. Ramsey(ed.) The Cambridge Handbook of Artificial Intelligence, 2014, p215.
191　MedPage Today, Michael DePeau-Wilson, AI Passes U.S. Medical Licensing Exam, 2023-01-19.
192　CBS News, ChatGPT bot passes law school exam, 2023-01-25.
193　NBC news, ChatGPT passes MBA exam given by a Wharton professor, 2023-01-25.
194　SearchEngineJournal, GPT-4 Is Coming: A Look Into The Future Of AI, 2023-01-20.
195　Wikipedia, Natural language processing, 2023-01-26 조회.
196　피터 센게 외 Peter Senge, et al., Presence: Human Purpose and the Field of the Future, 2004, p3.
197　키스 프랭키시(편), 윌리엄 램지(편) Keith Frankish(ed.), William M. Ramsey(ed.) The Cambridge Handbook of Artificial Intelligence, 2014, p158, "Algorithms are successful only when they are "tuned" to their domain; there are no universal algorithms."
198　키스 프랭키시(편), 윌리엄 램지(편) Keith Frankish(ed.), William M. Ramsey(ed.) The Cambridge Handbook of Artificial Intelligence, 2014, p160, "but it[machine learning] cannot be true learning, at least in so far as true learning requires cognition.".
199　제이슨 벨 Jason Bell, Machine Learning: Hands-On for Developers and Technical Professionals, 2015, p118.
200　Wikipedia, Reason, "Reason is the capacity of consciously applying logic by drawing conclusions from new or existing information, with the aim of seeking the truth." 2023-02-18 조회.

201 발표자 중 허버트 사이먼은 후에 노벨상을 수상했으며, 청중은 컴퓨터와 인공지능 역사의 중요 인물들이었다.
202 Wikipedia, Logic Theorist, Logic Theorist's influence on AI, 2023-02-19 조회. Emotion AI, explained, Meredith Somers, 2019-03-08, https://mitsloan.mit.edu/ideas-made-to-matter/emotion-ai-explained.
203 Wikipedia, Commonsense reasoning, 뉴욕대 교수 어니스트 데이비스는 전형적인 7세 어린이가 세상에 대해 알고 있는 것이라고 하였다. 2023-02-21 조회.
204 키스 프랭키시(편), 윌리엄 램지(편) Keith Frankish(ed.), William M. Ramsey(ed.) The Cambridge Handbook of Artificial Intelligence, 2014, 존 맥카시John McCarthy, 1958년, p192(재인용).
205 Ibid., p249.
206 키스 프랭키시(편), 윌리엄 램지(편) Keith Frankish(ed.), William M. Ramsey(ed.) The Cambridge Handbook of Artificial Intelligence, 2014, p250.
207 Wikipedia, Social intelligence 〉 Digital age, 2023-02-27 조회.
208 Nadejda Alkhaldi, Emotional AI: Are Algorithms Smart Enough to Decipher Human Emotions? 2022-05-05, https://www.iotforall.com/emotional-ai-are-algorithms-smart-enough-to-decipher-human-emotions
209 Olivia Brookhouse, Can Artificial Intelligence understand emotions? 2022-02-07, https://business.blogthinkbig.com/can-artificial-intelligence-understand-emotions/
210 Ibid.
211 앞의 여섯 능력에 필요한 지능으로 표현되지 않는 여러 능력들이 있다. 예를 들면, 이 책에서는 추론 능력에 포함된다고 보았지만, 의사결정, 문재해결, 계획 능력이 있고, 또 창의성이나 육감과 상상력 같은 인지 기능도 있다.
212 When will singularity happen? 1700 expert opinions of AGI [2023], UPDATED ON 2023-02-19, https://research.aimultiple.com/artificial-general-intelligence-singularity-timing/

213 조선일보, 권대석, "AI 특이점 시대, 서민은 어떻게 보호할 것인가" 2023-03-24.

214 Future of life institute, Pause giant AI experiments: An open letter, 2023-03-22 공개, 서명 수 1784명, 오픈AI CEO 샘 얼트만은 없었음(2023-03-31 조회), 서명 수 33002명(2023-07-13조회).

215 Interesting Engineering, Baba Tamim, GPT-5 expected this year, could make ChatGPT indistinguishable from a human, 2023-03-30.

216 MIT technology review, Melissa Heikkila, The hype around DeepMind's new AI model misses what's actually cool about it, 2022-05-23.

217 Sebastien Bubeck, et al., Sparks of artificial general intelligence: Early experiments with GPT-4, 2023-03-02.

218 Gary Marcus, Deep learning is hitting a wall, 2022-03-10,

219 Romal Thoppilan et al., LaMDA: Language models for dialogue applications, 2022-02-10.

220 Harvard business review, David De Cremer, Garry Kasparov, AI Should Augment Human Intelligence, Not Replace It, 2021-03-18.

221 C3.AI, Ethical AI 〉 Glossary, https://c3.ai/glossary/artificial-intelligence/ethical-ai/, 2023-04-01 조회.

222 TechTarget, Alexander S. Gillis, Responsible AI 〉 definition, 2023-04-01 조회.

223 IBM, Explainable AI (XAI), 2023-04-01 조회.

224 Wikipedia, Applications of AI, 2023-03-04.

225 카차 그레이스 외, Katja Grace, et al., When Will AI Exceed Human Performance? Evidence from AI Experts, 2018-05-03.

## 색인

| | |
|---|---|
| "인간형 존재" "human-type being" | 72, 75-76, 238 |
| 가짜 뉴스 fake news | 41, 207, 243-244 |
| 감정 지능 emotional intelligence | 226 |
| 감정인식 컴퓨터 affective computing | 125, 224 |
| 강한 인공지능 strong AI | 17, 139 |
| 강화학습 reinforcement learning | 195, 204, 209, 213, 214, 215 |
| 거대언어모형 large language model | 203, 222, 233, 236 |
| 계산 지능 computational intelligence | 19 |
| 계산주의 computationalism | 147, 164-167, 171-176, 192 |
| 기계 의식 machine consciousness | 20, 22 |
| 기호식 인공지능 Symbolic AI, symbolic artificial intelligence | 147, 164-167, 173-174, 210, 215, 219 |
| 나노봇 nanobot | 36-37 |
| 다트머스 인공지능 연구 프로젝트 Dartmouth research project on artificial intelligence | 134 |

딥 페이크(심층 위조) deep fakes 207, 244

딥러닝 Deep learning
    19-21, 70, 137, 140-141, 165, 185, 196, 203, 206, 215, 216, 236-237

로직 시어리스트 LT, Logic Theorist 135

마음의 계산 이론 computational theory of mind 166

무신론은 과학의 발전을 이겨낼 수 있을까?
    Whether atheism will survive science? 21

무어의 법칙 Moore's law 16, 111, 122-123, 129, 196

물리적 기호 시스템 가설 PSSH, physical symbol system hypothesis
    192, 218

미세조정 우주 fine-tuned universe 25, 57

백프로퍼게이션(오차역전파법) backpropagation 170, 216

범용 기계 general machine 228-229

범용인공지능(일반인공지능) AGI, artificial general intelligence
    11, 14, 16-19, 29, 31, 37, 52, 67-68, 227-239

보편적 튜링 머신 Universal Turing machine 106, 108

봇 bot 193-195

생성형 인공지능 generative artificial intelligence
    68, 97, 222, 232, 240, 242-243

수확가속 법칙 the law of accelerating returns 16

신경세포회로 neural circuits 168

신앙 faith 21-22, 54, 148-152, 155-158, 161

씨앗 인공지능 Seed AI 29

알파고 AlphaGo 19, 20, 68, 133, 141, 165

앨런 튜링 Alan Turing 29, 103, 105, 106-107, 134, 145, 217, 223

약한 인공지능 weak AI 17, 139

연결주의 connectionism 141, 147, 164, 165, 168-176, 192, 209, 219

| 외계 지적생명체 탐사  SETI, Search for Extraterrestrial Intelligence | 46 |
|---|---|
| 의식 기계  conscious machine | 227-229 |
| 의식신경 상관관계  NCC, neural correlates of consciousness | 22 |
| 의식의 극장  theater of consciousness | 26, 229 |
| 이성  reason | 148, 149-151, 154-161, 217, 224 |
| 인간 수준 인공지능  human-level AI | 139 |
| 인간중심 원리  anthropic principle | 57-58 |
| 인간중심주의  anthropocentricism | 49 |
| 인공 의식  artificial consciousness | 22-27 |
| 인공신경망  ANN, artificial neural networks | 129, 135, 140, 147, 165, 168-171, 206, 209, 215-216, 245 |
| 자연 지능  natural intelligence | 19 |
| 자연어 처리  NLP natural language processing | 167, 194, 198, 204-206 |
| 자유의지  free will | 13, 23, 76, 88, 148, 153-154, 161, 162 |
| 자율학습  unsupervised learning | 209, 210, 211, 214, 215 |
| 작업 기억공간  working memory | 26, 115, 229 |
| 전역작업공간이론  GWT, global workspace theory | 24, 26, 115 |
| 제한인공지능  ANI, artificial narrow intelligence | 17, 68, 138, 227 |
| 좁은/제한된 인공지능  narrow AI | 17 |
| 주관적 경험  subjective experience | 13, 22, 65-66, 228 |
| 지능형 대리인  intelligent agent | 190-191, 194 |
| 지도학습  supervised learning | 182, 204, 209-211, 214, 215 |
| 착용 컴퓨터  wearable computing | 122, 123-124, 249 |
| 챗GPT  ChatGPT, Chat generative pre-trained transformer | 68, 97, 143, 146, 179, 198, 202-204, 206, 216, 222, 231-234, 242-243 |
| 초지능  superintelligence | 11, 17, 32, 139 |

추론　reasoning

　　　　　　13, 154, 155, 167, 178, 191, 217-222, 235, 238, 247-248

추론형 인공지능　reasoning AI　　　　　　　　　　　　221-222

통합정보이론　IIT, integrated information theory　　　　24, 88

튜링 머신　Turing machine　　103, 106-107, 108-109, 134, 166

튜링-완결　Turing-complete　　　　　　　　　　　103, 105, 107

패턴인식 마음이론　pattern recognition theory of mind　　15-16

퍼셉트론　Perceptron　　　　　　　　　　　　　　135, 169, 215

페르미 역설　Fermi's paradox　　　　　　　　　　　　　　46

합성 의식　synthetic consciousness　　　　　　　　　　　22

희소 지구 가설　rare earth hypothesis　　　　　　　　　　48